公路施工技术丛书

高速公路工程施工监理指南

主　编　邵景干
副主编　田　兴　陈景星　金祥月

中国建筑工业出版社

图书在版编目(CIP)数据

高速公路工程施工监理指南／邵景干主编. —北京：中国建筑工业出版社，2009
(公路施工技术丛书)
ISBN 978-7-112-10952-4

Ⅰ. 高… Ⅱ. 邵… Ⅲ. 高速公路-道路工程-工程施工-监督管理-指南 Ⅳ. U415.1-62

中国版本图书馆 CIP 数据核字（2009）第 069665 号

公路施工技术丛书

高速公路工程施工监理指南

主　编　邵景干

副主编　田　兴　陈景星　金祥月

*

中国建筑工业出版社出版、发行（北京西郊百万庄）
各地新华书店、建筑书店经销
北京华艺制版公司制版
北京市彩桥印刷有限责任公司印刷

*

开本：850×1168 毫米 1/32 印张：12⅞ 字数：370 千字
2009 年 9 月第一版 2009 年 9 月第一次印刷
印数：1—3000 册 定价：**28.00** 元
ISBN 978-7-112-10952-4
(18200)

高速公路工程施工监理指南主要包括监理计划和监理细则。监理计划是监理机构针对所监理工程的具体情况编制的指导、实施总体监理工作的总计划，是用来指导项目监理机构全面开展监理工作的指导性文件。监理细则又称监理实施细则，是根据监理计划，针对技术复杂、专业性较强的分项、分部工程或监理工作的某一方面，应依据已批准的监理计划并与监理批准的施工组织设计相呼应，由驻地监理工程师主持编写、经总监理工程师批准的操作性文件。

本书适用于从事公路工程施工的技术人员、施工监理人员、工程项目管理人员以及大学及专科学校相关专业的老师和学生等借鉴和使用。

责任编辑：王　磊　田启铭　姚荣华　张文胜
责任设计：张政纲
责任校对：刘　钰　王雪竹

公路施工技术丛书编委会

总　序

近年来，我国公路交通事业保持了持续快速健康发展的好势头，交通基础设施建设取得瞩目成就。截至 2008 年年底，我国公路网总里程已达 373 万公里（包括农村公路 172 万公里），其中高速公路通车里程为 6.03 万公里。目前公路施工等领域的相关从业人员，包括施工、监理以及项目管理人员，亟需一套公路施工方面的工具书，来指导自己的工作，以保证工程质量、提高工作效率。

公路施工技术丛书基本涵盖了当今公路施工领域所涉及的各个方面，它不仅包括道路、桥梁和隧道施工技术、施工监理，也包括道路、桥梁和隧道的检测、维护和运营管理等方面的内容。本套丛书的作者包括高等院校的老师、工程项目管理人员以及工程技术负责人，他们的共同特点就是拥有丰富的实践经验，具备扎实的理论功底，并且他们都十分了解行业的发展动态，从而保证了这套丛书的实用性和特色。

本套丛书可以作为公路工程的施工技术人员、监理人员以及项目管理人员的工具书，同时也可以作为大专院校相关专业学生的学习参考书。

前　言

《高速公路工程施工监理指南》主要包括监理计划及监理细则。

监理计划是监理机构针对所监理工程的具体情况编制的指导、实施总体监理工作的总计划，是用来指导项目监理机构全面开展监理工作的指导性文件。监理计划的编制要有很强的针对性和可行性。总监理工程师主持编制整个工程项目的监理计划。所属各监理合同段的驻地监理工程师应根据总监理工程师的要求和需要，组织编制本监理合同段的监理计划。项目监理计划的编制时间应满足合同规定的期限要求。如合同中未明确规定，一般应在监理合同签订之日起一个月内及第一次工地会议和合同工程开工令下达之前。在监理计划的实施过程中，根据实际情况变化需要进行补充、修改和完善时，须经总监理工程师审查批准并报建设单位备案。监理计划的作用有：① 指导项目监理机构全面开展监理工作；② 监理计划是建设监理主管机构对监理单位监督管理的依据；③ 监理计划是业主确认监理单位履行合同的主要依据；④ 监理计划是监理单位内部考核的依据和重要的存档资料。

监理细则又称监理实施细则，是根据监理计划，针对技术复杂、专业较强的分项、分部工程或监理工作的某一方面，应依据已批准的监理计划并与监理批准的施工组织设计相呼应，由驻地监理工程师主持编写、经总监理工程师批准的操作性文件。其应包括下列主要内容：① 专业工程的特点；② 监理工作的流程；③ 监理工作的控制要点及目标值；④ 监理工作的方法和措施。

本书由邵景干任主编，田兴、陈景星、金祥月为副主编，张献平、张治家、杨应坤、赵斌、邵晓广、王萍、梁婧媛等参加了编写，全书由王炜主审。在编写过程中参考了部分书籍和资料，在此谨表示感谢。由于编者水平有限，书中不足之处在所难免，敬请读者指正。

目 录

上篇

公路施工监理计划

公路施工监理计划

为搞好公路工程的施工监理工作，实现公路建设项目总目标，控制工期、工程质量和工程费用，提高工程管理水平，发挥投资效益，使公路建设项目施工监理法制化、标准化、规范化、程序化，达到任务明确，标准统一，程序合理，根据交通部《公路工程施工监理规范》（JTG G10—2006），以及施工、监理招标文件的要求，结合高速公路建设项目自身的基本特点，特编制公路建设项目监理计划。

第一章　工程概况

工程概况部分主要编写以下内容：

1．项目名称；

2．地理位置；

3．项目长度，起、讫桩号；

4．线型及主要设计指标；

5．路线及结构物所在位置的地质情况；

6．主要结构物的类型及数量；

7．较小结构物及道路设施；

8．项目投资额；

9．项目工期；

10．工程项目设计单位及各施工单位的名称。

第二章　监理的原则、方针及依据

1. 监理原则

严格监理　优质服务　公正科学　廉洁自律

2. 监理方针

诚信科学公正　严谨求实规范

3. 监理依据

(1) 合同文件及其附件；

(2) 工程施工监理服务合同书及其附件；

(3) 业主和承包人签订的工程承包合同及附件；

(4) 工程实施过程中业主与监理、施工单位之间或业主与监理之间形成的会议纪要、函电及其他文字记录以及总监理工程师批准的所有图纸、发出的各种指令；

(5) 业主颁发（布）的各种管理办法、实施细则；

(6) 国家、交通部、省等有关部门颁布的监理法规及有关工程设计标准、规范、施工质量标准、规范等；

(7) 业主及总监理工程师代表处发布的有关指令性文件和会议纪要；

(8) 监理总公司质量体系文件有关技术、行政、廉政建设的规定。

本项目有关技术规范、标准、规程，主要有：

1.《公路工程技术标准》(JTG B01—2003)

2.《公路路基施工技术规范》(JTG F10—2006)

3.《公路土工合成材料应用技术规范》(JTJ/T 019—98)

4.《公路路面基层施工技术规范》(JTJ 034—2000)

5.《公路水泥混凝土路面滑模施工技术规程》(JTJ 037.1—2000)

6.《公路桥涵施工技术规范》(JTJ 041—2000)

7.《公路土工试验规程》(JTG E40—2007)

8.《公路工程沥青及沥青混合料试验规程》(JTJ 052—2000)

9.《公路工程常用金属试验规程选编》(含原 JTJ 055—83)

10.《公路工程水质分析操作规程》(JTJ 056—84)

11.《公路工程无机结合料稳定材料试验规程》(JTJ 057—94)

12.《公路路基路面现场测试规程》(JTG E60—2008)

13.《公路工程质量检验评定标准(第一册土建工程)》(JTG F80/1—2004)

14.《公路工程质量检验评定标准(第二册机电工程)》(JTG F80/2—2004)

15.《公路交通安全设施设计规范》(JTG D81—2006)

16.《公路交通安全设施施工技术规范》(JTG F71—2006)

17.《公路工程施工安全技术规程》(JTJ 076—95)

18.《沥青路面施工及验收规范》(GB 50092—96)

19.《公路桥梁板式橡胶支座》(JT/T4—2004)

20.《公路交通安全设施质量检验抽样及判定》(JT/T495—2004)

21.《公路工程土工合成材料试验规程》(JTG E50—2006)

22.《公路工程混凝土结构防腐技术规程》(JTG/TB 07—01—2006)

23.《沥青混合料水泥混凝土搅拌设备计量系统》(JJG 071—2006)

24.《交通土建工程合成材料土工格栅》(JT/T 480—2002)

25.《港口工程碎石桩复合地基设计与施工规程》（JTJ 246—2004）

26.《公路工程水泥及水泥混凝土试验规程》（JTG E30—2005）

27.《公路工程岩石试验规程》（JTG E41—2005）

28.《公路工程集料试验规程》（JTG E42—2005）

29.《公路工程施工监理规范》（JTJ G10—2006）

30.《交通部门计量检定规程》（JJG 069—2006）

31.《公路工程基桩动测技术规程》（JT/TF 81—01—2004）

32.《公路水泥混凝土路面施工技术规范》（JTGF 30—2003）

33.《公路沥青路面施工技术规范》（JTG F40—2004）

34.《公路工程国内招标范本》

35.《水泥混凝土路面施工及验收规范》（GBJ 97—87）

第三章 监理工作目标、范围和服务内容

第一节 监理工作目标

1. 工作服务目标

全面优质履行监理合同，使监理工作达到本合同的各项要求，即优质监理服务。使本工程建设成为优质、高效、低耗、文明、安全的优良工程。

2. 工程质量目标

严格监督承包人履行施工承包合同，工程质量等级达到交通部质量检验评定标准优良等级，并争创国优。

3. 工程工期目标

督促承包人完成业主分阶段的指导计划，确保按照合同工期要求完成所有合同工程施工，力争提前完工。

4. 工程投资目标

严格审查设计变更的经济性，严把计量支付关，切实有效地控制工程投资，力争各合同投资不超过中标合同总价、整个监理合同段工程投资不超过概算相应部分。

5. 合同管理目标

认真贯彻监理服务合同和施工承包合同，认真作好计划与进度的控制、计量与支付、分包的审查与管理、工程变更、延期和费用索赔的处理以及工地例会等工作，规范约束合同各方的行为，提高管理水平。

6．信息管理目标

按照监理委托合同、施工总承包合同、施工分包合同及业主的规定，对工程质量、进度、费用等方面信息实施动态控制，按期填报各种表格和报表，认真负责地做好监理的各项记录工作，及时上传下达实施工程的各种信息，搞好各种表格的统计、整理和归档工作，并利用计算机进行各种文字的处理工作，确保交工和竣工验收资料的及时和准确提供。

7．工作协调目标

充分发挥监理作为第三方的作用，组织和协调好参建该项目的各单位和部门之间的关系以及总承包人和分包商之间的关系，确保各项工作始终处于有条不紊的受控工作状态。

8．安全生产管理目标

设立××项目总监办安全生产管理机构，指定一名安全监理工程师专职负责安全生产管理工作，并设专职和兼职安全检查人员，认真贯彻落实《中华人民共和国安全生产法》和《公路工程施工安全技术规程》，制订切合所监合同段实际的安全生产管理制度和突发事故预案，广泛深入地开展安全生产教育，采取各种有效措施，踏踏实实地做好总监监理代表处自身并督促所监标段承包人的安全生产工作，安全第一，预防为主，最大限度地减少事故的发生，杜绝重大安全责任事故的发生。

9．廉政建设目标

设立总监办党、团组织，建立健全总监办廉政制度和监督机制，严格遵守党和国家有关法律、法规及交通部的有关规定，认真履行与业主签订的《廉政合同》的权利和义务，自觉按合同办事，开展廉政教育，坚持公开、公正、诚信、透明的原则，不得损害国家和集体利益、违反工程建设管理规章制度，不得损害业主利益，建立廉政告示牌和举报电话，接受社会监督并认真查处违法乱纪行为。

第二节　监理工作范围

监理服务的工程范围：总监办所监理的施工合同段承包人承担的全部工程项目。

监理服务的工作范围：自施工准备期至施工期的质量控制、进度控制、费用控制、合同管理、信息管理和工作协调实施全面管理；参与缺陷责任期的工作。

第三节　监理工作的主要内容

1. 监理工作的主要内容有：

（1）编制监理计划及实施细则；

（2）熟悉合同文件，了解施工现场；

（3）参与交桩和设计交底工作，审查承包人提交的复测成果和施工图设计；

（4）督促和检查承包人建立质量保证体系；

（5）主持召开第一次工地会议和常规工地会议；

（6）发布开（复）工令，批准开工报告；

（7）审核承包人授权的常驻现场代表的资质，以及其他派驻到现场的主要技术、管理人员的资质；

（8）监督检查承包人的工地试验室设备及人员资质；

（9）建立监理的试验、检测工作体系，按照规定的规划或计划独立开展监理的试验、检测工作；

（10）审批承包人拟用于本工程的原始材料、成套设备的品质以及工艺试验和标准试验；

（11）审查承包人拟用于本工程的机械装备的性能与数量；

（12）审批承包人实施本工程的施工方案及主要方法或工艺；

（13）审查、控制重要外购成品件或半成品件的质量和使用数量；

（14）审查承包人提交的总体进度计划，检查和督促承包人实施进度计划，核批承包人的修正计划；

（15）要求承包人按照合同文件、技术规范和监理程序进行施工，通过旁站、巡视、检测、试验和整体验收等手段全面监督、检查和控制工程质量；

（16）签发中间交工证书；

（17）调查、处理工程质量缺陷和事故，出现重大质量事故时，督促承包人按规定上报有关部门；

（18）发布停工令；

（19）对已完工工程进行准确的计量；

（20）签发中期支付凭证；

（21）发布变更令；

（22）受理合同事宜，根据合同规定进行评估和处理；

（23）根据合同规定处理违约事件，协调争端，在仲裁过程中作证；

（24）编制监理工作月报、季报和年报；

（25）对承包人的交工申请进行评估，组织对拟交工工程的检查和验收；

（26）签发交工证书；

（27）督促、检查承包人按工程管理部门和业主的要求编制竣工文件；

（28）编制监理方面的竣工文件；

（29）监督承包人认真执行缺陷责任期的工作计划，检查和验收剩余工程，对已交工工程中出现的缺陷、病害调查其原因并确定相应责任；

（30）签发工程缺陷责任终止证书；

（31）签认最后支付证书；

（32）配合业主的竣工验收和工程移交工作；

（33）监理合同要求的其他工作内容。

2. 在不同的项目阶段，详细监理工作内容如下：

（1）施工准备阶段

1）参加设计交底；

2）审批施工组织设计；

3）检查保证体系；

4）审核工地试验室；

5）审批复测结果；

6）验收地面线；

7）审批工程划分；

8）确认场地占用计划；

9）核算工程量清单；

10）签发开工预付款支付证书；

11）召开监理交底会；

12）召开第一次工地会议；

13）签发合同工程开工令。

（2）施工阶段

1）施工全过程的质量管理；

2）施工全过程的进度控制；

3）施工全过程的投资控制；

4）施工安全监理；

5）施工环境保护监理；

6）合同管理；

7）争端协调。

（3）交工验收与缺陷责任期

1）审查交工验收申请；

2）评定工程质量与编制监理工作报告；

3）参加交工验收；

4）签认交工结账证书；

5）缺陷责任期的监理；

6）签发缺陷责任终止证书；

7）签认最后支付证书；

8）参加交工验收。

第四章　监理机构的组织形式及人员配备计划

第一节　组 织 形 式

××项目总监办监理组织机构为二级监理组织机构，第一级监理组织机构为总监办，下设工程部、合同部、试验室及综合办公室；第二级监理组织机构为驻地监理办公室。

总监办内部以总监理工程师为核心，配备结构、测量、试验专业工程师，对驻地监理办公室的工作进行指导、检查和考核，为全面搞好三大控制提供组织保证，并制订各级、各专业监理工程师的职责范围和考核办法。

驻地监理办公室内部在驻地监理工程师的领导下，对监理小组的工作进行指导、检查和考核，确保每一位监理人员严格按照总监办的各项要求完成监理任务，并在总监办的领导下，全面履行监理职责。

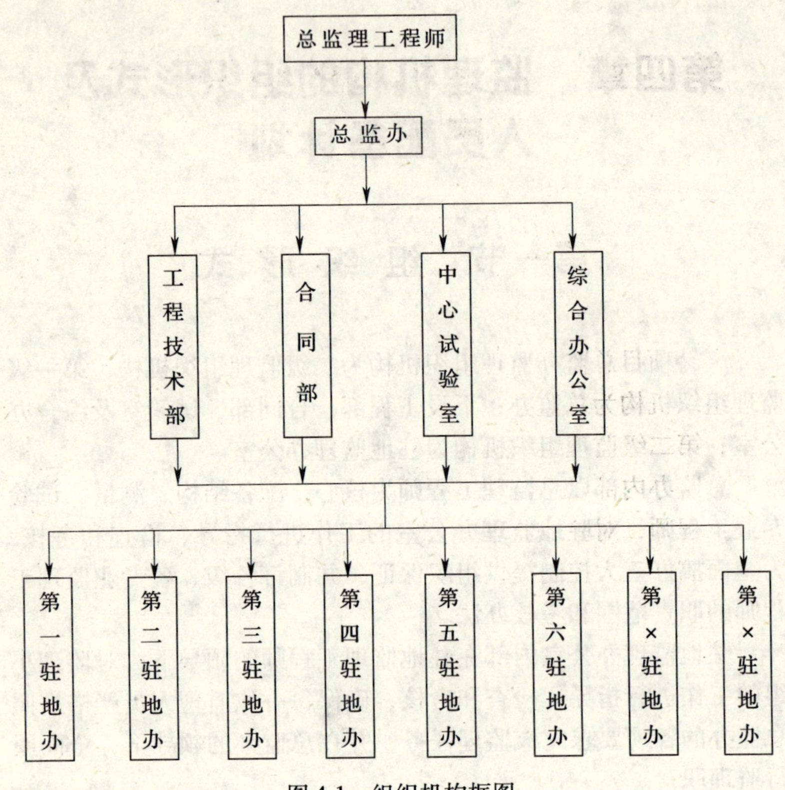

图 4-1　组织机构框图

第二节　人员配备计划

监理人员配备情况为：总监理工程师要人，总监理工程师代表×人，工程技术部主任×人，合同部主任×人，试验室主任×人，综合办公室主任×人，驻地监理工程师×人，专业监理工程师×人，监理员/试验员×人，其他人员×人。

监理人员配备计划表 表 4-1

时间 人员	年月	月	月	…	年月
监理工程师					
监理员					
其他人员					

第五章　监理人员岗位职责

第一节　总监理工程师的岗位职责

1. 建立健全施工监理机构和监理制度；

2. 确定施工技术规范、质量检查、评定验收标准；

3. 领导其办事机构的工作；

4. 审批监理组的文件和报告；

5. 审批影响工程规模、标准的重大变更设计；

6. 参加重要的施工活动，对工程施工中发生的问题有最终决定权；

7. 负责全线技术、质量的把关，发布质量情况通报；

8. 负责工程移交证书和缺陷责任终止证书的签发。

第二节　总监办各部室职责

一、工程技术部职责

主要负责进度计划的制订，进度的控制，质量管理，投资控制，技术管理。其具体职责是：

1. 编制全线指导性总体施工计划、年度指导性计划和月实施计划，并监督检查计划的实施；

2. 审核承包人的施工组织设计，报分管领导审批；

3．巡查工地，进行工程项目施工中的进度检查，掌握工程进度动态，当承包人的施工进度滞后时，要查明原因，督促驻地监理办责令承包人采取措施加快进度或提出处理意见报告总监和业主；

4．经常巡视工地，检查工程质量，当承包人的工程质量严重偏离合同要求时，可直接下达停工令，并向业主和总监办提出对承包人的处理意见；

5．参加对驻地监理办和承包人的履约考核；

6．组织对工程质量问题的处理，参加对重大质量事故的处理；

7．负责编制全线的工程月报与年报，送交上级有关部门；

8．负责设计图纸的会审及工程技术资料的收、发和归档管理工作；

9．负责组织竣工文件的编制和出版，组织交工验收和参加竣工验收；

10．协助总监处理各项技术工作；

11．发布气象资料，指导全线施工安排；

12．完成业主和总监办交办的其他工作。

二、合同部职责

主要负责计量支付、合同管理、计算机管理和合同文件归档管理工作。其具体职责是：

1．负责解释合同条款，处理合同文件的遗漏，检查合同执行情况；

2．审核中期计量支付文件，审查最终支付申请，办理竣工结算；

3．掌握投资动态，编制单项工程成本核算台账，并统计分析单项工程成本；

4．编制和上报投资月报及年报；

5．负责建立计算机管理系统，与驻地监理办、施工单位建立局域网，加快信息交流，并负责将所有文件、报表、记录等有关资料，按照《竣工文件编制范本》的规定分类、拷贝、存档；

6．组织工程合同变更的谈判工作；

7．工程风险的分析与控制，检查监督承包人及时办理保险，当风险发生时，协助承包人做好向保险公司的索赔工作；

8．参加对驻地监理办和承包人的履约考核；

9．负责对合同文件、计量支付文件的归档管理；

10．负责计算机培训学习和计量支付培训学习工作；

11．完成业主和总监办交办的其他工作。

三、中心试验室的职责

主要负责检查、监督驻地监理办和承包人的试验是否按合同执行，并对其试验的真实性进行抽查，做好材料验证试验和工程质量抽样验证试验。主要材料采购控制与管理，试验人员培训学习以及协助科研工作。其具体职责是：

1．负责对驻地监理办和承包人的工地试验室及流动试验室的设备安装、仪器标定、人员资质、操作方法、试验资料管理等工作进行有效的监督、检查和管理；

2．检查督促驻地监理办和承包人按照单位、分部、分项工程划分和规定的试验检验频率，审批承包人质量自检试验计划，编制监理独立平行试验检验计划，并督促计划的实施；

3．抽查、复核承包人所做的重要控制指标、重要配合比试验（路基用土的塑液限、最大干密度、CBR 值、混凝土配合比等)；

4. 对用于工程的材料进行质量验证，并有否决权，负责主要材料采购控制与管理；

5. 巡查工地，对承包人和驻地监理办试验的真实性进行经常性抽查检测，对工程质量进行随机抽样，并通过监理工程师确认工程质量合格或不合格；

6. 对承包人与驻地监理办有异议的试验进行验证；

7. 参与新技术、新材料、新工艺等研究项目的试验工作；

8. 负责试验人员的培训学习工作；

9. 完成业主和总监办交办的其他工作。

四、综合部的职责

1. 办理和归档各种往来文件，函件及监理工程师代表的指令、决定、报告、记录、纪要等文秘工作；

2. 负责管理调度，安排好全线各种监理用车，工作、生活及服务设施，做好后勤服务工作；

3. 负责全线监理人员人事管理，做好考勤考核，监理人员人事档案工作；

4. 执行国家政策规定，管理好财务工作，定期提供财务月报、年报；

5. 负责总监办通信、打字、复印工作，并做好微机管理工作；

6. 负责全线安全保卫，宣传报道工作；

7. 负责下工地检查驻地人员的安全保卫、考勤等情况，帮助第一线解决实际困难；

8. 做好各级监理人员思想政治工作，加强组织纪律性，定期向总监报告工作；

9．完成总监交办的其他工作。

第三节　驻地监理工程师的岗位职责

1．按总监的授权，检查承包人的合同执行情况，对承包人不能履行合同的行为，提出处理意见，检查、指导各驻地监理工程师的监理工作，检查监理服务合同履行情况；

2．参与总监代表处的重要业务活动及重要的施工活动；

3．在总监的授权范围内，对现场出现的问题作出决定；

4．按变更设计的管理程序对变更设计进行审查；

5．审查承包人的计量支付，有权否决不合理的计量支付部分；

6．以中心试验室为主，控制标准试验、关键试验，检查驻地、承包人的试验工作，掌握全线的工程质量控制情况；

7．定期或不定期地组织全合同标段质量大检查，并将检查情况上报总监；负责质量问题与事故的处理，重大质量事故处理方案报总监代表批准；

8．组织召开专题会议，解决各类施工问题，协调各方关系；

9．审查和批复承包人的报告和文件。超出总监授权范围的文件，报总监审批；

10．执行总监代表随时以书面方式授予的各种职责和权力；

11．审核签注监理组上报总监的一切材料；

12．根据总监下达的总体计划，检查承包人的计划执行情况；

13．在总监的领导下，对本合同段的工程监理工作全面负责，及时主持研究处理重大技术、质量及工程进度、工程投资、工程变更、工程延期和索赔等问题，定时向总监办报告，并主持常规的专题会议；

14. 全面熟悉有关合同条款、技术规范及各种设计和监理图表，对施工过程中所产生的问题，准确及时地作出决断或提出处理意见。澄清合同文件中含义不清的问题，并报总监办审批；

15. 审查承包人的人员、机具、材料、检测设备及施工组织设计、施工进度计划等准备情况；签发各分项工程的开工通知书；审查分包合同和分包人的资格等；并对承包人的检验、测试工作进行指导与监督；

16. 定期检查承包人的工程进展情况，督促其按年度、季度、月度完成工程进度计划，定期向总监办报告工程进展情况；

17. 组织监理人员对工程进行有效的质量、费用和进度的监理；认真检查和指导监理人员的工作态度、工作质量并进行考核，有权否认下级监理人员的决定和鉴定；

18. 审核计量支付的鉴认工作，按规定对已完成工作进行初验、计量、鉴认，并报总监办审查；

19. 协调好业主与承包单位的关系。

第四节　各专业监理工程师职责

一、道路监理工程师岗位职责

1. 熟悉掌握和正确运用本项目的技术规范、设计图纸和有关合同条款及工程量清单，全面、有效地进行质量控制和准确、及时地处理监理过程中出现的问题；

2. 开工前配合承包人对路线的施工放样、小型构造物的位置进行全面的复查；

3. 审查承包人提出的本项目施工、竣工、变更图纸，及时了解施工过程中发生的合同纠纷等问题，并根据合同条款认真核实，签署意见，并配合驻地监理工程师协调处理；

4. 审查承包人的施工进度计划和施工组织设计、施工技术方案和路基土方工程的申请报告，报驻地监理工程师批准后，现场监督计划和工程的执行，分期提出调整的意见和建议；

5. 经常深入现场了解本项目的人力、设备、材料、质量、施工工艺、试验资料、设施等，及时进行质量的抽验，确认工程质量，并处理施工过程中出现的问题；

6. 按时审核承包人提交本项目的月工程量报表，签署质量认证书，并按规定呈报月监理报表；

7. 督促承包人建立、健全质量管理组织及制度，应有专职的质量复检人员，对复检的资格予以审查，在业务上提出要求和指导；

8. 配合好驻地监理工程师的各项工作。

二、结构监理工程师岗位职责

1. 熟悉掌握和正确运用本项目的技术规范、设计图纸和有关合同条款及工程量清单，全面、有效地进行质量控制和准确及时地处理监理过程中出现的问题；

2. 开工前配合承包人对桥位、结构物及防护工程等情况进行全面复查，初审承包人的施工组织设计、设计变更图纸，并报驻地监理工程师审核；

3. 审查承包人提出的本项目的完工、竣工及设计变更图纸；及时了解施工过程中的干扰、合同纠纷等问题，并根据合同条款认真核实，签署意见，并配合驻地监理工程师进行协调处理；

4. 坚持经常性的现场检查和监督，对各道工序把好质量关，对工地的人力、设备、材料等情况提出要求和建议；

5. 按时审核承包人提交的已完工程量清单，签署质量认证书，并按规定呈报月监理报表；

6. 配合好驻地监理工程师的各项工作。

三、合同管理监理工程师职责

1. 掌握熟悉所有合同文件及执行情况；
2. 发生合同纠纷时，调查分析研究，提出处理意见；
3. 提交监理工作的书面报告；
4. 出席工地会议及其他契约性会议，写出会议纪要；
5. 参与合同的起草、鉴定、修改、补充和管理；
6. 记好工地日记并接受检查；
7. 办好总监交付的其他工作。

四、计量、支付、统计监理工程师职责

1. 据质量检验单、合同条文进行计量支付及换算工作；
2. 建立支付台账；
3. 计统及拟定所有计统报表；
4. 支付凭证须核实无误后报总监代表签字发出；
5. 记好工作日记并接受检查；
6. 办好总监交付的其他工作。

五、测量监理工程师职责

1. 协助道路、结构监理工程师做好全线控制测量及所有工程测量方面的监理工作；

2. 会同驻地监理工程师监督和检查承包单位的测量组织机

构、仪器设备和人员配备等，组织和指导测量人员的工作；

3. 对导线、水准点和分包单位的工程结合部要复测，对跨径及弯桥部分的墩位要组织抽测和检测；

4. 记好工作日记并接受检查；

5. 完成总监交付的其他工作。

六、试验监理工程师职责

1. 协助监理工程师搞好试验、检测、科研分析等方面的工作；

2. 对承包单位的试验室布局、建设，仪器设备的规格、型号、数量及人员组成进行指导和监督检查；

3. 对外购材料的监理；

4. 对配合比的签发；

5. 钢筋、钢筋焊接、钢丝钢绞线等钢材材质及加工工艺的现场监理及认可；

6. 记好工作日记，并接受检查；

7. 办理总监委托的具体工作。

七、安全监理工程师的职责

1. 在总监理工程师领导下，负责本驻地办安全生产工作；

2. 按照安全生产的法律法规，认真落实总监监理代表处制订的安全生产、文明施工规章制度和实施细则；

3. 参加总监监理代表处安全生产会议，组织安全学习培训；

4. 参加总监监理代表处安全生产大检查，并如期发布安全生产检查通报，落实整改措施，批复反馈意见；

5. 监督驻地办的安全生产记录和项目部的施工前安全技术

交底制度；

6．定时或不定时地检查施工单位的重点工程，要害部位，以及防汛、防台风的安全工作，提出预防措施和工作指示；

7．认真做好各类安全生产工作记录和会议记录。

八、监理员职责

1．完成驻地监理工程师交付的现场各项监理工作；
2．在所规定的监理表格上签字；
3．受驻地监理工程师的委托可签发现场指令；
4．向驻地监理工程师请示和汇报工作；
5．记好工作日记并接受检查。

第六章 监理工作内容

第一节 质 量 监 理

按照投标文件和监理服务协议书的规定，建立了二级监理组织体系，总监办在总监理工程师的领导下，对驻地监理办公室的工作进行指导、检查和考核；驻地监理办公室在高级驻地监理工程师的领导下，对监理小组的工作进行指导、检查和考核。建立工程质量档案，按工序、段落把工程质量落实到人，并实行责任人签字制度。工程完工后，各项工程检查质量评定结果及时归档，保证从项目筹划到工程竣工验收各环节的文件资料都要严格按规定收集，整理归档。各级监理组织要认真填写监理质量检验记录，对隐蔽工程和关键部位进行拍照和录像，及时进行内业资料的归档整理，做到工程内业、外业吻合一致，资料准确、齐全。

一、工程质量监理的方法

在工程质量监理中，采取以下方法对工程质量进行控制：

1. 测量复测

测量工作要贯穿于工作的全过程，是监理工程师控制的重点之一，测量工作一旦失误，往往造成质量事故，给工程带来严重经济、工期损失。因此监理工程师在施工各阶段要加强测量工作的检查，对放线所依据的基准点、基准线都要经过严格检查。

（1）在各项工程开工前，监理对承包人的施工放线测量进行监督、检查、认定；

（2）在各项工程施工中，对控制工程线位、标高和尺寸的各个环节进行监督、检查、认定；

（3）在各分项、分部工程完工后的中间交工验收时进行测量检查，并提出各单位工程的测量成果资料。

2. 旁站检查

旁站检查是指监理人员对施工活动的全过程进行主动动态跟踪，随时检查材料质量、施工方法、施工程序、机械设备和数量是否与被批准的相符，并对承包人的试验方法、取样方法及测试数据进行检查、监督，在旁站中监理重点检查隐蔽工程和关键工序的质量，及对工程质量有重大影响、有特殊要求的工序或质量不稳定的工序加强检查，以及时发现质量隐患，避免或减少质量缺陷的发生，通过检查、督促承包人按设计图纸和技术规范要求施工，对工程质量实行控制。

3. 抽样检查

抽样检查是监理质量控制的基本方法。每道工序完工后，承包人通过自检合格后，监理按合同规定的频率抽样检验，监理通过检验用数据反映工程质量水平，既有说服力又容易为承包人接受，并能及时对缺陷工程进行处理，保证每道工序的质量。

4. 原材料和中间产品的控制

原材料质量是工程质量的基础。监理人员要从原材料抓起，对水泥、钢材，除检查出厂合格证、质量证明资料外，要检查承包人按批量抽测的资料，监理作一定频率的抽测，对不合格的材料坚决不准使用。

中间产品的质量是最终成品质量的保证，在工程实施中要抓预制构件和混合料的产品质量。

在预制厂设专职监理人员对生产全过程进行监理，重点检查水泥、钢筋、预应力筋及外掺剂、锚具的质量，审查混凝土的配合比设计，生产中对每道工序要严格检查验收，在每批件出场前都要经监理审查，不合格的构件禁止运到施工现场。

5．成品检查验收

对已完成的分部、分项工程，承包人自检、监理抽查其外观质量，并按规定的频率抽检各分部、分项工程的各项质量指标，对合格的工程监理予以签认工程检验认可书。

6．缺陷工程的处理

公路工程条件复杂，涉及面广，影响工程质量的因素较多，施工中不可避免的会出现不同程度的质量问题，所以施工实施阶段的质量监理实际上是防止、发现并处理工程质量缺陷的过程。施工中通过承包人自检、监理旁站、抽测或成品检查验收，工程最终验收时发现缺陷工程，监理根据质量缺陷的程度提出不同意见，承包人提出的缺陷处理方案应经监理批准，处理中监理应监督检查，缺陷工程处理后，应经监理验收。

二、工程质量控制的手段

1．指令性文件

监理工程师通过书面指令性文件对承包人的施工质量进行控制，它是工程质量控制的手段之一。指令性文件包括监理工程师对承包人的原材料、混合料配合比、施工方案、施工机械设备等方面的批复文件；包括当监理工程师发现和确认发生了工程质量事故时，向承包人发出的质量事故通知单；包括设计变更指令、补充技术标准、要求以及一些通知、会议纪要、备忘录、情况通报等等。监理工程师运用这些指令性文件给承包人指出施工中存在的问题或质量事故的苗头，提醒承包人加以注意或改进；提出对质量问题的处理意见或对承包人提出的处理意见的批复等。

2．监理质量管理程序

在施工实施过程中应建立一套严格、科学的质量管理程序，经监理工程师指令正式颁布，作为承包人和监理共同遵守的规定；其主要程序为（图 6-1）：

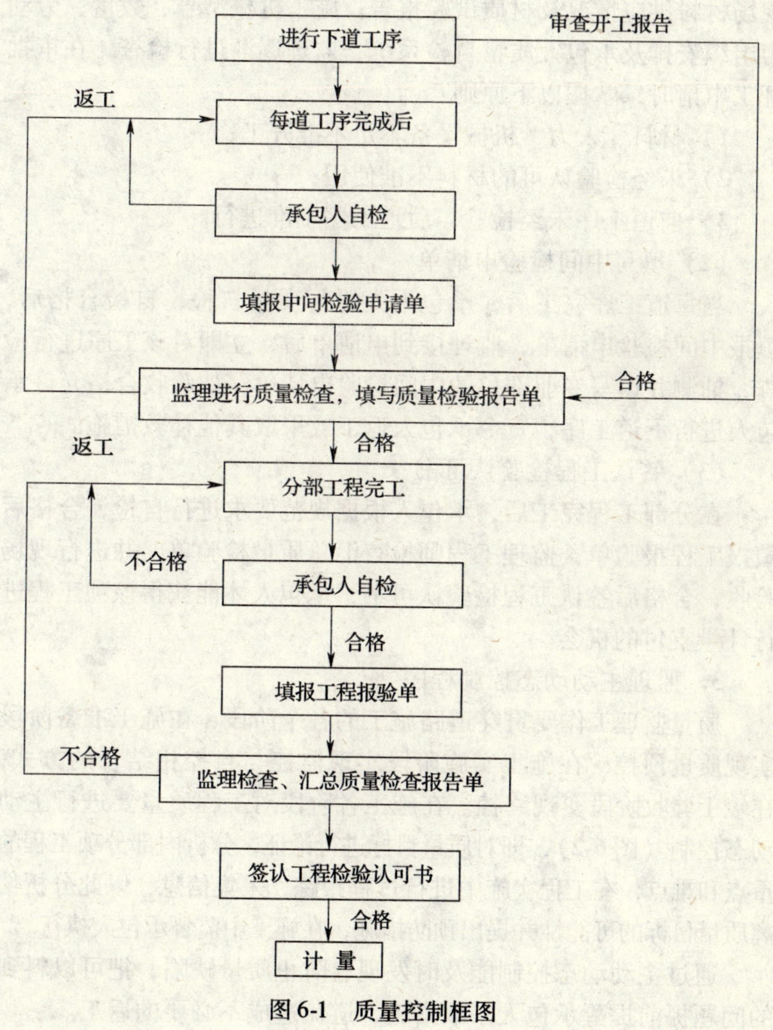

图 6-1　质量控制框图

(1) 审查开工申请

每道工序或每项工程开工前，承包人必须首先提交开工申请单，除按表格内容填写外，还应说明施工方案和施工工艺；到达现场材料供应情况及材质试验报告；施工机械型号、数量、劳动力组织安排及承包人质量自检系统，监理逐渐进行检查，在审批开工申请时，掌握以下原则：

1) 材料、人力、机械设备不足不准开工；

2) 未经检验认可的材料不准使用；

3) 前道工序未经检验，后道工序不准进行。

(2) 填写中间检验申请单

当每道工序完工后，承包人先进行质量自检，自检合格后，填报中间检验申请单，监理接到申请单后，立即对该工序进行检查、抽测并填写专业部位的中间检验申请单，如验收合格允许承包人进行下道工序，责令承包人返工或采取其他补救措施。

(3) 签认工程检验认可书

在分部工程完工后，承包人根据规范要求进行自检，合格后填报工程报验单，监理工程师检查汇总质量检验单，并进行现场验收，合格后签认工程检验认可书，承包人才能获得该项工程进行计量支付的机会。

3. 监理主动动态控制程序

质量监理工作要贯穿道路施工的各个阶段，在施工准备阶段实现质量预控，在施工实施阶段实现监控与自控相结合的方式，在竣工验收阶段实现终控。在施工各阶段对工程质量要进行主动动态控制（图6-2），即对质量目标进行论证，分析内部分项工程的重点和难点，在工程实施中进行过程跟踪，采集信息，以此分析偏离质量目标的可能性并提出预防措施，在施工中监督承包人执行。

通过主动动态控制能及时发现、防止质量缺陷，把可以料到的问题提前提醒承包人采取措施，避免造成不必要的返工。

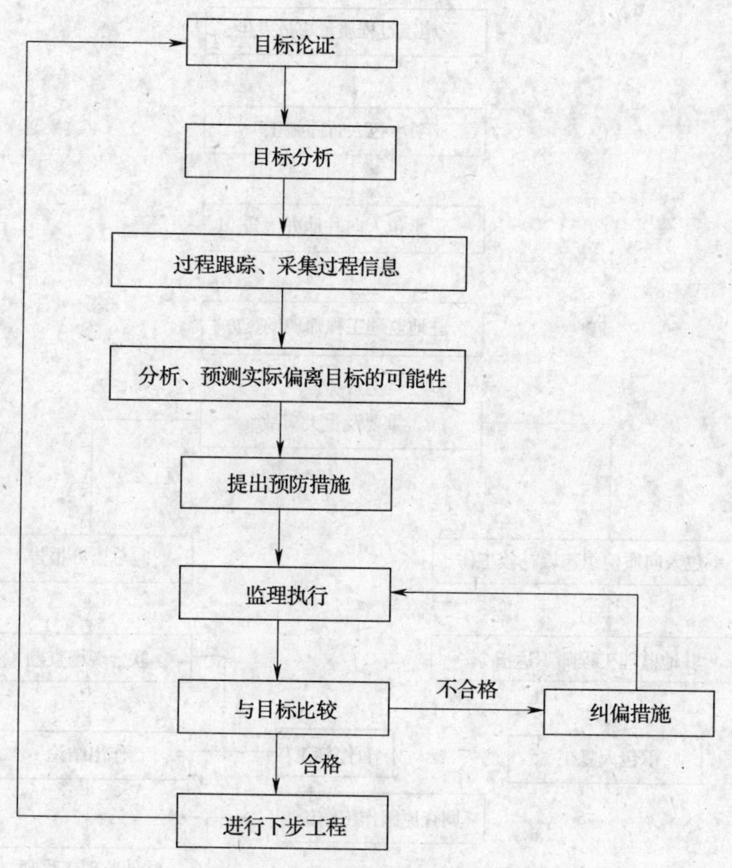

图 6-2 主动动态控制程序框图

4. 建立监理质量控制的组织体系

监理组织机构应满足质量监控的要求，各级监理要制订相应的职责和分工，各负其责，又相互配合，各岗位按制订的相应职责分工把关，层层负责，使监理工作运作正常有效。

5. 工程质量事故处理程序（图 6-3）

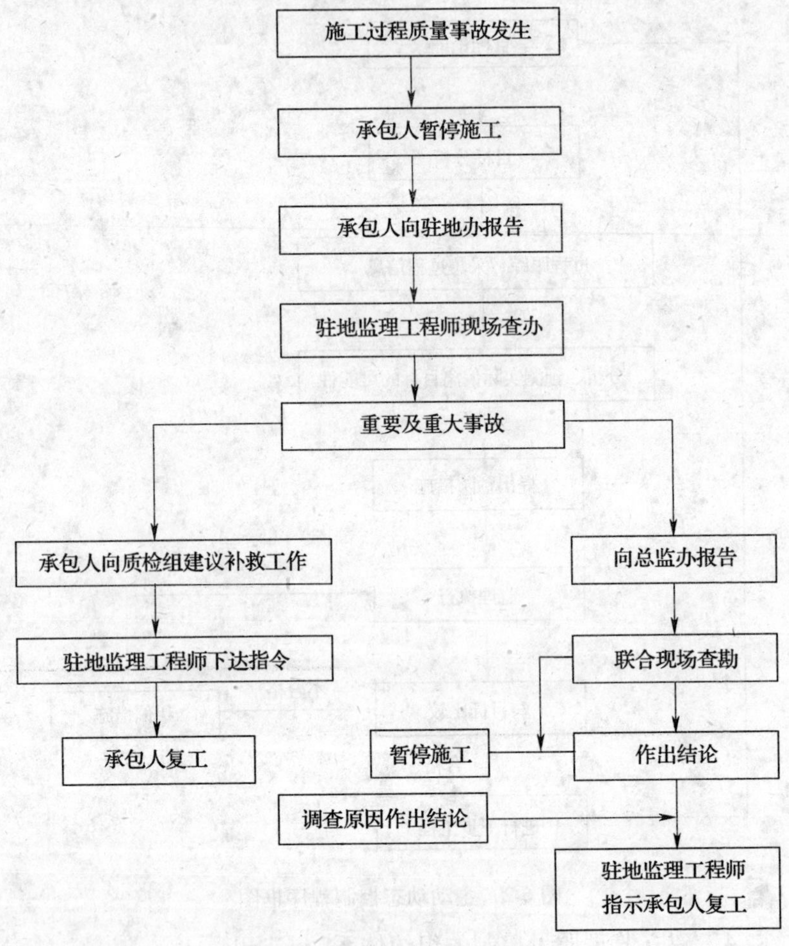

图 6-3　质量事故处理程序框图

（1）工程质量事故发生后，承包人应立即采取紧急措施（暂停施工），同时立即填写质量事故报告单报送监理组；

（2）驻地监理工程师接到质量事故报告单后，立即组织有关人员到现场查勘，同时根据事故现场情况下达指示；

（3）承包人根据驻地监理工程师的指示，立即采取相应措施，查清事故原因并提出处理意见报监理组，并抄送有关方面；

（4）若为重要事故，监理组应立即报总监代表，由总监代表处负责处理，并报业主备案；

（5）若为重大质量事故，监理组应立即报总监代表，经总监代表提出审查处理意见，报业主处理；

（6）监理工程师可视质量事故情况，组织有关各方面人员参加的联合调查组，查明原因，提出质量事故处理意见，并抄送有关各方，报送业主；

（7）若事故原因迟迟不能查明，监理工程师认为事故隐患未消除，则监理工程师不发复工指令，或根据合同条款再次发出暂停施工指令，直至事故原因查明后方可发出恢复施工、进行处理的指令。

第二节 进 度 监 理

工程进度控制是指在既定工期内编制出最优施工进度计划，在该计划的执行过程中，经常检查施工实际进度，并将其与计划进度比较，若出现偏差，便分析产生的原因和对工期的影响程度，找出必要的调整措施，修订原计划，不断地如此循环直至工程完工验收。

工程进度控制的总目标是确保工程项目的既定目标工期的实现或在保证施工质量和不因此增加施工成本的条件下，适当缩短施工工期。

一、工程进度控制的方法、措施

1. 根据工程建设的工期总目标，由业主制订施工总体进度计划、阶段性工作目标计划；

2. 施工单位根据业主的要求和工程具体情况，制订工程进度控制目标和分进度控制目标，并编制出工程项目的各种进度计划，报驻地监理工程师与总监办审批；

3. 监理工程师必须根据合同要求，严格进度计划审批，并对已批准的进度执行情况进行监督，从全局出发，掌握影响施工进度计划的所有因素的变化情况，对进度计划的执行进行控制；

4. 在工程项目实施过程中，各施工单位必须定期、经常的对施工实际进度和计划进度作比较，出现偏差时采取措施加以调整；

5. 为了把工程进度控制落到实处，施工单位及监理单位必须采取以下一系列行之有效的措施予以保证：

(1) 建立进度控制组织系统，落实各层进度控制人员的具体任务和工作责任；

(2) 建立进度控制目标体系，按工程项目的结构或合同结构进行项目分解，确定进度目标；

(3) 确定进度控制工作制度如检查时间、方法、协调会议时间、参加人员等；

(4) 对影响进度的因素进行分析和预测；

(5) 大力引进新技术、新工艺、新设备，采取加快施工进度的技术方法。

6. 施工单位要不断及时准确地收集施工实际进度的有关资料进行调整统计与进度作比较，定期向监理工程师及业主提供比较报告。

二、进度计划审批要点及程序

1. 监理工程师在收到施工单位编制的进度计划后，审批时应注意：

(1) 工程项目划分及开工顺序是否合理；

(2) 各种工序之间的衔接是否合理；

(3) 工艺、工期是否合理（是否满足规范要求）；

(4) 工期安排是否合理（是否满足合同工期或阶段工期）；

(5) 工程的季节安排是否合理；

(6) 考虑不利气候的影响是否合理；

(7) 施工的节奏是否合理；

(8) 人员、设备是否满足施工要求。

2. 总体工程进度计划由总监办在审批施工组织设计时同时审批，批准后的总体工程进度计划必须报业主备案。

三、工程进度计划的实施

1. 为了保证工程项目进度计划的实施，并且按编制好的计划时间逐步进行，保证进度目标的实现，必须做好工程进度计划的贯彻工作：

(1) 施工单位在进度计划实施前，必须对自己编制的所有进度计划进行详细的检查，检查其是否协调一致，计划目标是否层层分解和互相衔接，组成一个计划实施的保证系统；

(2) 施工单位要按照投标合同的施工组织机构层层签定承包合同或下达任务书，按计划明确合同工期，相互承担的责任、权限和利益，以确保计划目标的实现；

(3) 必须进行计划全面交底，发动全体工作人员实施计划，使有关人员明确各项计划的目标、任务，实施方案的措施，工作协调一致。

2. 为了实现施工进度，施工单位须将规定的任务结合施工现场施工条件，在施工前和过程中不断编制月（旬）作业计划，并在计划中明确本月（旬）应完成的任务，所需各种资源量，提高劳动生产率和厉行节约的措施，并报监理工程师审查。

3. 编制好月（旬）作业计划，经监理工程师审批后，施工单位必须签发施工任务书，并在施工过程中做好施工进度记录，填好施工进度统计表，为工程进度检查与分析提供准确可靠的信息。

4. 在工程项目施工过程中，施工单位要掌握计划实施情况，协调各方面关系，采取措施，排除各种矛盾，加强薄弱环节管理，实现动态平衡，保证完成作业计划和实现进度目标。

四、工程进度计划的检查

1. 在工程项目的实施过程中，监理工程师必须经常地、定期地对进度计划执行跟踪检查，发现问题及时采取措施予以解决。

2. 在工程进度计划执行过程的跟踪检查中，为了全面而准确地了解进度计划的执行情况，监理工程师必须认真做好以下几方面的工作：

（1）经常地、定期地收集进度报表资料；

（2）派监理人员暂住现场，检查进度的实际执行情况；

（3）定期召开现场会议。

3. 收集有关的数据资料后，必须进行必要的整理、统计和分析，形成与计划具有可比性的数据资料，并上报业主。

4. 将实际进度与计划进度比较，制成进度比较报表或直接绘制比较图形，直观反映实际与计划的差距，并上报业主。

五、工程进度计划的调整

1. 在工程进度计划的检查过程中，一旦发现实际进度与计划进度不符时，监理工程师必须认真寻找产生偏差的原因，并分析进度偏差对后续工程产生的影响，采取必要的进度调整措施，以确保进度总目标的实现。

2. 计划、进度偏差应通过以下方法调整：

（1）调整当月进度计划，当月实际进度落后于计划进度时，监理工程师应以监理通知的形式，建议施工单位采取措施加快工程进度；

（2）在下月进度采取弥补措施：当月实际进度落后计划进度时，总监办应以监理指示或每月的监理例会通知施工单位调整总体进度计划，且施工单位不得据此拖延工期或提出额外费用要求；

（3）当施工单位进度严重滞后，通过上述方法不能奏效时，总监办必须书面形式通知业主，建议业主出面解决；

（4）当施工单位进度严重滞后且业主协调不能奏效时，为了确保总体工程进度，监理要以文件形式建议业主进行强制分包。

第三节　费用监理

一、一般规定

1. 对工程量清单的数量、单价以合同为准，工程量清单的变动使用以业主的规定为准。

2. 分项或单项工程申请开工时，承包人应按照合同文件工程量清单说明及技术规范中有关计量支付的具体规定，对单项工程中应计量的项目按工程量清单中支付编号顺序填写“单项工程工程量审批表”报驻地监理办公室审批。

3. 如果按清单支付项目核算的图纸工程量相符，承包人还应对于以总额支付项目的分解项目，并根据定额基价、工程数量折算出各分解项目的单价，不可人为加大先期工序的单价，套取业主资金。此申报一经批准，作为今后计量支付之依据。

4. 对于路基土石方量，应先复测设计图纸量与实际量是否相符，承包人应在原地面线未被施工扰动之前，对拟开工段落进行中线恢复定线、地面标高和横断面图及土石方计算表，报总监办审批。驻地监理对承包人中桩、水平和横断面复测进行全过程监督。

5. 路基中间计量时，承包人应对已检验合格经监理工程师同意的段落测量所有中桩、边桩处高程，画出断面，附上计算书，报驻地监理办公室审批，驻地监理办公室应派监理人员对承包人的复测进行监督。

6. 中期支付证书的最低限额按业主要求执行。

二、计量支付的程序

承包人将按时将可计量工程统计汇总，编制本月计量支付报表，报驻地监理办公室审查通过后，报总监办审批认可后报送业主。

1. 计量支付的管理

合同文件中的工程量清单是预估数量，不能作为计量与支付的依据，根据合同条款与技术规范的规定，施工实际完成的工程量必须经承包人的复测、复核并经监理工程师审批批准后方可确定，审批后的数量作为建立计量台账和计量支付的依据。

2. 建立工程计量台账包括以下工作内容：

（1）路基土石方数量的复测与审定；
（2）地面清除物的调查与审定；
（3）固定结构物工程数量的复核与审定；
（4）分项工程数量审批资料。

三、台账管理办法

1. 为了对计量支付工作实施更有效地控制，总监办、驻地监理办公室应建立台账，台账分为工程量清单台账、工程量计量台账。

2. 工程量计量台账以计量时间为顺序，将同一支付编号的项目罗列合计清楚。工程量清单台账以支付编号为顺序，将该分项工程的各次批复的工程量、批复时间、文号罗列清楚，并将工程量核计准确，本台账由计量工程师填写，专业工程师复核，高级驻地监理工程师签认。每个支付编号累计的计量工程量不得超过累计清单工程量。

3. 每月驻地监理办公室应将台账上报总监办进行审核。

第四节　合 同 管 理

对工程施工有关的各类合同执行的检查和分析等环节进行行之有效的组织管理，以期通过合同体现“三大控制”的任务要求，同时维护业主与承包人的正当权益。

一、工程变更

1. 建立严格的工程变更审查程序，及时将重大变更意见向业主有关部门汇报，总监办加强工程变更管理，以严格的工程变更审批程序堵塞一切漏洞，解决好工程变更的具体问题；

2. 收集整理好工程变更的所有资料，向业主提出建议性意见；

3. 认真进行费用评估和价格协调、调查，向业主汇报；

4. 主动提出不降低标准、不增加投资的有益变更意见。

二、工期延期

1. 做好工地实际情况的调查和日常记录，收集来自现场以外各种文件材料与信息；

2. 审查承包人的延期申请，对延期进行评估，及时向业主作出汇报；

3. 促进承包人调整计划，增加施工力量，以避免出现延期。

三、工程分包

1. 建立严格的分包审查程序，认真审核承包人拟分包工程项目是否违背合同规定；审批分包合同的合法性及分包人的资质情况并向业主报告申请批准。

2. 杜绝未经监理同意、业主批准的分包行为。

四、费用索赔

做好预防工作，防止出现费用索赔，对已出现的索赔，按合同规定严格办理。

第五节　信息资料管理

1. 信息资料管理制度：总监办及各驻地监理办公室建立文件阅办制度、签发审批制度、日常保管制度和借阅制度。

2. 信息资料的日常管理：信息资料的日常管理指从信息产生办理并形成结果到建立台账进行统计分析的系列工作，信息人员按要求及时、完整、真实、规范地完成各项工作。

3. 监理竣工资料的编制办法

（1）监理竣工文件按上级主管部门分类，分卷编制要求进行编制。

（2）监理竣工文件归档管理，按照业主要求装订、编号、成册。

第六节　工 作 协 调

1. 建立工地会议制度，做好工程相关的协调工作；

2. 在正式开工前召开第一次工地会议，对工程开工前的各项准备工作进行全面检查，确保工程实施有一个良好的开端；

3. 每周定期召开一次常规的工地例会，对工程实施过程中的质量、进度、费用的执行情况进行全面检查，为正确决策提供依据，确保工程顺利进行；

4. 在施工过程中，根据具体情况定期或不定期召开不同层次的专题会议，使监理工作和施工活动密切配合；

5. 其他方面的组织协调工作

（1）协助业主组织协调与参与本合同建设的各单位的配合

关系，协助业主处理有关问题；

（2）组织进度与质量之间的协调，以及合同争议之间的协调；

（3）协助业主处理各种与本合同工程项目有关事宜。

第七节　监理廉政工作措施

工程廉政工作的成功与否直接关系到整个工程的成败。监理廉政工作是一项秩序性强、规范性高的工作，必须有一套行之有效的管理制度，对监理人员的日常行为进行明确，以确保监理廉政工作的质量。

1. 严格遵守党的政策和国家有关法律法规及交通部的有关规定。

2. 建立健全廉政制度，开展廉政教育，设立廉政告示牌，公布举报电话，监督并认真查处违法违纪行为。

3. 监理人员不得索要或接受施工单位的礼金、有价证券和贵重物品，不得在施工单位报销任何应由监理单位或其个人支付的费用等。

4. 监理人员不得参加施工单位安排的超标准宴请和娱乐活动，不得接受施工单位提供的通讯工具、交通工具和高档办公用品等。

5. 监理单位及其工作人员不得要求或者接受施工单位为其住房装修、婚丧嫁娶活动、配偶子女及其亲属的工作安排以及出国出境、旅游等提供方便等。

6. 监理人员及其配偶、子女不得从事与本工程有关的材料设备供应、劳务等经济活动等。

7. 监理人员不得以任何理由向施工单位推销材料，不得要求施工单位购买合同规定外的材料和设备。

8．监理人员要秉公办事，不准营私舞弊，不准利用职权从事各种个人有偿中介活动和安排个人施工队伍。

9．监理单位及其个人若违犯违反廉政制度，依据有关规定给予党纪、政纪处分或组织处理；涉嫌犯罪的，移交司法机关追究刑事责任；给其他单位造成经济损失的，应予以赔偿。

第七章 监理工作制度

监理工作是在监理人员对施工质量的监督、检测、纠正完成的，因此监理人员自身的工作质量是关键，总监办为完善监理工作保证措施，应制订一系列的工作制度，如：工地会议制度；设计文件、图纸审查制度；施工图纸会审及设计交底制度；施工组织设计审核制度；工程开工申请审批制度；工程材料，半成品质量检验制度；隐蔽工程质量验收制度；工程质量事故处理制度；月报制度；技术，经济资料及档案管理制度。

第一节 工地会议制度

一、工地会议的形式、目的及记录

1. 工地会议的形式

工地会议分为：第一次工地会议、工地例会、专题工地会议等三种形式。

2. 工地会议目的

（1）第一次工地会议是总监办对工程开工前的各项准备工作进行全面的检查，以确保工程实施有一个良好的开端；

（2）工地例议是总监办或驻地监理办对工程实施过程中的进度、质量、费用的执行情况进行全面的检查，为正确决策提供依据，确保工程顺利进行；

（3）专题工地会议是监理工程师对施工期内出现的工程质

量、安全、环保、费用、进度及合同管理等方面的重点、难点和需要协调的问题进行研讨，并提出明确的解决方案和落实措施。

3．工地会议记录

工地会议由主持单位专人记录，会议形成的纪要应由参加单位确认，并可作为合同文件的一部分。会议纪要仅对业主、承包人及驻监理工程师和协调各方起约束作用。会议中决定执行的有关问题，仍应按规定的监理程序办理。

4．工地会议报告

承包人应以书面的形式向会议提交工地会议报告，报告按照监理工程师的统一要求，结合各自的实际情况，编写以下几方面的内容：（1）当前的完成进度、施工质量、资源配置；（2）下个月的进度计划和确保计划实现而采取的资源配置、施工组织措施等；（3）确认上次会议记录的落实执行情况；（4）目前存在的技术、计量支付、监理操作程序等需要澄清的问题；（5）施工环境问题；（6）其他。工地会议报告要统一式样，文字清晰，装订美观规范，并加盖承包人经理部印章。

二、第一次工地会议

1．会议的组织

（1）第一次工地会议由总监理工程师主持，业主和总监办的各职能部室参加会议，承包人的授权代表必须出席，各方将要在工程项目中担任主要职务的部门负责人，以及指定分包人应参加会议，并邀请质量监督部门及当地指挥部负责人参加会议。

（2）应事前将会议议程及有关事项通知建设单位、施工单位及其他有关单位，必要时可先召开一次预备会议，使参加会议的各方作好资料准备。

（3）会议召开时间：一般在下达项目开工前的适当时间，

并应尽可能早期举行。

(4) 会议的暂时休会与复会：会议举行中如果某些重大问题达不到目的要求，可以暂时休会，待条件具备时再行复会。

2. 会议内容

(1) 介绍人员及组织机构

1) 总监理工程师先简要介绍业主和总监及其职能部门、驻地监理办、承包人、当地指挥部及上级有关领导等到会的主要负责人姓名、职务、以便今后工作联系。

2) 业主及总监可书面介绍其职能机构、职责范围及主要负责人名单。

3) 高级驻地书面将驻地监理办组织机构框图、职责范围及全体人员名单提交承包人。

4) 承包人书面提交工地项目经理授权书，职能机构框图、职责范围及有关人员的资质材料，总监代表应在本次会议中进行审查并口头予以批准（或有保留的批准），会后正式予以确认。

(2) 承包人递交第一次工地会议报告并陈述，报告内容包括以下几个方面：

1) 驻地建设及有关制度建立情况；

2) 工地试验室的建立情况；

3) 人员、施工机械、试验设备“三到位”情况；

4) 标准试验、导线与水准点复核测量、施工便桥与纵向施工便道、水系调查等工作的完成情况；

5) 材料供应计划及其到位情况；

6) 年度施工进度计划近期月作业计划（网络图、横道图与文字描述）及保障计划实现的措施或施工方案；

7) 试验路段选点和取（弃）土场选点进展情况；

8) 提出设计图、技术规范、监理实施程序等方面需要澄清确认的有关问题；

9）施工环境方面存在的问题与要求。

（3）驻地监理办通报各合同段承包人开工准备工作完成情况，就承包人的年施工进度计划、月进度计划及当前试验路段开工等提出明确的部署与要求。

（4）业主或当地指挥部负责人说明开工条件，并解释承包人提出的施工环境方面存在的问题和满足其要求拟采取的措施。业主代表或当地指挥部应就工程占地（含取、弃土场占地）、临时用地、临时使用现有道路、拆迁与安置的及其他与开工条件相关的问题进行说明，提出请承包人协作的诸方面建议要求，并就承包人提出的目前存在的施工环境问题拟定解决计划、逐一落实，提供给承包人一个良好的施工环境，确保施工顺利开工并正常进行下去。

（5）业主和总监办的职能部门明确施工监理例行程序，并就承包人提出的技术、监理程序等方面问题澄清确认。

（6）设计代表澄清承包人提出的有关设计图方面存在的问题。

（7）质量监督组领导通报监督组的工作内容工作程序及其监督工作计划，并就质量控制诸方面提出指导性要求。

（8）总监、业主书面发言，对承包人、监理和当地指挥部的工作提出指导性要求。

三、工地例会

1. 会议的组织

（1）工地例会由总监理工程师主持，参加会议的人员为：总监办有关部室及驻地监理工程师、施工单位的三项负责人、指定分包人、建设单位代表，可以邀请当地指挥部领导参加。

（2）召开时间：开工后的整个施工活动期内定期举行，一般每月定期召开一次，其具体时间在第一工地会议上明确。

2. 会议的内容

会议应按既定的议程进行，一般应由承包人逐项进行陈述并提出问题和建议，总监理工程师应逐项组织讨论并作出决定或决定的意向。会议一般按如下议程进行讨论和研究：

(1) 确认上次会议记录：可由会议记录人对上次会议记录征询意见并在本次会议记录中加以修正；

(2) 审议工程进度：主要是关键线路上的施工进展情况及影响施工进度的因素和对策；

(3) 审议现场情况：主要是现场机械、材料、劳力的数额以及对进度和质量的适应情况并提出解决措施；

(4) 审议工程质量：主要应针对工程缺陷和质量问题，就执行标准控制、施工工艺、检查验收等方面提出问题及解决措施；

(5) 审议安全事项：主要对发生的安全事故或隐藏的不安全因素，以及对交通和民众的干扰提出问题及解决措施；

(6) 审议环保事项，主要对施工中的环境保护提出要求，对环境保护的问题提出解决措施；

(7) 讨论施工环境：主要是承包人无力防范的外部施工阻挠或不可预见的施工障碍等方面的问题及解决措施；

(8) 审议工程费用事项：主要是材料设备预付款、价格调整等发生或将发生的问题及初步的处理意见或意向；

(9) 讨论延期与索赔：主要是承包人提出延期或索赔意向，进行初步的澄清和讨论，另按程序申报并约定专门会议的时间和地点；

(10) 审议工程分包：主要是对承包人提出的工程分包意向进行初步审议和澄清，确定进行正式审查的程序和安排，并解决已批准（或批准进场）分包中管理方面的问题；

(11) 其他事项。

四、专题工地会议

1. 会议的组织

（1）专题工地会议由高级驻地监理工程师主持，建设单位代表及施工单位代表与其他各方的代表出席，驻地监理办有关人员参加，有关监理及施工人员根据具体情况参加；

（2）会议召开时间：在整个施工活动期间，根据工程工作需要及时召开；

（3）会议的主题：只对近期施工活动进行证实、协调和落实，主要研究施工进度计划，对发生的施工质量问题及时予以纠正。对其他重大问题只提出而不进行讨论，另行召开专门会议或在工地会议上进行研究处理。

2. 会议的内容

（1）承包人报告近期的施工活动，提出近期的施工计划安排，简要陈述发生或存在的问题；

（2）会议主持人（监理工程师）就施工进度和施工质量予以简要评述，并根据承包人提出的施工活动安排，安排旁站监理、工序检查、抽样试验、测量验收和缺陷处理等施工监理工作，对执行施工合同有关的其他问题交换意见。

第二节　月 报 制 度

一、监理月报

1. 工程监理月报

监理工程师根据工程进度情况、存在的问题，每月以报告书的格式向业主和有关主管部门报告。月报所陈述的问题仅指已存在的或将对工程造价、质量及进度产生实质性影响的事件，报告使业主和有关部门能对工程现状有一个比较清晰的了解。报告书中对进度比原定计划落后的工程分项和细目，说明延迟的原因以及为挽回不利局面已采取或将要采取的措施。还要报告承包人主要职员和监理人员的变动情况，已完成的主要工程分项和细目等。

监理月报在当月 28 日前由总监办整理出版并报送到业主及有关上级领导部门。

2. 工程监理月报内容

工程监理月报一般包括以下主要内容：

(1) 工程描述

第一期监理月报应在正文前附有一张工程位置图，图中应清晰标明工程的具体位置，并对工程概况作简要描述，工程描述在第一期监理月报应较详细提供以下资料，后期的月报可视情况适当增减。

1）项目名称；

2）地理位置；

3）路线全长，起讫桩号；

4）线型及主要设计指标；

5）路线及结构物所在位置的地质情况；

6）主要结构物的类型及数量；

7）合同的签字日期；

8）承包人或联合承包人的名称及项目负责人；

9）合同总价；

10）开工通知书发出的日期及开工日期；

11）合同规定的工期；

12）修订的完工期（以后如有变动，可以修订），从开工到现在已过去的施工时间；

13）本月内气象报告。

（2）工程进度

提供工程整体进度及每个主要工程分项的实际进度和计划进度。主要分项工程包括路基、桥梁、排水、防护、路面、交通工程等。本月份的施工情况，文字力求简要。

（3）工程质量

月报表中就现场各个合同段或各个工程分项的材料、机械、人员配备实际情况结合工程质量的检验、测量结果作综合评价。

（4）支付状况

本月支付的情况、累计支付的情况，及意外费用，索赔细目及同意的费用等。

（5）监理工作执行情况

本部分内容主要简明描述监理工程师内部的情况，包括各类监理人员的人数，工作安排及监理工程师的办公室、住房、设施和车辆等的现状和存在问题以及对工程的影响。

（6）小结

概略评述有关承包人履行合同义务的表现，存在的问题，采取的改进措施和今后工作安排的设想等。

（7）附录

在月报的最后，应附有当月合同执行情况的有关表格，如主要进场机械表，主要工程进度表，材料试验统计表等。

3. 监理工作总结

竣工前56天，驻地监理办应提交监理工作总结，由总监办汇总。

二、承包人月报

1．承包人工程月报

合同段承包人根据工程进度情况及存在的问题，每月以工程月报的形式，在当月 25 日前向驻地监理办、总监办各报送一份。

2．承包人工程月报内容

承包人月报的主要内容为：

（1）工程概况：

合同段工程的路线长度、起讫桩号；主要结构物类型及数量；路基土石方数量；路面及路面基层结构类型及数量；合同工期；合同总价等内容。

（2）进度完成月统计：

以路基、排水、构造物、路面、交通工程等单位工程按分部工程分项统计本月完成数量，完成月计划的百分率，累计完成数量，完成总量的百分率。

（3）工程质量情况：

原材料检验，标准试验，抽样试验等工程质量检测的点（件）数、频率、合格率以及工程质量情况。

（4）主要人员到位情况：

承包人的项目经理、副经理、总工程师及各部门负责人的承诺名单，实际到位名单，以及不能到位的原因陈述等。

（5）主要设备到位情况：

承包人的主要设备承诺数量，实际到位数量，设备增减情况等。

（6）下月计划：

以路基、排水、构造物、路面、交通工程等单位工程，按分部工程分项列出下月计划完成数量，计划完成百分率等。

3．施工总结

竣工验收前56天，承包人应提交施工总结报工程部。

第三节　监理记录

监理记录的内容有：

1．监理工程师应按照“本实施办法”规定的监理表格认真填写，并做好对各分项工程的批准开工，完成检验和材料结果记录，特别是重要部位或隐蔽工程检验记录及隐蔽工程照片、录像的妥善保存；

2．《工程分项开工申请批复单》：监理工程师应对承包人提交的施工方案、施工图纸、使用材料、测量放样、水准点、检测设备等审查合格后批准开工申请批复单；

3．《承包人每周工作计划》：监理工程师应掌握承包人每周工作计划，以便进行监理工作；

4．《监理日报》：现场监理人员应按监理日报表内容填写，并由监理工程师保存，作为监理工程师发出批示解决纠纷的重要依据；

5．《检验申请批复单》：监理工程师应对承包人完成每一分项工程后的检验申请批复单进行检验，签认合格后，承包人方能进行下道工序施工，作为计量支付依据，填写《中间计量表》；

6．《监理工作指令》：监理工程师应根据现场检验工程质量等问题向承包人下达指令，要求承包人按照规范纠正质量缺陷或停止施工，重要工作指示同时抄送业主；

7．《工程变更令》：监理工程师应根据已批准的变更报审表，签发工程变更令，作为计量支付的依据；

8．《工地会议纪要》：工地例会由高级驻地主持，每月召开一次，有关工程师和承包单位负责人，地方政府有关人员参加。纪要由高级驻地监理工程师签发后，分送各合同段承包人、驻地监理办、总监办、业主及质量监督组，地方政府指挥部等有关单位。

第四节　资料管理制度

监理工作中来往的文件、信函、电传、电报、传真、会议记录、检测资料图片及报告、计量及支付证书、给承包人的指示以及监理日记均属监理资料，应进行分类、登记、编号并装订成册，并建立签收与回执制度，专人负责，定期归档管理与保密。

1. 资料档案建档分类

另行成册。

2. 监理资料管理制度

（1）从监理工作开始至结束后两年内，未经业主同意，任何单位或个人不得将与工程有关的专用或机密文件、资料向外泄露。

（2）总监办应指定专人负责监理资料的收集、整理和管理。

（3）归档制度：

1）按“本实施办法”所规定审核签字制度，经签字及上述的分类登记归档；

2）资料档案要编制目录，索引等检索工具，以便查阅。

（4）查阅制度：

1）专业工程师及其以上人员可直接向资料管理员查阅，其他监理人员需经工程部部长同意后方可查阅；

2）承包人需经总监同意后方可查阅；

3）其他单位人员，原则上不予查阅，如确需查阅时，需经总监批准；

4）所有资料档案，不得外借，非监理工作需要亦不得复印。

第八章　安全文明施工监理

第一节　安全施工监理的内容

安全文明生产涉及施工现场的所有人、物和环境。凡是与生产有关的人、单位、机械、设备、设施工具等都与安全生产有关。安全工作贯穿了施工的全过程，安全监理的任务主要是贯彻落实国家安全文明生产方针政策，督促承包人按照施工安全生产法规和标准组织施工消除施工中的冒险性、盲目性和随意性，落实各项安全技术措施，有效杜绝各类安全隐患，杜绝和减少各类伤亡事故，实现安全文明施工。

一、指导思想：安全第一，预防为主

二、工作依据

1. 国家颁布的有关安全生产、文明施工法律；
2. 与业主签订的《高速公路安全生产目标管理责任书》；
3. 业主制订的有关安全生产、文明施工制度。

三、组织体系

1. 成立监理办安全生产、文明施工领导小组，由总监理工程师任组长，各驻地办驻地监理工程师兼职作为领导小组成员；

2．全体监理人员均为安全生产、文明施工监督员。

四、工作制度

1．施工监理准备阶段：

（1）监理办成立安全生产、文明施工组织机构；

（2）监理办安全生活、文明施工领导小组制订安全生产、文明施工规章制度；

（3）组织所有监理人员开展施工现场安全生产、文明施工的监理知识和能力的教育培训，熟悉掌握工程施工过程中各工种的安全技术操作规程；

（4）明确各自岗位职责，认真履行相应职责和义务。

2．在工程施工阶段：

（1）全体监理人员认真履行安全生产、文明施工的职责和义务；

（2）监理人员督促、检查施工承包人做好本细则第五、六款规定的各项工作；

（3）定期组织对施工人员的安全技术考核；

（4）及时发现和消除重大事故隐患，最大限度的减少重大恶性事故的发生，如发生质量事故，根据事故等级及时报告。

五、安全生产方面的工作

1．施工现场（工地）必须具备良好的施工环境和作业条件，安全生产，避免发生人身伤亡和工程事故。进入施工现场的所有人员必须遵守施工现场安全管理规定。

2．施工现场（工地）安全生产项目经理负责制。应建立健全工地安全组织保障体系，制订和完善安全管理制度，采取各项安全防护措施，确保施工正常进行。

3. 施工现场（工地）所有施工人员必须经过上岗前的安全教育。应备有各个工种安全生产手册或须知，做到每个职工人手一册，使从事施工活动的每个职工具备本工种的安全常识，增强防范意识。特殊工种须经专业培训，持证上岗。

4. 进入施工现场（工地）的所有人员，应穿戴、使用有关防护用品、用具。

5. 施工现场（工地）应设置必要的提示、警示、警告等各种安全防范标志，避免施工现场的人员可能发生的意外伤害。施工现场（工地）应设置醒目的告示牌，禁止闲杂人员进入。未经许可、擅自闯入工地的任何人员应对其行为及由此产生的后果承担相应责任。

6. 施工现场（工地）必须杜绝违章指挥、违章作业、违反劳动纪律的“三违”行为。

7. 施工现场（工地）必须做好防火、防电、防爆和防坠等防护工作。

(1) 必须遵守国家有关消防规定，各种消防设施配置齐全，并由专人负责，经常检查和定期更换。油库、易燃品存储等重点防火区域必须禁止火源进入。

(2) 供电线路布设及施工用电必须遵守有关安全用电的规程的规定，应避免妨碍作业和交通。

(3) 炸药、高压气瓶等易爆物品的使用和管理性能必须遵守国家有关安全规定，并保持足够的安全距离，确保安全。

(4) 高处作业必须遵守有关作业规程，设置必要的安全防护网或防护栏杆。特殊情况下应使用安全带。

8. 施工现场（工地）应建立完善的极具设备例保、检修制度，保证机械设备正常安全动作。

9. 施工企业对施工现场（工地）安全生产负有直接领导责

任。对施工现场存在的事故隐患必须责令项目经理予以整改。施工企业对施工现场（工地）发生的重大事故应按照“三不放过”原则，除按规定的程序上报有关部门外，同时应向交通行政主管部门及建设单位提交事故报告，不得隐瞒不报。

第二节　文明施工监理的内容

1. 施工现场（工地）应建立文明施工管理和监督管理网络，建立以项目经理为第一负责人的组织保证体系。推行现代管理办法，组织科学施工，创造一个良好的施工环境和作业条件，保护职工的健康，确保施工活动正常进行。

2. 施工现场（工地）项目经理部必须实行目标管理。应将年度目标计划和管理网络制成图表上墙，并按季、月进行目标细化，根据实际进度进行动态跟踪管理，施工企业应推行计算机动态跟踪管理。

3. 施工单位应按照场地衷情平面图设置各项临时设施，布局合理，文明责任区划分明确，并有明显标记。同时应设置明显的标牌，标明工程项目名称、工程概况、建设单位、设计单位、监理单位、施工单位、项目经理和技术负责人的姓名，开、竣工日期。

4. 施工现场（工地）作业区道路平整、设有路标。机具材料应做到“二整”：施工机械设备应保持状况良好、停置整齐；施工材料堆放有序、存储合理规整。

5. 作业区道路和现场按工程需要须有足够的照明设施；施工电源要集中布置，统一接线，专人负责，并定期检查。

6. 工地现场外观应做到“三洁”：施工场地整洁、生活环境清洁、施工产品美观净洁。场区及施工范围内的沟道、地面无废料、垃圾和油垢，应做到工完料尽场地清。办公室、作业区、仓库等场所内部应符合卫生通风照明等要求，职工宿舍内外应保持清洁、卫生，施工产品符合规范要求，外观洁净、美观。

7. 禁烟区严禁吸烟。禁止边作业边吸烟。

8. 施工现场（工地）项目经理部应对全体施工现场人员进行文明施工教育。现场管理员应统一着装。胸前佩挂证卡，并应自觉遵守工地各项规章制度和劳动纪律，杜绝“三违”现象。

9. 必须遵守国家有关环境保护规定，避免和降低灰尘等对周围环境的污染。

第三节　罚　　则

对未按规定施工，导致施工现场存有事故隐患的施工单位，要求其限期整改，到期未作整改的，令其暂停施工，并上报业主作进一步处理。

第四节　安全文明施工监理的方法

1. 在分部、分项工程开工前，安全监理工程师应重点审查施工单位编制的分部、分项工程的专项施工方案，并检查施工人员安全生产教育培训情况、特种作业人员配备的数量及安全资格培训、持证上岗情况和机械设备、施工机具及配件的安全性能检测情况，审查合格后方可同意该分项、分部工程开工。

2. 安全监理工程师应审查分包合同中是否明确了施工单位与分包单位各自在安全生产方面的权力、义务。

3. 监理工程师在巡视、旁站过程中应检查施工单位安全保证体系的运转情况，检查的主要内容包括：

（1）是否落实了安全生产的责任制度、规章制度和操作规程，是否确保了安全生产费用的有效作用；

（2）是否配备了一定数量符合要求的专职安全生产管理人员，并按照要求进行现场监督；

（3）各项作业是否按照规范操作，并设置安全警示标志和说明；

（4）是否在施工现场建立了消防安全责任制度，确定消防安全责任人，制订了各项消防安全考核制度和操作规程；

（5）是否实施了对分包单位的安全生产管理；分包单位是否服从总承包单位的安全生产管理；

（6）是否在施工现场入口处、基坑边沿、爆破物存放处等危险部位设置明显的安全警示标志；

（7）是否如实报告生产安全事故等。检查中发现安全事故隐患，应立即书面指令施工单位整改；情况严重的，应签发《工程暂停令》要求施工单位暂停施工，并及时报告建设单位。施工单位拒不整改或者不停止施工的，监理工程师应及时向有关主管部门报告。

4．分项、分部工程交工验收时，安全事故处理未结束的，暂不签发中间交工证书。

第五节　突发事件的处理

高速公路建设部是在野外作业，不可预见的事情可能时常发生，如安全生产事故、质量事故、不可抗力的洪涝灾害、由于地方矛盾而引起的人为闹事等等突发事件。要加强突发事件的管理，其处理措施如下：

一、预防为主

1．作为高速公路的监理单位和施工单位，应该都有较多的监理与施工经验，对于一些突发事件在事前都应该有一定的预见性，因此首先要建立健全完善的突发事件应对措施，制订预防突发事件的制度，尽可能地减少突发事件发生的可能性。如制订安全生产责任制、质量责任终身制、各项目经理部与各相关施工负责人签订质量责任及安全生产责任状，从制度上进行约束和预防。

2．各项目经理部和驻地监理办要建立突发事件领导小组，由项目经理、高级驻地监理工程师、驻地监理工程师任组长。

3．组织各项目经理部进行突发事件的演习，以防止发生突发事件后可能从容应对，做到不慌不乱。

4．要求各项目经理部的主要技术、管理人员保持24小时通讯的畅通。

二、发生后的处理措施

1．如突发事件发生后，首先要保护人的生命安全，再进行抢救有关材料等。突发事件发生后，及时上报监理和业主单位，与医院、消防、公安等单位能及时联系，突发事件领导小组及时进行组织管理。

2．各项目经理部和驻地监理组根据现场具体情况和项目特点详细制订具体的突发事件处理措施和办法。

第九章　监 理 设 施

业主提供满足监理工作需要的设施如下：

1. 办公设施；
2. 交通设施；
3. 通讯设施；
4. 生活设施。

根据本工程项目的规模、技术复杂程度等条件，按合同的约定，配备的常规检测设备和工具如下表。

常规检测设备和工具　　**表 9-1**

序号	仪器设备名称	型号	数量	使用时间	备注
1					
2					
3					
4					

第十章　监理工作流程图

一、监理工作总流程图

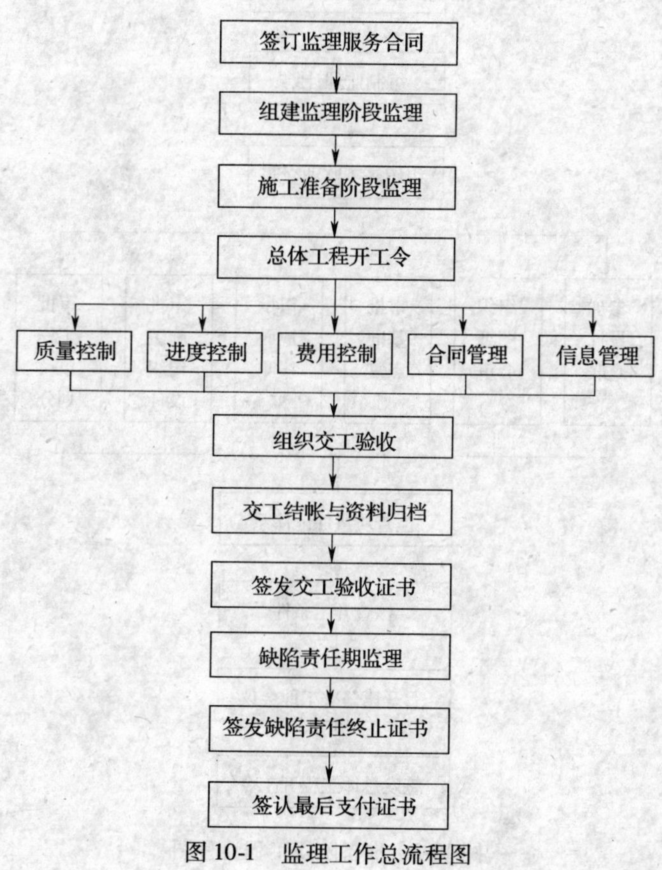

图 10-1　监理工作总流程图

二、准备阶段工程流程图

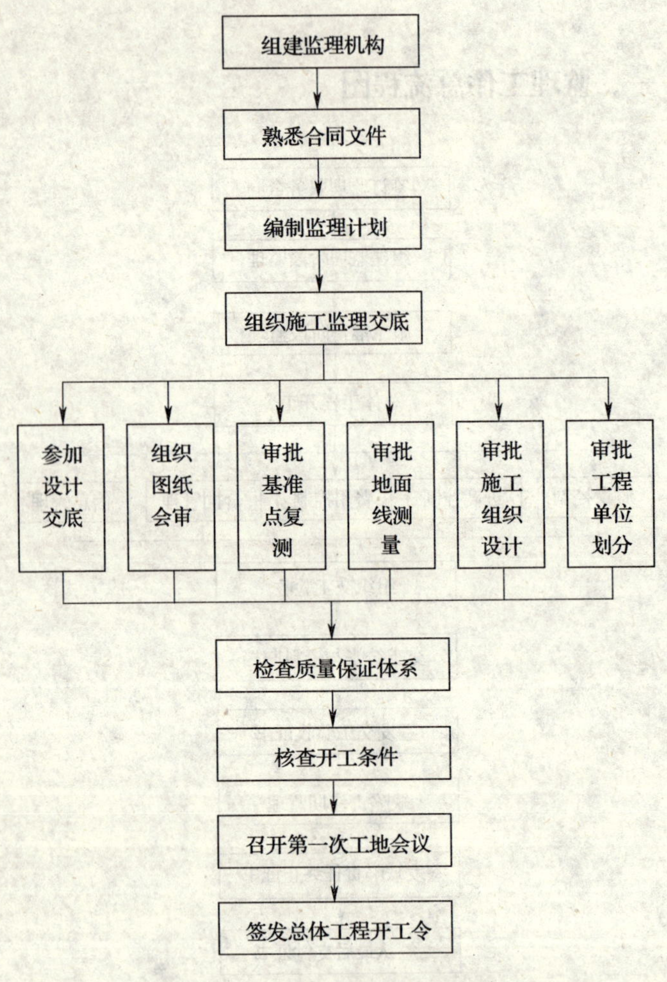

图 10-2　准备阶段工程流程图

三、施工阶段质量控制工作流程图

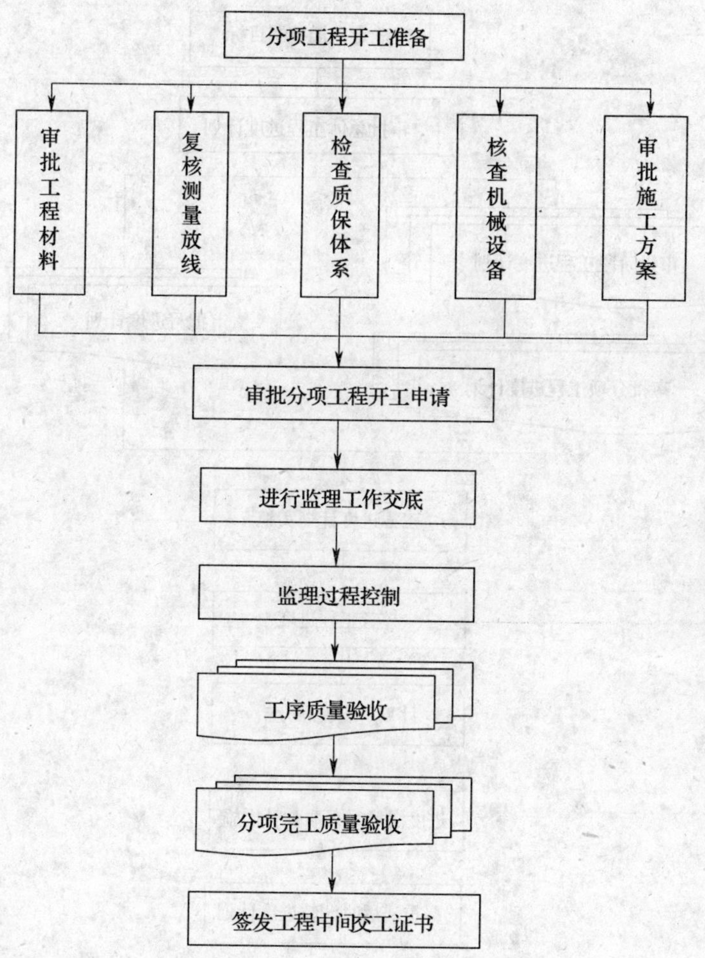

图 10-3　施工阶段质量控制工作流程图

四、施工阶段进度控制工作流程图

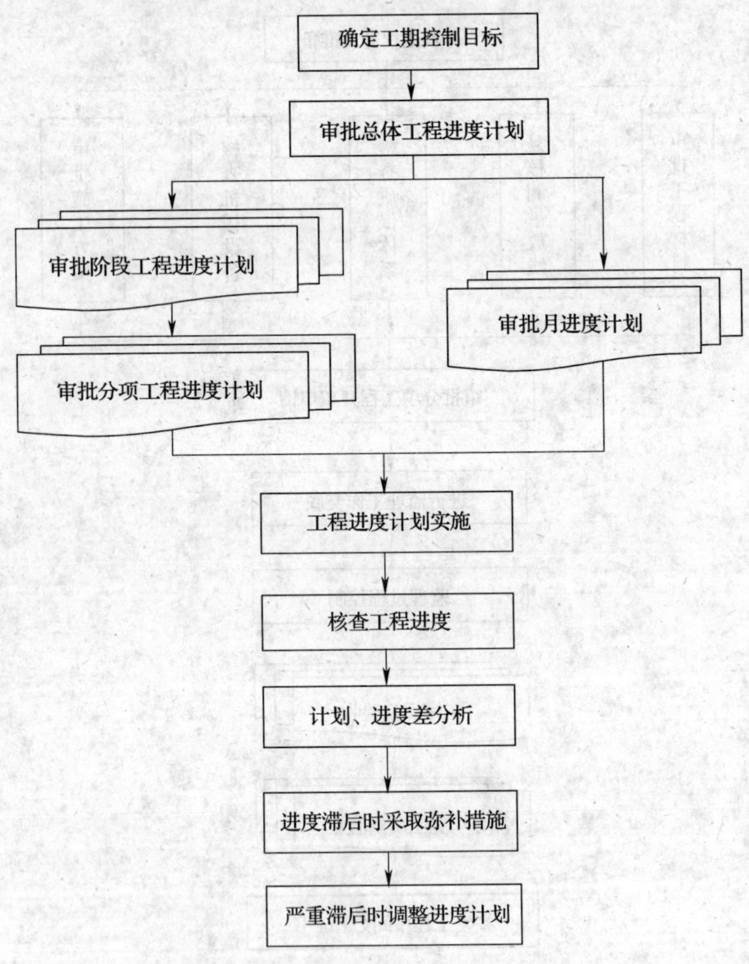

图 10-4　施工阶段进度控制工作流程图

五、施工阶段费用控制工作流程图

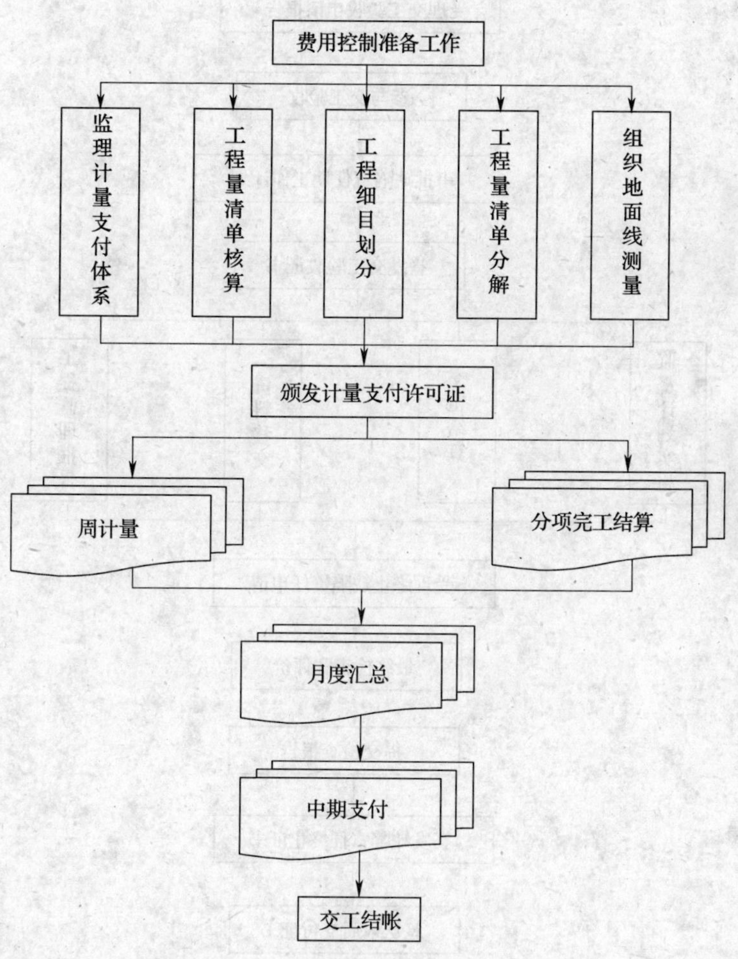

图 10-5　施工阶段费用控制工作流程图

六、工程交工及缺陷责任期工作流程图

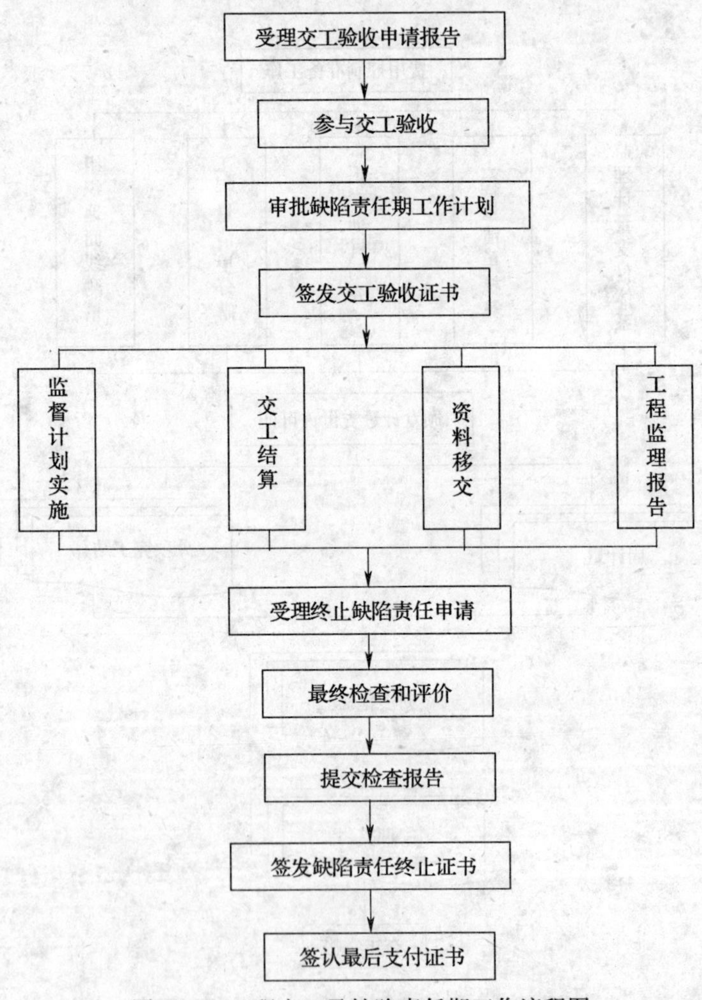

图 10-6　工程交工及缺陷责任期工作流程图

七、质量控制工作流程

1. 材料控制监理工作流程图

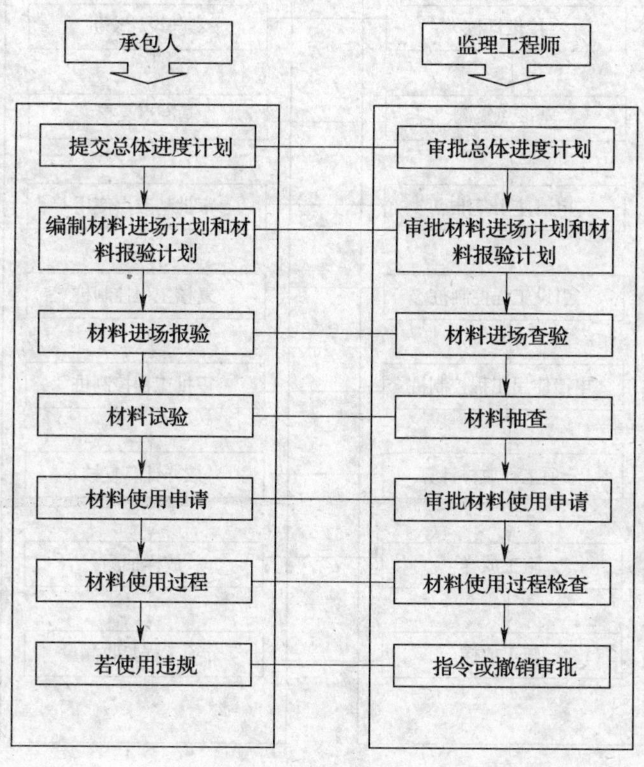

图 10-7　材料控制监理工作流程图

2．测量控制监理工作流程图

图 10-8　测量控制监理工作流程图

3. 试验控制阶段划分图

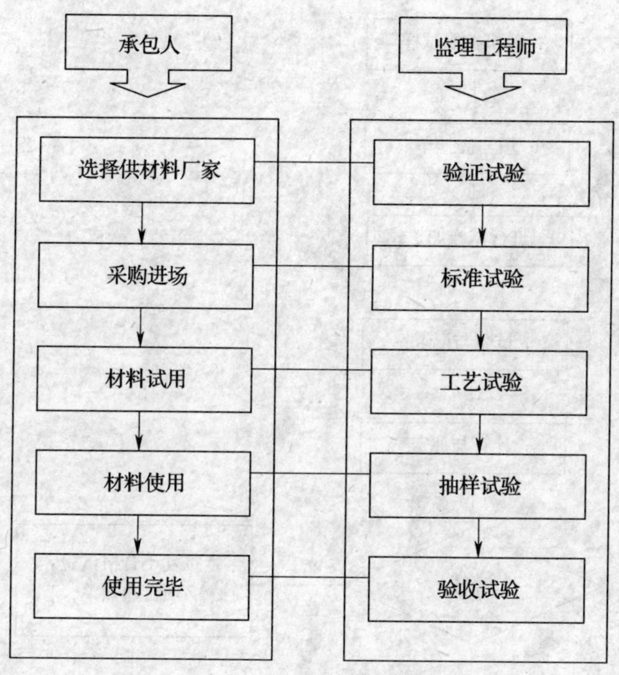

图 10-9 试验控制阶段划分图

4. 试验控制监理工作流程图

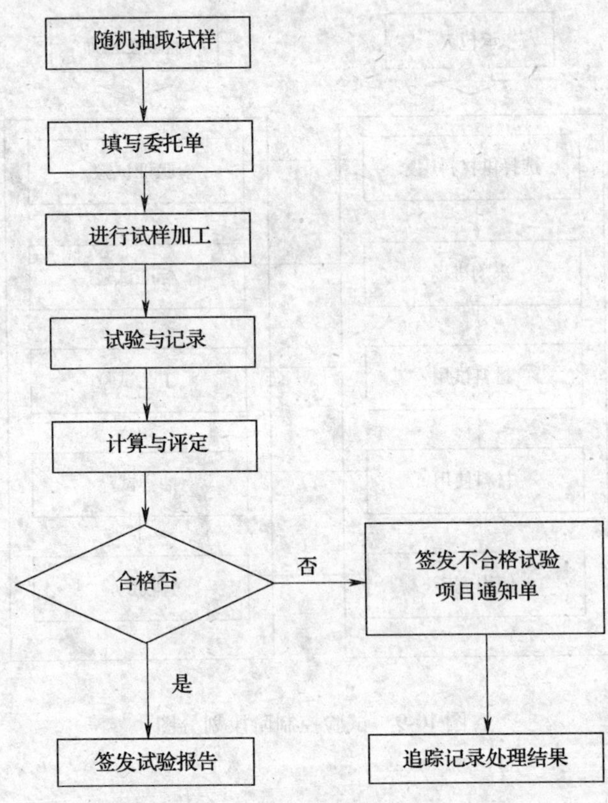

图 10-10 试验控制监理工作流程图

5. 分项工程开工审批程序

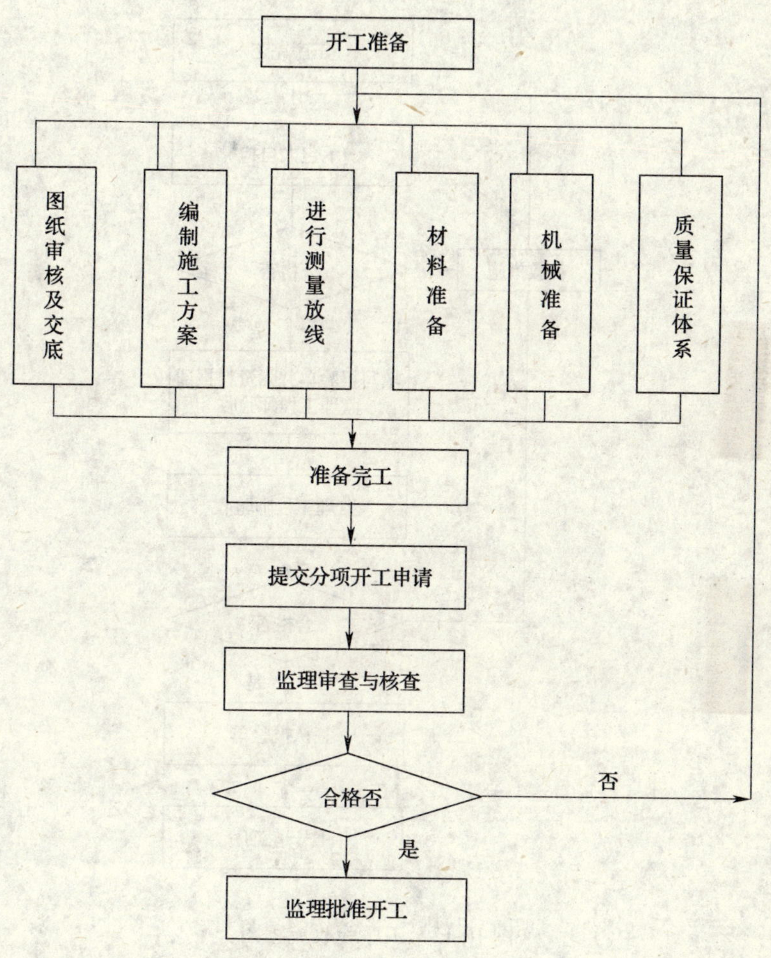

图 10-11　分项工程开工审批程序

6. 工序验收流程图

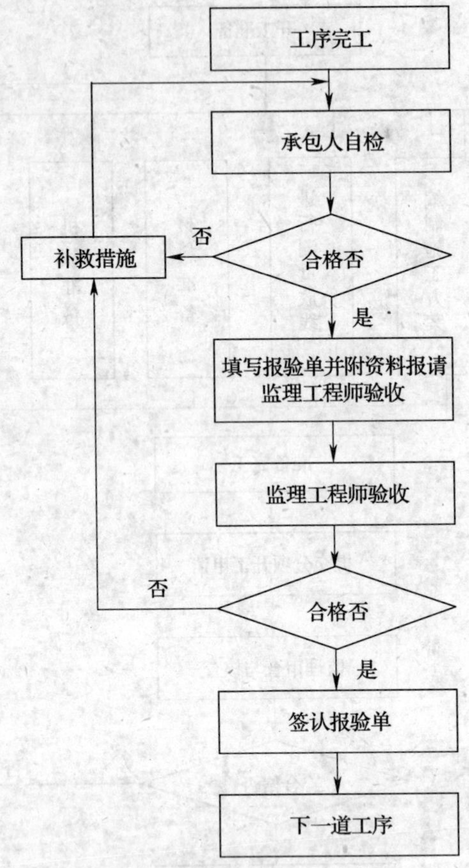

图 10-12　工序验收流程图

7．分项工程中间验收流程图

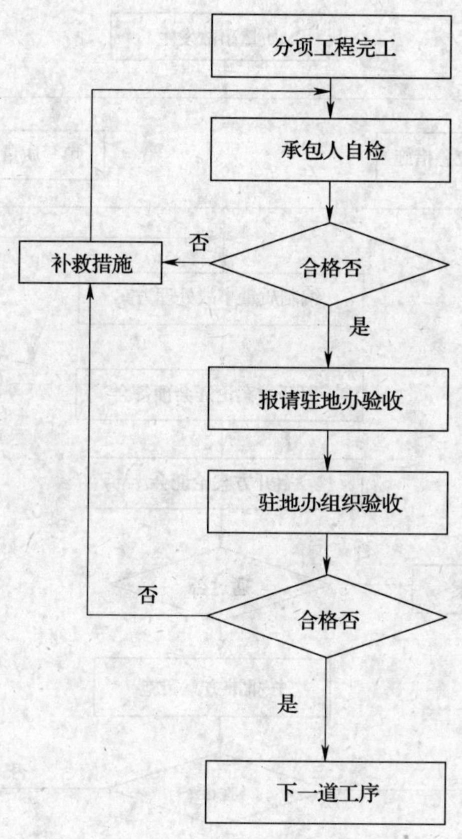

图 10-13　分项工程中间验收流程图

8. 质量事故处理工作流程图

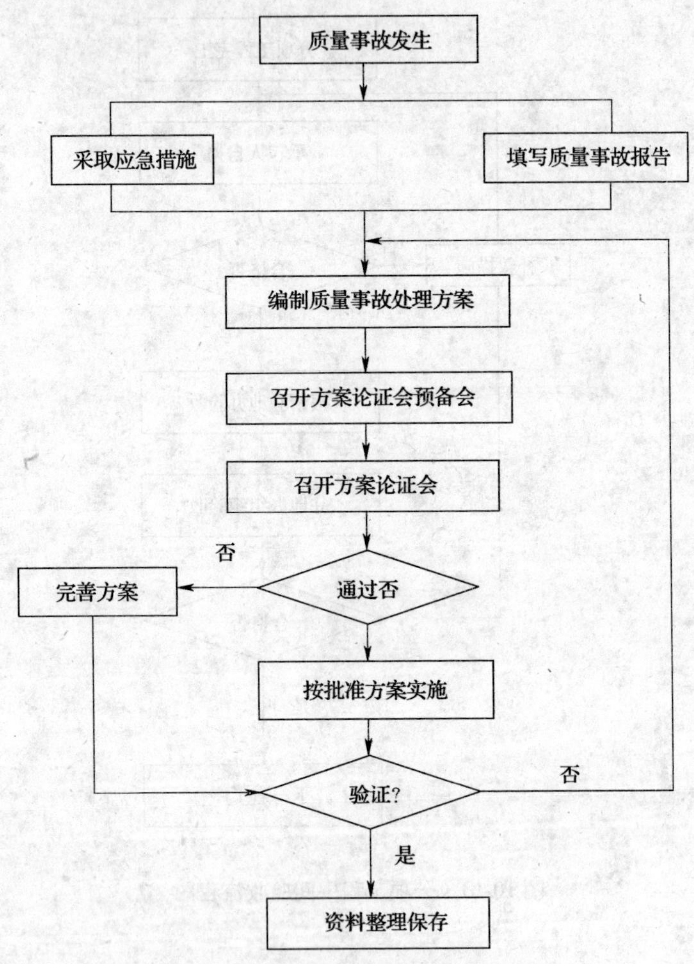

图 10-14 质量事故处理工作流程图

八、进度控制工作流程

1. 总体/阶段工程进度计划审批流程图

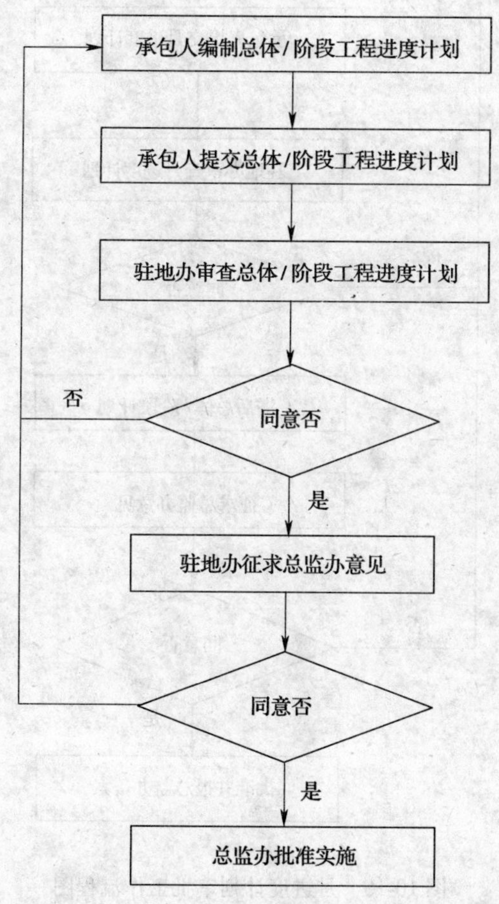

图 10-15　总体/阶段工程进度计划审批流程图

2. 月进度计划审批工作流程图

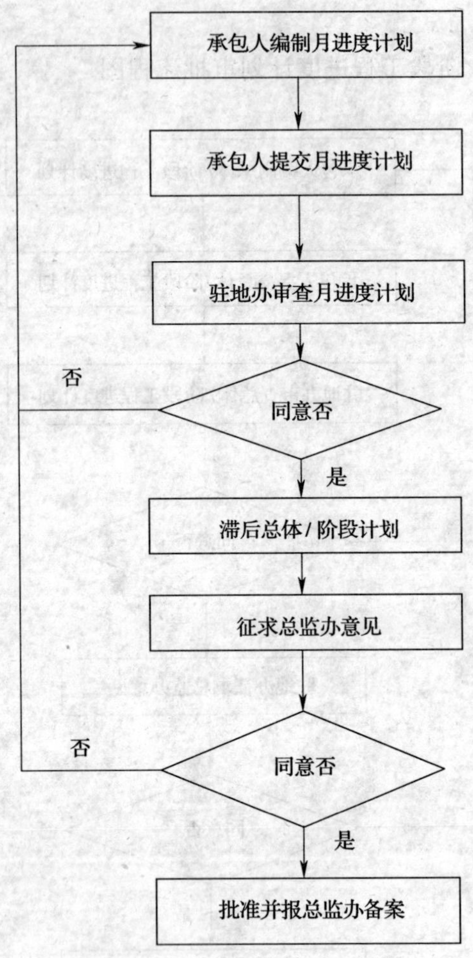

图 10-16 月进度计划审批工作流程图

3．分项进度计划审批工作流程图

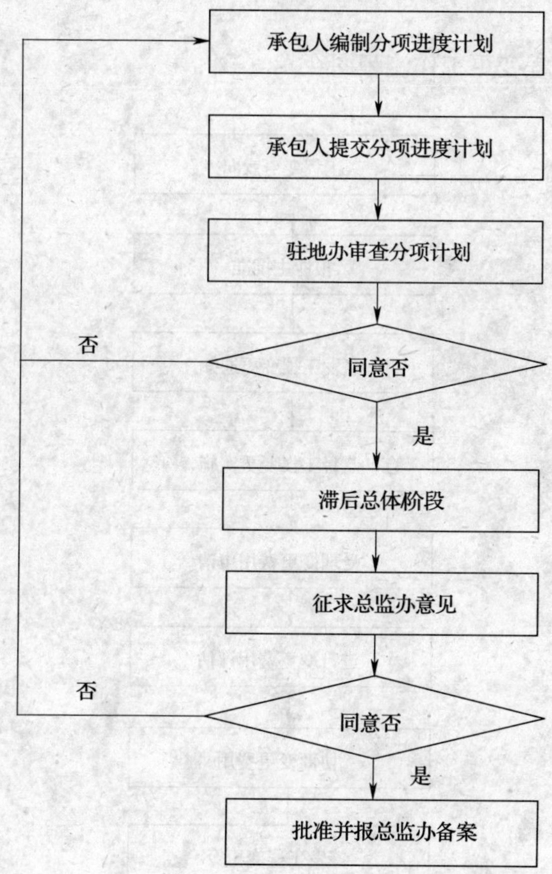

图 10-17　分项进度计划审批工作流程图

九、合同管理工作控制流程

1. 工程变更工作流程图

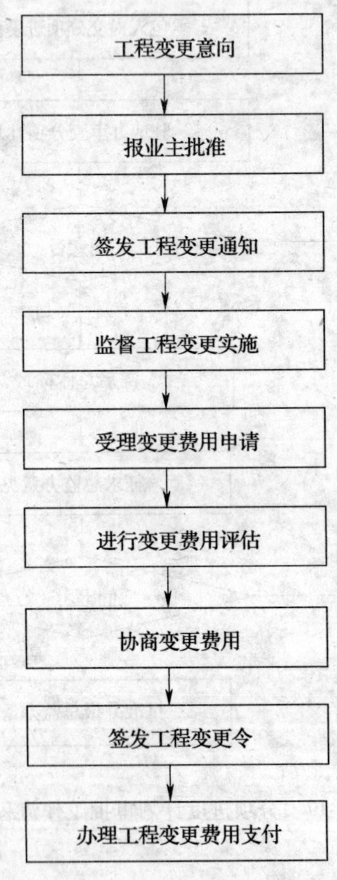

图 10-18　工程变更工作流程图

2. 工程延期工作流程图

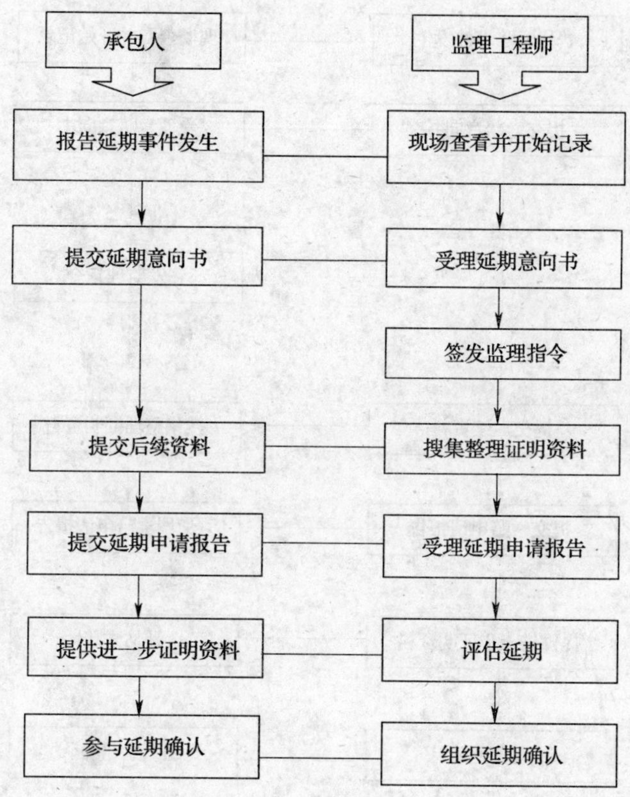

图 10-19　工程延期工作流程图

3．费用索赔工作流程图

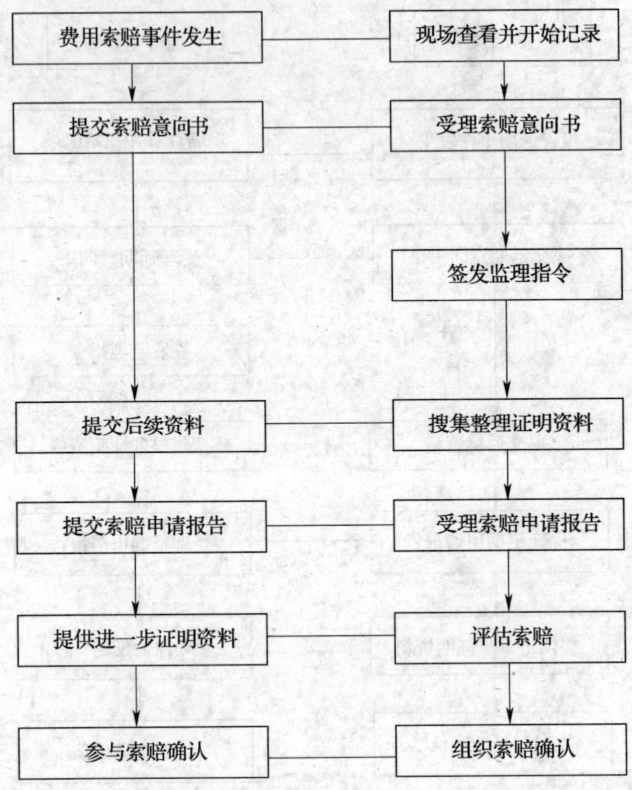

图 10-20　费用索赔工作流程图

十、信息管理流程图

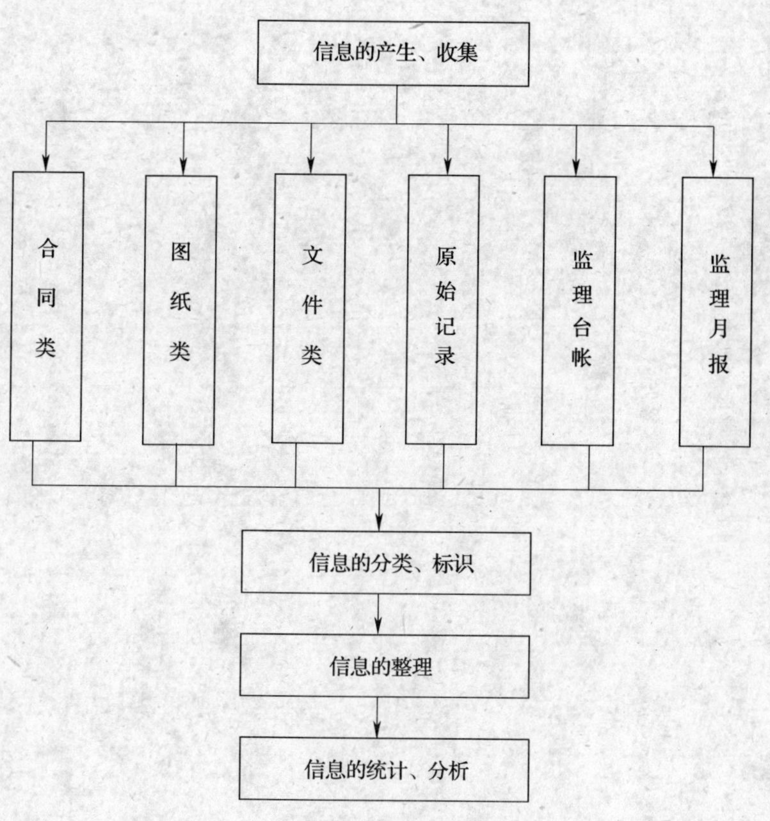

图 10-21　信息管理流程图

下 篇

公路施工监理实施细则

第一章 总 则

一、目的

为加强××公路项目的工程质量、进度控制和工程费用的管理，提高工程的投资效益和社会效益，使全线施工监理工作任务明确、标准统一、程序合理，根据交通部《公路工程施工监理规范》（JTJ G10—2006）及总监办的“监理计划”的规定，结合本合同段的实际情况，制订本细则。

二、质量保证体系与质量管理体制

本项目工程质量实行业主全面负责，监理单位控制，设计、施工单位保证和政府监督相结合的质量管理体制。建立“政府监督、社会监理、企业自检”的质量保证体系。

本项目的业主、设计、施工、监理单位负责人，对本单位的质量工作负领导责任；各单位的工程项目负责人，对本单位工程项目现场的质量工作负直接领导责任；各单位的工程技术负责人，对质量工作负工程技术方面的责任；具体工作人员为直接负责人。

本项目在设计使用年限内实行质量终身负责制。

三、施工监理原则

监理单位和监理人员应按照“严格监理、热情服务、秉公办事、一丝不苟、廉洁自律”的原则，认真贯彻执行有关施工监理的各项方针、政策、法规，制订详细的工作计划，明确岗位职责，严格检查制度，努力做好施工监理工作。

四、监理依据

施工监理的依据，主要是国家有关法律和有关技术、经济法规、公路工程技术标准和行业规范以及施工合同文件，监理服务合同，业主及监理工程师的指令。监理工程师和承包人在工程实施过程中有关的会议记录、函电和其他文字记载以及监理工程师签认的所有图纸也可作为监理依据。

五、监理目标

1．监理总目标：

××公路工程监理工作的总目标是强化管理，使工程质量、进度和投资满足合同要求，工程建设达到质量优、投资省、效益高的目的。

2．工程质量目标：

工程严格按施工承包合同、技术规范及经审批的设计文件施工，按交通部《公路工程质量检验评定标准》(JTJ GF80/1—2004）检查验收，工程质量合格率100%；单位工程优良率满足业主要求。

3．工程进度目标：

以××公路工程施工承包合同的合同工期作为进度控制目标。

4．投资控制目标：

以××公路工程施工承包的合同总价作为投资控制目标。

六、监理工程师的职业道德准则

监理工程师在施工监理过程中，应本着“严格监理、热情服务、秉公办事、一丝不苟、廉洁自律”的精神并遵守以下职业准则：

1. 公正、公平、信誉第一，为业主服务，在法律规定的范围内维护业主和承包人的利益。尽职、勤恳、兢兢业业地组织监理工作；

2. 不在同一项目中既做监理又做承包人的商业咨询，不接受承包人的任何回扣、提成或其他间接报酬；

3. 不泄露工程和业主的秘密，忠实履行职责，对业主负责；

4. 当其认为正确的判断和建议被业主否决时，应向业主说明可能产生的后果；

5. 当认为业主的意见或判断不可能成功时，应向业主提出劝告；

6. 当证明监理的判断是错误时，要及时更正错误；

7. 当监理工作涉及业主和承包人双方合法权益时，应按照合同规定，在授权范围内实事求是地进行处理。

七、监理工程师须知

监理工程师在履行自己职责和权力时，应注意如下问题：

1. 严格执行合同是监理工程师和全体监理人员的最基本准则；

2. 监理人员应与承包人保持正常的工作关系，做好事前、事中及事后监理；

3. 监理工程师在合同执行中要熟悉合同和设计文件，了解和掌握监理工作的重点，及时处理发生的问题；

4. 合同执行时，如果承包人提出分包工程的任何一部分，监理工程师应对分包人的资质、施工能力认真审查；

5. 监理人员不容许承包人发生不合格工程，但又不要轻易否定承包人在确保工程质量的前提下，通过技术手段获得利益的机会；

6. 监理人员与承包人在对工程质量的判断发生分歧时，应以合同文件和检测、试验资料为依据，切忌感情用事，或凭个人的看法和经验随意作出决定；

7. 监理工程师发现工程质量将受到危害时，应迅速地先通知承包人，然后采用劝告、提示的方法引导承包人进行纠正；如果承包人不听劝告继续施工时，必须果断地指令暂停施工，进行检查；

8. 质量的优劣既要以试验和测量数据为依据，还应按规范要求对测量和试验数据进行综合评价才能做出结论；

9. 监理工程师在计划监控中仅指出承包人进度滞后是不够的，还必须有充分的根据去论证并令承包人信服，促使承包人采取措施加快速度；

10. 工程计量时，监理工程师应切记："计量一切合同内合格的工程是承包人的职责，而复核这一工作则是监理人员的职责"；

11. 监理工程师或监理员必须定期地、最好每周一次检查和记录承包人的人员变动和工地情况，以及材料和施工机械运转情况，实行动态管理；

12. 监理工程师在给承包人指令时一定要谨慎。非合同内的事项在未与业主、承包人协商前不要发出指令，因为承包人没有义务接受合同规定以外的其他指令；

13. 监理工程师不能行使业主授权范围以外的任何权力；

14. 每日作好监理日记，掌握工程动态。

第二章　驻地办监理机构

一、组织机构

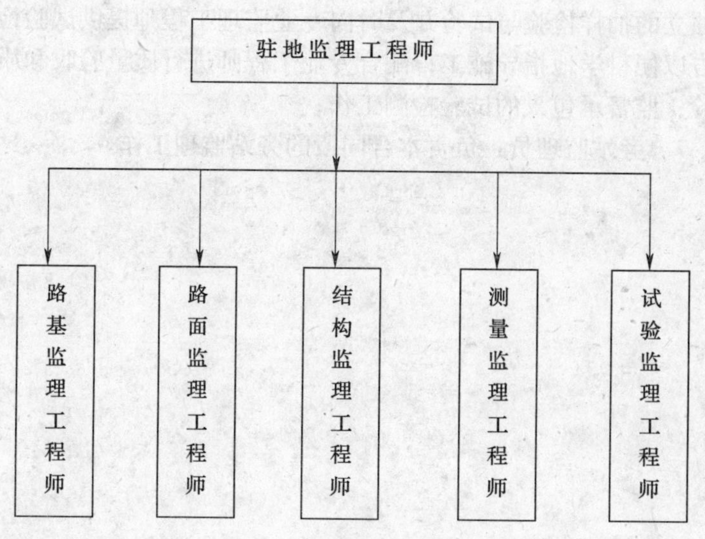

图 2-1　组织机构框图

二、人员分工

1. 驻地监理工程师：负责组织、领导、协调驻地监理办的全面工作，向总监办负责；

2. 路基监理工程师：负责管辖路段的路基、防护、排水、涵洞、通道的修建与维护各种临时工程（包括便道、便桥、临时码头）等工程的质量跟踪监理、质量验收、旁站监理工作；

3. 路面监理工程师：负责管辖路段的路面工程的质量跟踪监理、旁站监理、质量验收等有关工作；

4. 结构监理工程师：负责管辖路段的桥梁、渡槽等工程的质量跟踪监理、旁站监理、质量验收等有关工作；

5. 测量监理工程师：负责管辖路段的测量监理工作；

6. 试验监理工程师：负责对管辖路段承包人的工程质量进行独立的抽样检验与试验并及时向专业监理工程师提供试验检验报告以便科学地指导施工；配合专业工程师进行质量验收和质量检验；监督承包人的试验检测工作；

7. 旁站监理员：负责本合同段的旁站监理工作。

第三章　施工准备阶段的监理

第一节　施工监理工作准备

一、驻地建设工作及中心试验室建设

迅速搞好监理驻地建设工作，保证各项监理工作的顺利展开；按要求高标准建好中心试验室，并通过省质检站临时资质认证。

二、建立完善的监理组织体系

岗位职责、制度及有关图表上墙，并向总监办提交监理工作计划，与业主及承包人建立正常的工作渠道。

三、熟悉合同文件

监理工程师要全面熟悉合同文件，如发现有差错、遗漏或含糊不清等问题应查证清楚，提出合理的处理建议，上报总监办澄清。

四、现场复查

监理工程师要对设计图纸和定线数据进行必要的核对，纠正

错误，补充遗漏，对于发现的重大错误、漏项或局部方案性问题，提出资料，报驻地监理办，由驻地监理办审查后报工程部。

五、施工现场及水系调查

调查重点为：

1. 设计阶段尚未发现，并在图纸上尚未示明的地上、地下结构物；
2. 工程占地范围内尚未拆迁的建筑物及其障碍物；
3. 施工前不能按时交工的工程占地，及有争议的工程占地；
4. 施工中可能危及安全或造成损坏的房屋及其设施；
5. 协助承包人共同确定取土、弃土场、料场的选点位置；
6. 协助承包人深入进行水系调查，确定排水构造物的合理性；
7. 根据调查结果提出处理建议；
8. 总监办统一了对质量、进度、投资控制、合同管理的各种记录、报表、证书及图式，监理工程师和承包人依据本办法的规定予以使用和填报。

第二节 承包人质量保证体系

一、承包人的质量保证体系

监理工程师应按合同要求承包人建立完整的以自检为主的质量保证组织体系。各级自检人员应由富有施工经验、具有专业技术职称、熟悉规范和图纸，并且工作作风优良的技术人员担任。

二、承包人的质量负责人

监理工程师应审查批准承包人在投标书中所报的质量保证和自检工作负责人的资格，并应要求其一直在工程现场用全部的时间专门进行质量管理。

三、承包人自检职责及要求

自检各项工程的开工条件，提出各项工程开工报告及有关技术资料。

在各项工程施工中，对每道工序或工艺进行现场质量自检；保证整个施工过程中的材料、操作及工艺符合要求并获得监理人员的认可。

对施工过程中出现的质量缺陷，经监理人员认可后及时采取措施予以消除；对工程质量事故或安全事故进行现场记录，并及时报告监理工程师。

按合同指定、规范规定的抽样频率、时间和方法，及时通知工地试验室进行取样或现场试验，并对保留在工程现场试样的养护与管理进行监督检查。

及时检测各工程部位的位置、高程和几何尺寸，并提供资料以获得监理人员的认可。

对每道工序或分项工程完工后进行自检和测定，配合监理工程师检查验收。

对各项工程质量进行数理统计和分析整理，建立质量档案，交工验收时提供翔实的施工资料。

四、承包人试验室

监理工程师应监督、检查和批准承包人装备自己的工地试验室和流动试验室，其建筑面积、试验设备及人员配备应能满足本工程各项试验的需要。

五、工地试验室的功能及要求

1. 进行各工程项目开工前的标准试验和预先试验，并将试验结果提交监理试验室进行复验和批准。

2. 承担进口材料及流动试验室没有条件完成的当地材料的鉴定试验，并将试验结果提交监理试验室进行复验和批准。

3. 对各流动试验室的试验项目进行抽检试验，并将抽检试验的结果报监理试验室备案。

4. 统一协调和管理各流动试验室的试验业务。

5. 对全部工程项目的各种试验结果进行数理统计和分析整理，建立全部工程的试验资料档案，为工程竣工提供翔实的试验资料。

六、流动试验室的功能及要求

1. 对工程所用的当地材料进行鉴定试验，并将试验结果提交监理试验室进行复验和批准。

2. 配合施工，提供和采集为控制施工质量所需要的各种参数。

3. 根据规范规定的抽样频率、时间和方法，进行施工过程中的抽样试验和工序或单项工程完工后的检查试验，并向监理工程师提出试验结果。

七、监理工程师对承包人的试验管理

中心试验室应派出人员对承包人的工地试验室和流动试验室进行全面的监督和管理。所有试验仪器都须经事前标定并按期进行鉴定；所有试验人员必须持有经过业务培训和考核的上岗证书，必须严格执行试验规范和操作规程；重要试验应有监理人员在场监督。

第三节　施工准备阶段的主要监理工作

一、发布开工令

总监理工程师应在业主和承包人签订施工合同协议书之日后20天内向承包人发出开工令并报业主备案。如无特殊原因，开工令发出的日期不应推后。

二、审核承包人的施工组织设计

承包人在签署承包合同协议书后14天内，应向驻地监理办提交实施性总体施工组织设计，驻地监理办对承包人的施工组织设计进行审核，并提出审核意见，承包人应根据驻地监理办的审核意见进行修订补充。

1. 总体施工组织设计的内容包括：

（1）工程概况；

（2）总体施工组织部署；

（3）总体施工方案；

（4）总体施工进度计划（附横道图、网络图等）；

（5）人员与机械设备进场计划图（表）；

（6）施工场地总布置图；

（7）施工准备说明；

（8）质量保证体系、安全及环保措施；

（9）重点单项工程的施工方法及措施；

（10）资金使用计划（用柱状图）和月进度现金流量表。

2. 审核的重点为：

（1）总体施工方案及重点单项工程施工方案是否先进合理；

（2）总体进度计划是否正确合理，是否有充分依据和可靠保证；

（3）技术人员和机械设备的配备及进场计划是否能满足各阶段施工的需要；

（4）承包人质量保证体系是否满足要求；

（5）承包人的安全保证措施是否满足要求。

经驻地监理办审核同意后，报工程部审查，总监办审批。经总监办批准的施工组织设计作为合同的补充，对承包人具有约束力。

三、实地检查承包人的开工准备情况

1. 驻地建设及人员到位情况

2. 机械设备的到位情况：

（1）进场机械设备（包括计划进场的机械设备）的数量、型号、规格及完好率与合同要求所填列的是否符合，是否与施工组织设计一致；

（2）各种施工机械设备的配套是否满足施工技术要求；

（3）各种施工机械设备的进场及周转计划与工程进度计划（尤其是网络计划中的关键线路）的适应性；

（4）数量不足或不配套的施工机械设备，应要求承包人限期补足进场；检验不合格的机械设备，限期撤离工地；承包人要求替代或更换的施工机械设备，应事先得到监理工程师的同意；

（5）已运入现场并经监理工程师审查的施工机械设备未经监理工程师同意不得运离现场。

3. 承包人的质量保证体系落实情况：

（1）承包人必须有一名经监理工程师批准的专业质检工程师；

（2）承包人必须有自己的质量保证体系，包括质检、试验及测量等，有固定的技术人员和必要的试验检验设备；

（3）有完善的责任制。

4. 检验承包人的进场材料：

检查进场材料的质量、规格、数量是否满足要求。

5. 审查承包人标准试验：

申请单项开工的工程，必须完成有关的标准试验，并得到监理工程师的批准。

6. 交桩与定线复测：

（1）设计单位会同工程部向驻地监理办现场交桩，移交有关工程测量资料，驻地监理办应进行复测。

（2）驻地监理办向承包人现场交桩及移交有关工程测量资料，承包人应进行复测工作，在测量复核过程中，应补设和固定永久性标志，并将复测结果报驻地监理办审查。

在设计交桩中的下列情况，应由设计单位负责补测，并向承包人实地提交补测后的桩位及有关工程测量资料：

1）导线点连续丢失损坏两个以上；

2）水准点连续丢失超过 1km；

3）互通控制桩丢失损坏；

4）大桥、特大桥桥位控制桩丢失损坏。

（3）监理工程师应对承包人加密控制点，进行现场检查并复核认定，并将结果上报总监办。

（4）监理工程师审核承包人对所有测量控制点进行保护的方案，并检查是否对其进行了有效的保护，直至交工验收结束。

交桩程序见图 3-1。

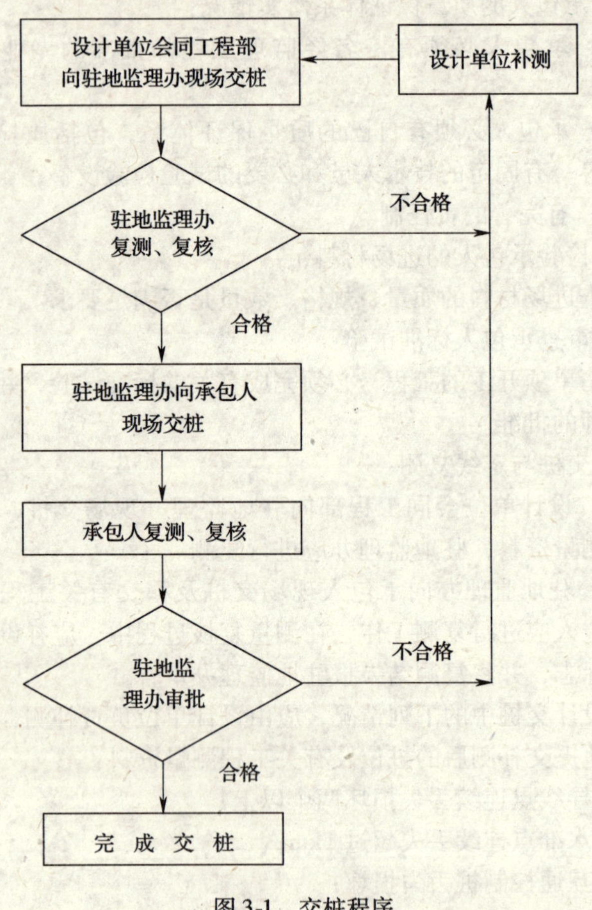

图 3-1　交桩程序

7. 设计交底

业主和承包人签订施工合同后，应尽快组织设计单位向驻地监理办和承包人作设计交底，就设计的技术要点、施工中应注意的事项及其他有关问题作充分说明。

8. 审批承包人提交的施工详图

在各项工程开工之前，监理工程师对承包人依据合同规定完成并提交的各种施工详图（如涵洞施工图、挡墙施工图、模板支架图、基坑开挖图及围堰图等）进行审核批准，审批的各种程序如下：

(1) 监理工程师出具定位、定型清单；

(2) 承包人出具详细施工图，报告监理工程师；

(3) 监理工程师现场核对，补充调查，必要时进行补充测量；

(4) 修改后签字批准，所有图纸、图幅、图签按照统一规定。

施工中若发生局部修改（由驻地监理办批准），竣工图纸应与实际一致，图签上注明“修改”字样。

第四章 工程质量监理

第一节 质量控制的基本程序

以下是对所有单项工程进行质量控制的程序，是所有承包人、监理人员、业主必须共同遵循的基本程序。

一、工程分项开工申请批复单

在各单位工程、分部（项）工程开工之前，承包人应向驻地监理办提交《工程分项开工申请批复单》。单项工程开工报告应有一系列文件支持，表明材料、设备、劳力及现场管理人员等项的准备情况，并提供放线测量、标准试验、施工图等必要的基础资料及施工方案等。驻地监理办进行审核，决定是否准予开工。

二、工序自检报告

承包人的自检人员按照专业监理工程师批准的工艺流程和提出的工序检查程序，在每道工序（工艺）完工后首先进行自检，填写质检类表格，自检合格后，提交《工程报验单》，自检报告应附有关的测量、质检、试验资料支持，申报专业监理工程师进行检查验收。

三、工序检查认可

专业监理工程师紧接承包人的自检或与承包人的自检同时对每道工序（工艺）完工后的检查验收并签认《工程报验单》，对不合格的工序（工艺）指示承包人进行缺陷修补或返工，前道工序未经检查验收，后道工序不得进行。

四、中间交工报告

当组成一个工程的单位工程、分部或分项工程完工后，承包人的自检人员应再进行一次系统的自检，汇总各道工序的检查记录及测量和抽样试验的结果，提出中间交工报告。自检资料不全的中间交工报告，监理工程师拒绝验收。

五、中间交工证书

接到承包人的中间交工验收申请报告后 7 天内，驻地监理办应主持进行一次系统的检查验收，必要时应作测量或抽样试验；检查合格后，提请高级驻地签发《中间交工证书》。未经中间交工检验或检验不合格的单项工程，不得交付下项工程使用或进行下项工程项目的施工。

六、中间计量

对填发了《中间交工证书》的单位工程、分部工程、分项工程，方可进行计量并填《中间计量表》。完工项目的交工资料不全或整理工作未完，不得计量支付。

质量控制程序见图4-1。

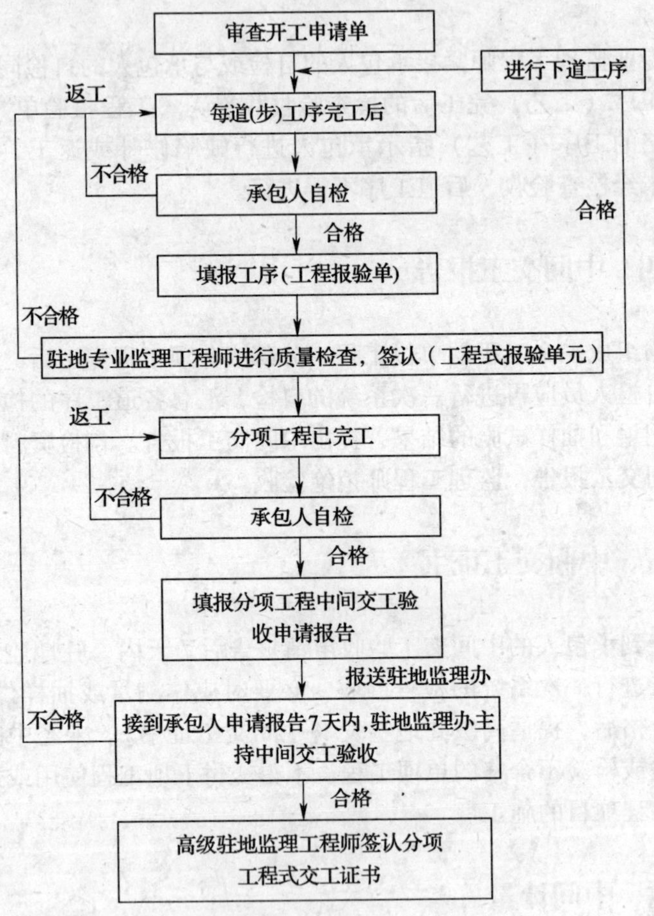

图4-1　质量控制程序框图

第二节　施 工 放 样

施工放样的监理以原设计为基础。

一、施工放样程序

道路施工路线放样监理程序见图 4-2。

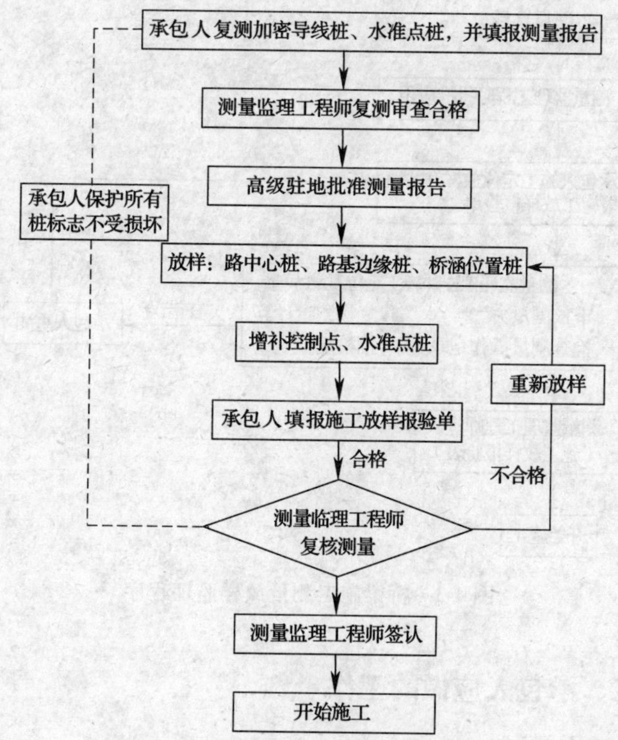

图 4-2　道路施工路线放样监理程序

桥梁施工测量放样监理程序见图 4-3。

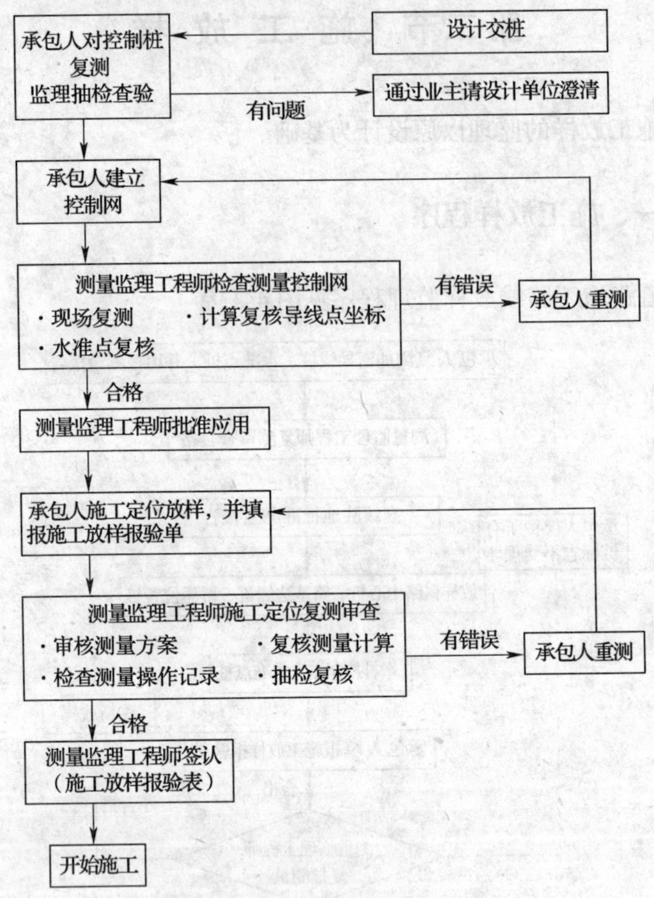

图 4-3 桥梁施工测量放样监理程序

二、承包人应做的工作

驻地监理办在测量放样中应督促承包人完成如下工作：

1．核对资料，现场复核：实地检查导线点、控制点、基准线、水准点的位置，及相关测量资料是否正确；

2．建立导线点和加密导线点护桩，确保这些控制桩能保存到工程竣工以后；

3．建立水准基点及加密水准点护桩；

4．根据设计单位提供的资料进行工程测量复核过程中负责迁移位置不当的；并补设遗失和损坏的永久性标桩；根据需要建立闭合导线或附合导线；

5．在合同执行期间，将施工中的永久性标桩进行固定、保护，并树立易识别的标志或涂予鲜明的颜色，以便保留这些标桩至工程竣工验收；

6．绘制纵横断面图；横断面图用以准确放出路基边桩。

三、监理工程师应做的工作

1．监督抽查承包人的放样测量，主要包括是否按规范要求进行测量，所使用的仪器是否符合精度要求；

2．对承包人复测的闭合导线、附合导线及加密导线进行抽测，对承包人的测量精度（闭合差）进行反算；

3．检查承包人的测量放样记录；

4．发现承包人定线放样中的问题，如发现定线与设计资料不符或不符合规范的精度要求，要研究偏差的原因。如果属于测量的原因，应通知承包人重新测量；如果属于设计上的错误，则应尽快通知业主要求设计单位重作定线计算；若因重新定线计算而引起工程数量的增减，应由设计单位出具报告，并通知业主，总监办会同业主商议按变更处理；

5．督促相邻承包人经常联系，协调工作，以利相邻工程导线点和水准点的衔接。

第三节　试验与检验

一、单项工程开工前的试验与检验

单项（单位、分部或分项）工程开工前，必须进行有关的试验与检验，以决定用于工程的材料、施工工艺、配合比等。对照承包人和驻地监理办的试验报告，两者结论接近时，以驻地监理办的试验报告结论为准；结论出入较大时，双方重做试验，并报请总监办中心试验室审定。

1．验证试验

验证试验是对材料或商品构件进行预先鉴定，以决定是否可以用于工程，按以下要求进行：

（1）在材料或商品构件订货之前，由承包人提供生产厂家的产品合格证书及试验报告，必要时监理人员还应对生产厂家的生产设备、工艺及产品的合格率进行现场调查了解，或由承包人提供样品进行试验，以决定同意采购与否；

（2）材料或商品构件运入场地后，承包人和监理工程师分别按规定的批量和频率进行抽样试验，不合格的材料或商品构件不准用于工程，不准入库混杂，并由承包人及时运出场外；

（3）在施工进行中，对用于工程的材料或商品构件，进行符合性的随机抽样试验检查。

2．标准试验

标准试验是对各项工程的内在品质进行施工前的数据采集，它是控制和指导施工的科学根据，包括各种标准击实试验、集料的级配试验、混合料的配合比试验、结构的强度试验等。标准试验按以下要求进行：

（1）在各单项工程开工前按合同规定或在监理工程师指定的合理时间内，由承包人先完成标准试验；

（2）承包人将试验报告及试验材料提交监理试验室审查批准；

（3）驻地监理办按规定的频率100%独立进行复核（对比）试验。

3．工艺试验

工艺试验是依据技术规范的规定，在动工之前对路基、路面及其他需要通过预先试验方能正式施工的分项工程预先进行的试验，然后依其试验结果全面指导施工。工艺试验应按以下要求进行：

（1）工艺试验应包括机械配合、人员配额、材料使用、施工程序、预埋观测以及操作方法等内容。应有两组以上方案，以便通过试验作出选定；

（2）驻地监理办应要求承包人提出工艺试验的施工方案和实施细则并予以审查批准；

（3）驻地监理办应派出监理工程师对承包人的工艺试验进行全过程的旁站监理，并作出详细记录；

（4）试验结束后应由承包人提出试验报告，并经驻地监理办审查批准。

4．抽样试验

在施工过程中，应对进场的原材料进行例行的随机抽检，每道工序完成后，亦应按规定进行抽检。抽样试验是对各项工程实施中的实际内在品质进行复核性检查，内容应包括各种材料的物理性能、混凝土的强度等的测定和试验，应按以下要求进行：

（1）驻地监理办应随时派出试验监理人员，对承包人的各种抽样频率，取样方法及试验过程进行检查；

（2）在承包人的工地试验室（流动试验室）按技术规范规

定的全频率抽样试验的基础上，试验监理工程师按规定的频率(20%）独立进行抽样试验，以鉴定承包人的抽样试验结果是否有效；

(3) 当施工现场的旁站监理人员对施工质量或材料产生疑问并提出要求时，试验监理工程师随时进行抽样试验，必要时还应要求承包人增加抽样频率。

5. 验收试验

验收试验是对各项已完工程的实际内在品质作出评定，按以下要求进行：

(1) 监理工程师应派出试验监理人员，对承包人进行抽样试验的频率，抽样方法和试验过程进行有效的监督；

(2) 在承包人的工地试验室（流动试验室）进行全频率抽样试验的基础上，监理工程师按规定的频率（一般20%）独立进行抽样试验，以鉴定承包人抽样试验的结果；

(3) 监理工程师对承包人按技术规范要求进行试验项目的试验方案、设备及方法进行审查批准；对试验的实施进行现场监督；对试验结果进行评定；

(4) 桥梁桩基的钻芯取样、超声波检测、单桩垂直静荷载试验及桥梁静载试验另行委托有资格的质量检测机构完成。

二、承包人应做的工作

1. 承包人应使用自己的仪器、设备和人员，在试验监理人员的监督下进行合同所规定的试验，以证明其提供的材料、施工工艺、工程质量是合格的，达到合同要求的标准并使监理工程师满意；

2. 承包人必须在进行取样和试验之前的合理时间内通知现场监理试验人员，试验结果须双方人员现场签字后方有效；

3. 承包人必须在分部工程开工前的规定时间内将原材料试验、标准试验结果报试验监理工程师认可，作为开工应具备的条件之一，在试验结果被认可前不得开工。

三、监理工程师应做的工作

1. 对承包人的自检试验，监理工程师应与承包人共同对拟试验的项目进行现场取样以保证所取试样具有代表性，并对承包人的试验进行旁站；监理工程师的抽检必须独立取样和试验；

2. 随时检查现场材料，发现问题及时责令承包人进行试验并进行有效监督，以确保用于工程中的材料符合要求；

3. 对承包人施工控制试验进行监督，确保每一道工序的质量控制指标符合《技术规范》的要求；

4. 对成品半成品的质量检验进行监督，确保工程质量达到《技术规范》所要求的标准；

5. 对于压实度、弯沉值、无侧限抗压强度，混凝土抗压强度，混凝土路面抗折强度，沥青混凝土马歇尔稳定度及沥青抽提试验等，监理人员必须全过程旁站监督。监理对这些质量指标抽检的频率不少于规定的自检频率的20%。

第四节　工序质量控制

一、检验程序

1. 每道工序完成后，承包人自检，若不合格自行返工或补救；若合格，则填写“工程报验单”报驻地监理办专业工程师；

2. 驻地监理办专业工程师按规范要求检验工程质量，检验合格，批准承包人进行下一道工序的施工；若不合格，则指令承包人返工或补救，使工程质量达到合同规定的标准。

二、工序质量控制方法和内容

1. 旁站监督

驻地监理办监理人员（包括专业监理工程师和旁站监理）应在各施工点尽心尽责监督施工，施工点的监督采用旁站的办法，尤其是对关键部位、工程隐蔽部位、易产生缺陷的工程、不易补救的部位，更应加强观察监控，加强监督，保证工程自始至终按设计图纸、技术规范及工程师批准的施工方案施工。监理人员在旁站监控中，如果发现问题，应及时予以指出，制止错误的施工手段和方法，并将此类情况做好记录，如得不到纠正，可直接报告高级驻地。

驻地监理办的监理人员无论分工如何，都有责任和义务发现和制止施工中缺陷的发生，有责任向高一级监理工程师反映情况，及时纠正施工中的质量问题。

2. 驻地巡视

驻地监理应经常巡视工地，现场发现和处理施工质量问题。

3. 自检与抽检

每道工序完成后，严格要求承包人按规定的检查项目和频率进行自检，监理按规定频率进行抽检，自检和抽检完全合格后，及时给予确认。

4. 材料的质量控制与配比

严把原材料质量关，工程用的主要外购材料（水泥、钢筋、钢绞线、锚具、支座、伸缩缝装置等）使用前必须经过试验，驻地监理有权视检验的情况及结果，批准或不批准这些材料的使用。材料的检验包括：外购材料和成品的质量证明书和必要的试验鉴定，承包人使用自采加工材料的质量鉴定，各种混合料配合比设计，以及加工后成品和半成品的质量检验。监理工程师应要求承包人按规定频率进行自检，并进行必要的抽检。材料配比必须采用重量法，并符合技术规范的要求。

5. 设备的检验

承包人进场的设备，其数量和性能、规格须满足投标承诺及施工要求，若不能满足，监理有权责令承包人增加机械设备，暂停不合格机械的使用，直至指令承包人工程暂时停工。各类拌合机和计量设备应注意校调，确保设备计量的准确性。

三、中间交工验收

当工程进行到一定程度，已形成一定数量的符合技术规范要求的工程项目时，可办理中间交工验收手续。

1. 中间交工验收程序如下：

（1）承包人自检，如质量不合格自行返工；

（2）承包人向驻地监理办填报“工程报验单”；

（3）驻地监理办主持现场检查验收，派专业监理工程师、现场监理参加，对于桥梁、大型挡土墙及路面工程应通知高级驻地参加，并汇总有关质量检验单，如质量不合格则下达返工令；

（4）质量合格由高级驻地签认中间交工证书。

2. 中间交工文件的组成：

（1）封面；

（2）总目录；

（3）本册目录；

（4）分册目录；

（5）编制说明：

1）简述本册编制情况；

2）编入施工综合文件的资料要注明。

（6）编制内容：

1）中间交工证书；

2）工程分项开工申请批复单；

3）施工放样报验单；

4）有关质检表（详见《竣工文件编制范本及附件》第四卷第四至第九册）；

5）主要材料合格证明、主要材料发货票复印件（监理审签）；

6）竣工图（监理审签）。

第五节　质量事故的处理

一、质量缺陷的处理方式

驻地监理办监理人员应努力做好施工旁站监督，帮助承包人尽量避免工程质量缺陷，做到事前监理，做好各施工环节的监督。如施工过程中或完工以后，现场监理人员发现工程存在技术规范所不容许的质量缺陷，或不能与合格的工程质量相符合时，根据缺陷的性质和严重程度，按下列方式处理：

1．当质量缺陷发生在萌芽状态时，及时发出警告信息，要求承包人立刻更换不合格的材料，设备或不称职的施工人员，或要求立刻改变不正确的施工方法及操作工艺；

2．当质量缺陷正在出现时，立刻向承包人发出暂停施工指令（先口头后书面），待承包人采取了能足以保证施工质量的有效措施，并对质量缺陷进行了正确的补救处理后，再书面通知恢复施工；

3．当质量缺陷发生在某道工艺或单项工程完工以后，而且质量缺陷的存在将对下道工序或分项工程产生质量影响时，拒绝检查验收或工程计量。并要求承包人进行返工或进行处理。

二、质量缺陷的判定方法

1．首先是凭经验进行目测检查，而且目测的结论能被承包人的施工人员所接收。

2．如果监理人员无法以目测对质量缺陷作出准确的判断，或监理人员的目测判断不能使承包人的施工人员所接受，应立即通知测量、试验等有关专业监理人员并会同承包人的自检及试验人员，进行实际的检验测试，并根据检测结果作为认定质量缺陷存在与否的依据。

3．当质量缺陷的严重程度将影响工程安全时，通过业主邀请设计单位进行现场分析或验算，以决定采取处理措施。

三、质量事故处理程序

无论何时，一旦发生工程质量事故，需按下列程序抓紧处理：

1．事故发生后，承包人应立即采取紧急处理措施（包括暂停施工），同时填写“质量事故报告单”报告驻地监理办；

2．驻地监理办接到质量事故报告后，立即报总监办并组织有关人员到现场查看，同时根据事故现场情况，下达指示；

3．承包人根据驻地监理办的指示，立即采取相应措施，查清事故原因并提出处理意见，报驻地监理办；

4．若为重大质量事故，驻地监理办应立即书面报告工程部；

5．工程部可视情况，组织由有关各方人员参加的联合调查组，查明原因，提出事故处理意见，并抄送有关各方；

6. 若事故原因迟迟不能查明，驻地监理办认为事故（缺陷）隐患未消除，则不发复工令，或根据合同条款规定再次发出暂停施工命令，直到事故原因查明后方可恢复施工，下达进行处理的指令。

质量事故处理程序见图 4-4。

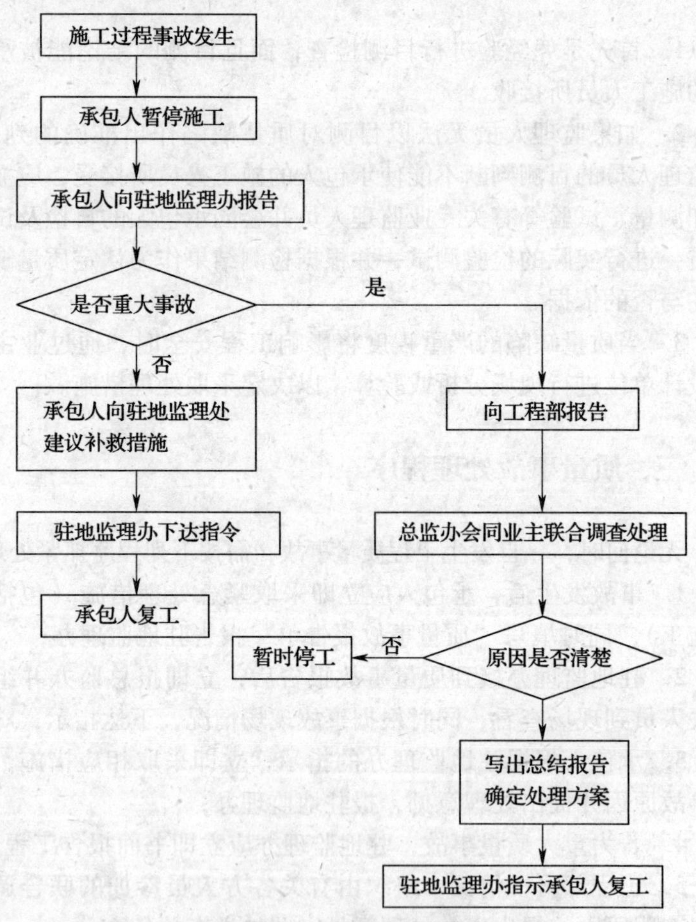

图 4-4　质量事故处理程序

第五章　工程进度监理

第一节　工 程 开 工

一、各合同段开工程序

1. 签署合同后，经业主同意，总监办向承包人下达“开工令”；此项开工令由总监签发，抄送总监办各部门及驻地监理办；抄报业主公司；

2. 承包人签收开工令；

3. 承包人在收到开工令后3天内进行施工准备；

4. 工程正式开工，时间为承包人收到开工令后3天内，承包人收到开工令后的第4天，为工期计算起点。

详见合同段开工程序框图（图5-1）所示。

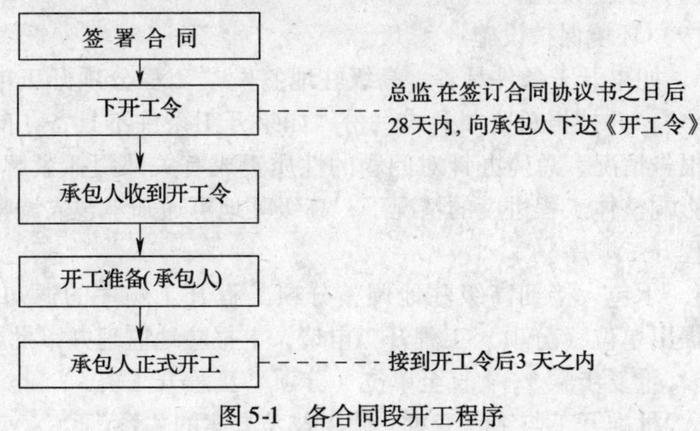

图5-1　各合同段开工程序

二、单位（分项）工程开工程序

1. 承包人在进行各单位（分项）工程施工之前14天，向驻地监理办提交《工程分项开工申请批复单》，开工申请应列明开工的工程名称、位置、申请开工时间和施工准备情况等，并应提供相应的施工技术文件、施工图等供审查。

2. 驻地监理办应对承包人的施工准备进行检查,其主要内容为:

（1）承包人递交的施工进度计划，施工图纸及施工方案、方法、工艺流程；

（2）施工组织机构及主要人员的配备情况；

（3）试验仪器与试验人员的配置，质量自检系统及质量保证措施；

（4）进场材料的质量、规格、数量；

（5）原材料的检测试验，批准配合比设计；

（6）测量放线以及导线点、水准基点，以及护桩的设置；

（7）施工设备、供水、供电；

（8）安全设施；

（9）环境保护设施。

3. 如果开工条件具备，高级驻地签发“工程分项开工申请批复单”，并抄报总监办一式一份。如果开工条件不具备，向总监办报告情况，总监办针对问题的性质责成有关部门抓紧解决，在不影响整体工程进度的情况下，高级驻地可通知承包人调整分项工程开工顺序。

4. 承包人接到高级驻地调整分项工程开工顺序的通知后，另行提出单位（分项）工程开工申请，上报驻地监理办审批。

5. 重复步骤3、4直至单位（分项）工程开工。

6. 批准开工与工程变更、施工技术方案的关系。

对不涉及工程变更的工程，驻地监理办应对承包人的上述施工准备工作进行检查，根据落实程度决定同意或不同意分项工程开工。如同意开工，由高级驻地签发“分项工程开工申请批复单”；如开工条件不具备，驻地监理办应具体要求承包人解决落实，待条件具备，再批复开工。

对涉及工程变更的非关键性计量项目工程，除上述施工准备工作外，必须待变更令批复后再批复开工。

对涉及工程变更的关键性计量项目工程，除上述施工准备工作外，可采用先批施工技术方案（附造价估算，如果有单价变更，还必须附工程量清单修改认证表），同意开工后下发变更令，施工技术方案的审批与工程变更的审批程序一致。

见单位（分项）工程开工程序框图（图5-2）。

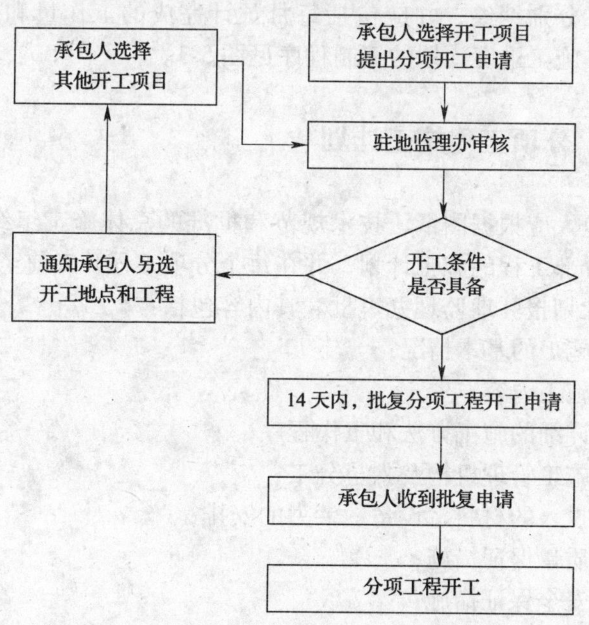

图5-2　单位（分项）工程开工程序框图

第二节　施工进度计划的编制

一、总体施工进度计划

根据合同条款规定，承包人在签署合同协议书后28天内，应向驻地监理办提交一式二份总体施工组织设计。其内容包括总体施工进度计划，作为施工技术文件的组成部分，指导总体施工进度安排。总体施工组织设计经驻地、总监审阅同意后报送业主工程部一份。

总体施工进度计划应按照关键线路网络图和主要工作横道图两种形式分别编绘，并应包括每月预计完成的工作量和形象进度。总体施工进度计划的编制程序见图5-3。

二、分项工程施工计划

承包人应根据图纸、技术规范和批准的总体施工组织设计，制订各分部工程的施工计划，并在每个分项工程开工前至少7天提交该计划报驻地监理办审批。其内容包括：

1. 施工的基本情况；
2. 施工内容；
3. 详细的施工方法和工作程序；
4. 施工管理机构及人员分工；
5. 投入的材料、设备、劳力的安排；
6. 质量保证措施；
7. 安全保证措施；
8. 计划进度；

9. 临时设施；

10. 环保措施。

分部工程施工进度计划的编制程序可参见图 5-3。

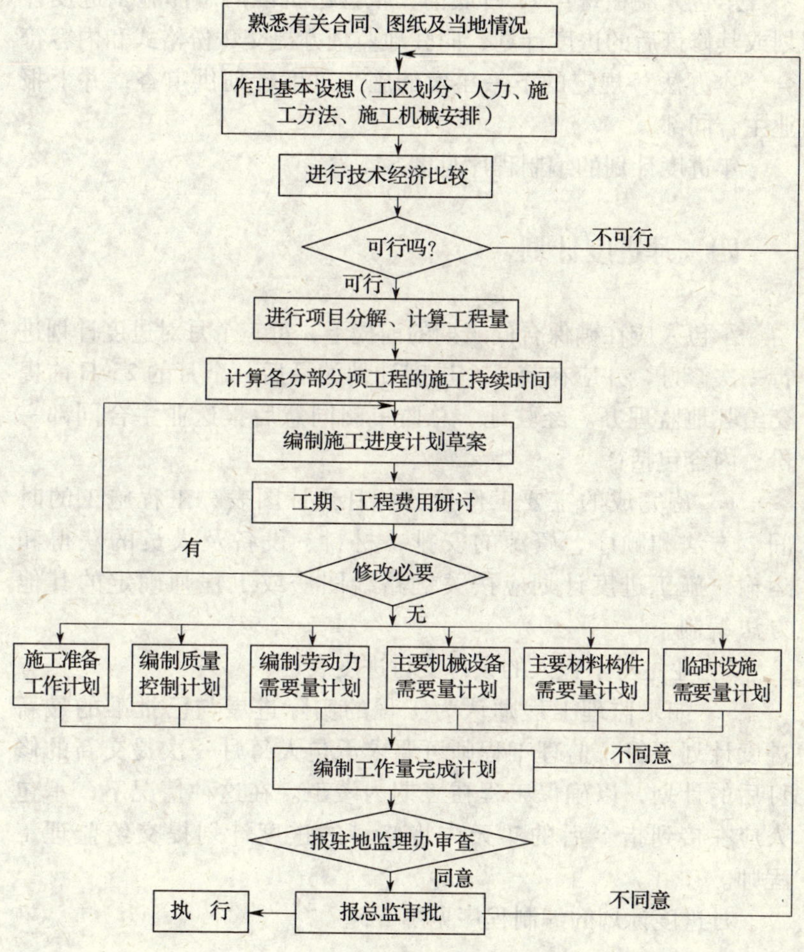

图 5-3　总体施工进度计划的编制程序

三、年进度计划

承包人应在每年 11 月底前，根据已批准的总体施工进度计划或其修订后的进度计划，向驻地监理办提交 2 份格式和内容符合“本办法”规定的下一年度的施工进度计划供审查；并上报业主合同部。

年进度计划的编制程序见图 5-4。

四、月进度计划

承包人应在确保合同工期的前提下，每三个月对进度计划进行一次修订，并应在前一个进度计划的最后一个月的 25 日前提交给驻地监理办。经驻地、总监审阅同意后报送业主合同部一份。内容包括：

1．待完成的主要工作量的每月预计图表、工程施工的时间、方法和顺序，资源的安排，材料、设备及人员的获得和运输，施工进度计划应按关键路线图法或工程师确定的其他方法编制；

2．业主对承包人的预计支付进度表；

3．如果监理工程师认为工程的实际进展与已批准的最新进度计划不符，监理工程师可要求承包人每月一次提交新的修订后的计划，以确保工程在工期内竣工。在这种情况下，承包人应在接到指令后的 7 天内将修订的进度计划提交给监理工程师。

月进度计划的编制程序见图 5-5。

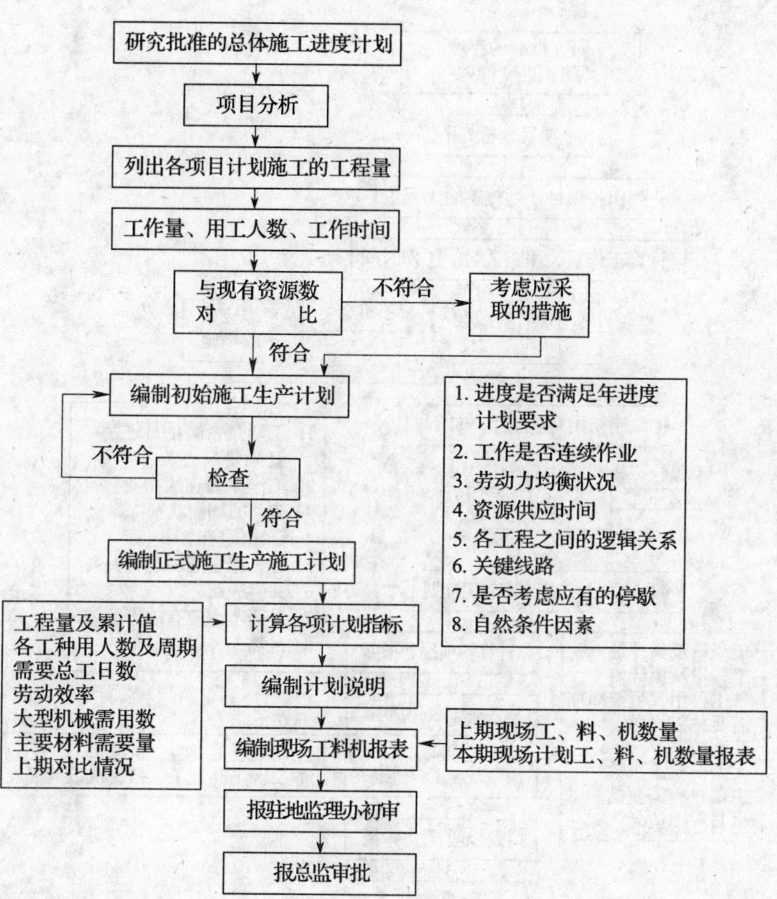

图 5-4　年进度计划的编制程序

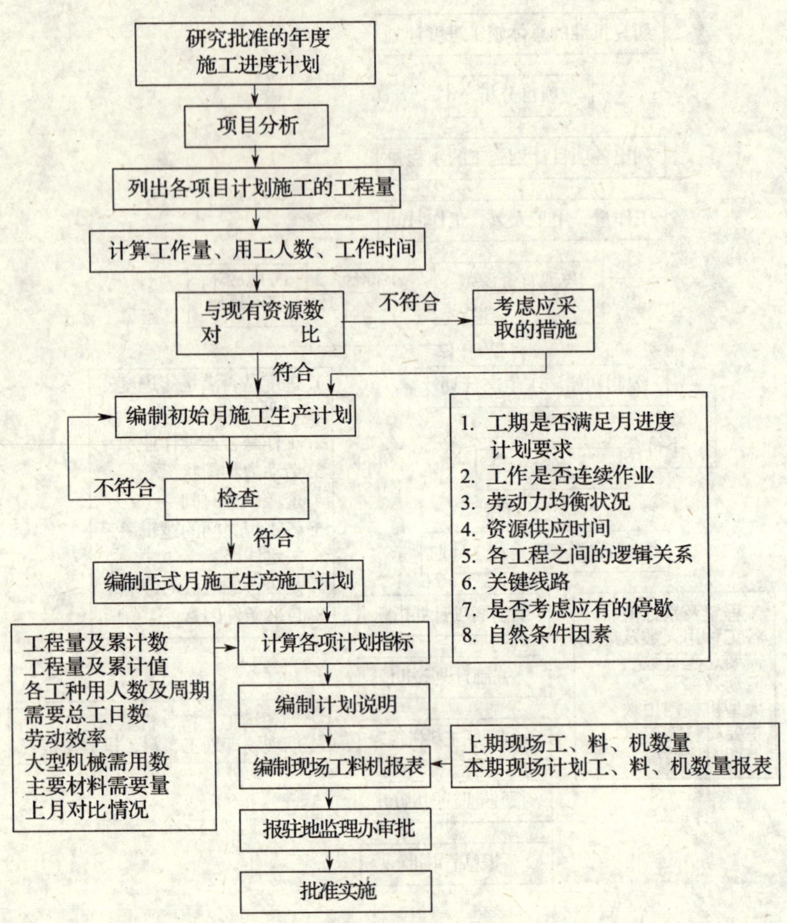

图 5-5　月进度计划的编制程序

第三节　进度计划的审批

在进度控制的计划管理中，驻地监理办应着重检查承包人的下列工作：

1. 认真分析研究承包人所提交进度计划和施工组织设计的合理性、可靠性，是否满足合同文件的要求，同时还应注意与相邻合同段施工进度计划的衔接，避免冲突；

2. 分部工程施工进度计划是否与总体施工进度计划相符，同时还应注意征地拆迁等外界环境与施工进度计划是否协调，若施工环境、外界干扰影响进度计划，应及时对计划进行调整或报总监办，请求业主协调解决；

3. 承包人所配备的机械设备的品种和型号，是否与承包人投标时承诺的进场机械一致；是否适合施工现场之地形、地貌、地质、水文和工程状况；施工设备的技术状况是否良好；维修保养措施是否落实；

4. 承包人配备的技术人员、管理人员、试验人员、测量人员、机械设备驾驶人员、维修保养人员是否与投标承诺一致，是否能保证工程的按计划进行；

5. 施工便道、水、电等临时设施是否妥善合理；

6. 材料供应是否落实，库存材料数量是否能满足工程需要；

7. 承包人工地试验室的组建情况，包括试验仪器设备和人员的配备；

施工进度监理工作程序见图 5-6。

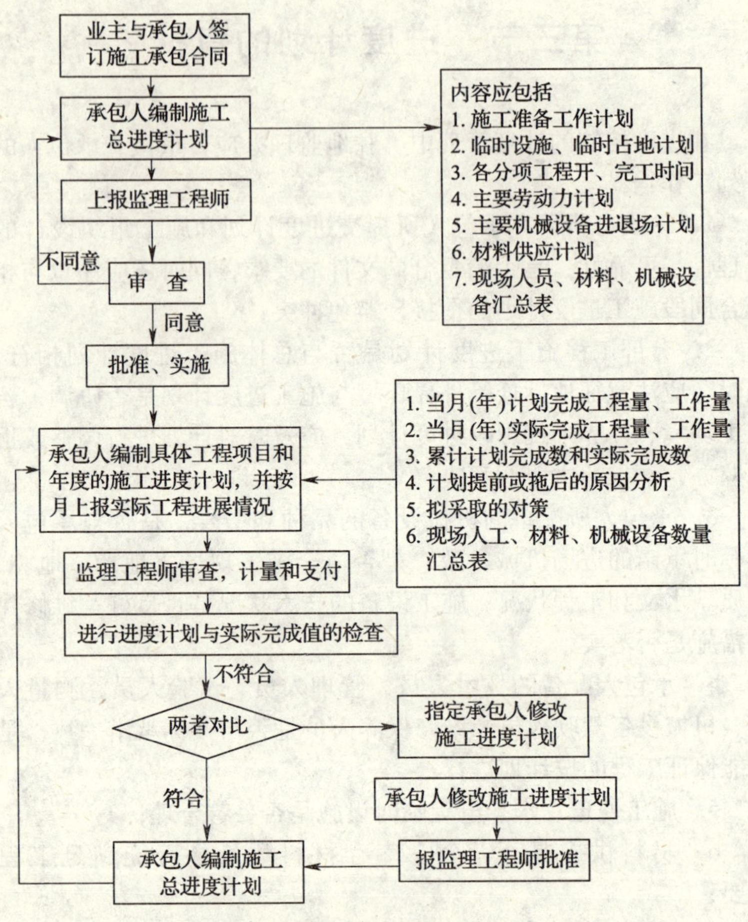

图 5-6　施工进度监理工作程序

第四节　进度计划的调整

一、驻地监理办对进度的掌握

驻地监理办应根据承包人提交的月进度计划，结合实际的工地视察，以及监理日志和计量支付资料，掌握承包人施工进度计划的执行情况，驻地监理办每10天与承包人召开碰头会，每月召开工地例会，及时检查计划完成情况，解决施工中存在的问题。

二、进度计划的调整

在施工过程中，如果监理工程师发现承包人的施工现场组织安排、施工顺序或人力、设备的投入与进度计划上的方案有较大不一致，工程进度偏离计划时，应督促承包人采取措施（如增加人力，机械设备投入，增加工作面数量），调整施工计划，加快工程进度，并要求承包人递交经修订过的施工计划，驻地监理办应监督承包人按调整计划实施施工。如果承包人不能按修订后的进度计划组织施工，驻地监理办应及时书面通知承包人，采取有效的措施确保按合同期完成工程，并将情况上报总监办，以便采取相应措施。

调整工程进度计划，主要是调整关键线路上的施工安排，对于非关键线路，如果实际进度与计划进度的差距，并不对关键线路上的实际进度产生不利影响时，监理工程师可不必要求承包人对整个工程进度计划进行调整。

三、加快工程进度

承包人在无任何理由取得合理延期的情况下，监理工程师认为实际工程进度过慢，不能按照进度计划预定的交工期完成工程时，应要求承包人采取加快的措施，以赶上工程进度计划中的阶段目标或总目标。承包人提出和采取的加快工程进度的措施必须经过驻地监理办审查，报总监办批准，并应掌握以下几点：

承包人的加快工程进度的措施，应符合施工程序，能确保工程质量；采取加快施工进度措施而增加的施工费用，应由承包人自负。

四、进度计划的延期

由于业主或监理工程师的责任，或承包人在实施工程中遇到不可抗力的因素，因而使工程进度延误时，监理工程师应依据合同规定批准承包人延长工期，此项延长工期由承包人提出申请，驻地监理办审查，报总监办会同业主审批。批准延期后承包人应对原来的工程进度计划进行调整，并按调整后的进度计划实施。

五、对承包人延误的处理

由于承包人的责任造成工程进度的延误，而且承包人拒绝接受监理工程师加快工程进度的指令，或虽采取了加快工程进度的措施，但仍然不能赶上预期的工程进度并将使工程在合同期内难以完成时，驻地监理办应向承包人发出书面警告并及时报告总监办，总监办会同业主对承包人的施工能力重新进行审查和评估，必要时应向业主建议对工程任务的一部分进行调整或考虑更换承包人。

第六章　工程费用监理

第一节　工程量清单

一、工程量清单及工程量清单说明

监理工程师必须熟悉技术规范、工程量清单及工程量清单说明的内容，掌握工程具体项目的工作范围和内容、计量方式和方法。

二、工程量清单的使用

工程计价细目和单位，必须以工程量清单为准，不能分解。即使设计文件（设计图和数量表）标明的而工程量清单没有的项目，都包含在相关项目之中，不另计量。

三、工程量清单的变动

监理工程师按合同规定办理工程变更时，应对工程量清单按下列方式进行相应的修改和补充：

1．变更工程数量，清单细目号及细目名称、单价不变；

2．工程性质变化引起的单价变更，原清单细目号、细目名称及工程数量不变；

3．原清单细目号、细目名称、单价、数量全部变更（包括项目整个被取消）；

4．新增工程，即清单细目号、细目名称、单价、数量在原工程量清单基础上的相关章节内增列。

第二节　工　程　计　量

计量是对承包人已完成的合格工程数量进行确认的过程，由驻地监理办组织实施，关键性计量必须通知合同部派人参加。驻地监理办必须十分重视现场计量工作，分项工程完工后，要及时组织质量验收与计量，每次计量应有规定的人员和人数参加，做到严格按程序办事，及时签认，手续完备、资料齐全，并有监督和复查机制。

一、主要计量依据

1．工程量清单及说明；
2．合同图纸；
3．工程变更令及修订的工程量清单；
4．合同条款；
5．技术规范；
6．有关计量的补充协议；
7．《索赔时间/金额审批表》。

二、计量的原则

1．必须严格按照主要计量依据计量；
2．按设计图给定的净值及实际完成并经监理工程师确认的数量计量。隐蔽工程必须在覆盖前计量，并应得到确认，否则应视为承包人应做的附属工作不予计量；

3．所有计量项目（变更工程除外）应该是工程量清单中的所列项目；

4．承包人必须完成了计量项目的各项工序，并经中间交工验收质量合格的"产品"，才予以计量，工程未经质量验收或验收不合格的项目，不能组织计量工作；

5．计量的主要文件及附件的签认手续不完备，资料不齐全的，不予计量；

6．计量不排除承包人应尽的任何义务，尽管要求计量的对象是合格品，但如事后发现已计量的工程有缺陷或发生质量事故，仍不免除承包人无偿返工和承担事故赔偿。

三、计量的必要条件

1．符合合同要求；

2．中间交工验收质量合格；

3．竣工资料齐全（即中间交工文件内容齐全）。

四、工程计量的方式与程序

计量方式采用监理工程师与承包人共同计量的办法，具体程序如图 6-1 所示。

五、工程计量的主要文件组成

详见本细则以上内容。

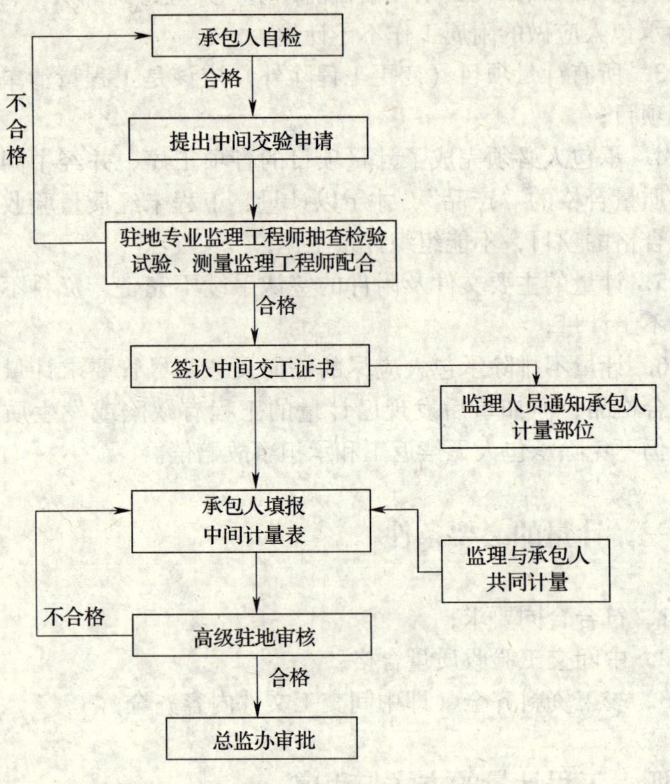

图 6-1　计量程序框图

六、关键性的计量工作

关键性的计量工作主要如下：

1. 竣工测量；
2. 土石分界线的测定和石方数量的最终确定；
3. 原始地面线标高的测量；

4. 隐蔽工程的计量。

进行关键性的计量工作时，尤其是变更工程计量，驻地监理办应派高级驻地、计量、测量和其他相关的专业监理工程师同时参加，并通知总监办合同部一起组织计量工作。

七、关键性计量规则

1. 技术规范（下同）203.05.1.（1）、（2）、（6）路基土石方数量（包括路基填挖、路堤外借土开挖、桥涵台背填土、软基回填土方、改河、改沟、改渠、改路等）按总量控制计量（每期计量支付文件要附路基填挖标高测量记录表和压实度检测台账），如台背填土单独计量，同时在路基土石方总量中扣除，避免重复计量。如发现有设计差错或有设计变更，承包人可以申请补充测量横断面图，报驻地监理办并和驻地监理办共同复测核准，并报原设计单位代表认可，按实另予增减计量。

2. 203.05.1.（2）挖除路基范围内非适用材料引起的开挖（不含30㎝厚表土层）计量。

3. 没有设计弃方的挖方路段出现有非适用材料，挖除这些非适用材料引起的开挖，可以按实计量，并按以下步骤操作：

第一步：试验确认。承包人试验自检，并得到驻地监理办独立试验检测确认为非适用材料；

第二步：施工单位提出方案变更申请，经监理审核，业主批复后，方可组织施工；

第三步：非适用材料开挖完毕后，测绘断面分界线，并及时办理《工程数量计算表》；

第四步：根据业主、监理、施工三方共同确认的工程量，提出工程价款变更申请。

第三节　工 程 支 付

一、支付的原则

支付是对承包人应获得的款项予以确认并进行付款的过程。办理支付应满足下列要求：

1. 质量合格的已完工程是支付的必备条件；
2. 变更项目必须有监理工程师的变更令；
3. 各项支付款项必须符合合同条款的规定；
4. 中期支付金额大于招标文件规定的中期支付证书要求的最低限额；
5. 任何工程款项的支付必须经监理工程师的审批；
6. 支付不解除承包人合同内应尽的责任和义务。

二、前期支付

1. 开工预付款

(1) 支付动员预付款：

监理工程师收到并确认承包人与业主签订的合同协议、履约保函及开工预付款保函之后 14 天内，按照合同通用条款 60.5 条的规定，签署承包人应得到的开工预付款金额的支付证明。

(2) 扣开工预付款：

监理工程师通过中期支付证书扣开工预付款。

2. 履约保证金

(1) 承包人收到中标通知书后 15 天之内并在签订合同协议书之前，向业主提交合同价格 10% 的履约担保，同时通知监理工程师。

（2）在承包人按照合同要求实施和完成本合同工程之前，履约担保一直有效。监理工程师签发交工证书后，向业主签发解除承包人履约担保责任证明，并在此后的14天内，业主将履约保函退还给承包人。

3. 保险

（1）监理工程师根据合同规定的保险范围审验承包人的各项保险证明。并按照合同规定，向业主签发承包人应得到相当保险额一定百分比金额的支付证明。

（2）监理工程师及时从任何应付或到期应付给承包人的款项证明中，扣除业主替代承包人办理保险所支付的费用。

三、中期支付

1. 中期支付的内容：

（1）工程款

监理工程师对中间计量表审查无误后签发中期支付证书。

工程量清单100章中的包干项目，付款金额必须遵照技术规范中的规定进行。

工程量清单中其他项目支付，工程数量应按计量证书中的数量，单价按工程量清单相应的单价。

（2）暂定金

监理工程师根据实际需要动用暂定金，并在下列手续完备之后，签发暂定金支付证明。

1）监理工程师收到并批准承包人提交工程施工组织计划；

2）监理工程师收到并审批承包人提交的对应其施工组织计划所需要的工、料、机配备费用开支的详细计划及计算说明；

3）监理工程师就暂定金额的支付，与业主和承包人进行协商并且达成一致；

4）监理工程师审核承包人提供的有关暂定金额使用开支的报价、发票、账单和凭证。

（3）材料设备预付款

1）支付材料设备预付款

① 总监办在下列要求满足后，签发材料预付款证明：

a. 材料设备将被用于永久性工程；

b. 材料设备已运抵工地现场或监理工程师认可的承包人的生产场地；

c. 材料设备的质量和存放均满足合同要求；

d. 承包人向监理工程师出示或提交了材料设备的订货单和收据；

e. 总监办签发支付材料设备预付款支付证明，不是对该材料设备的质量批准。

② 监理工程师签发材料设备预付款证明时，应注意以下几点：

a. 累计支付材料设备预付款的金额不应超过合同剩余工作量；

b. 累计支付材料设备预付款的数量，不应超过工程所需的实际总数量的70%；

c. 预付款材料设备的品种应与工程计划进度相匹配；

d. 承包人没有将材料设备变卖、流失的动机与迹象。

2）扣材料款

材料用于永久性工程后，监理工程师通过中期支付证书将材料预付款予以扣回。方法一：每期扣回材料款金额＝材料单价×本期完成的工程量中所消耗材料的估算数量，直到全部材料款扣完为止；方法二：分期按照合同通用条款60.8条的方法扣回；

方法三：按业主同意的方法扣回。

（4）工程变更

1）监理工程师签发变更工程支付证明，以工程变更令及其变更清单为依据；

2）监理工程师收到中间计量表并审查无误后，依照工程变更令所确定的支付原则，参照变更清单，办理支付。

（5）保留金

保留金的扣留

监理工程师对保留金的扣留应从第一次中期付款证书时起，每期扣留额是当期支付证书的10%，直至扣留总额达到合同规定的保留金的限额（合同价的5%）为止。

（6）索赔

1）监理工程师依据书面索赔审批表，签发索赔的中期支付证明；

2）索赔金额支付的货币种类和比例按合同有关规定及索赔审批书所确定的执行。

（7）对指定分包人支付

1）监理工程师应通过承包人对指定的分包人进行支付，指定分包人应得的支付款到达承包人账户上3天以内，承包人应及时转付给指定分包人；

2）监理工程师可要求承包人出示收到业主支付款项的银行到帐通知单和指定分包人得到承包人付款的证明；

3）如果承包人无正当理由拒绝向指定分包人付款，监理工程师必须帮助业主从中期支付证书中扣留指定分包人应得到的款项，直接向指定分包人支付。

（8）合同中途终止后支付

1）工程遇到战争、叛乱、骚乱等合同规定的特殊风险。监理工程师帮助业主澄清下列内容，同业主和承包人协商后，签发合同中途终止支付证书，应支付内容：

① 合同终止之日前，承包人已完成工程的全部费用，以及业主已支付给承包人的款额与项目；

② 承包人依照合同为该工程合理订购的材料、设备及货物的费用；

③ 承包人雇用的所有从事工程施工人员在合同终止时的合理遣返费；

④ 承包人机械设备撤离费；

⑤ 承包人为完成整个工程而合理发生的费用，而该费用未包括在其他各项支付之内；

⑥ 承包人应偿还业主的有关设备、材料和工程的预付款余额，以及合同终止之日，按合同规定业主向承包人收回的任何其他款项。

2）承包人违约

监理工程师确认承包人违约后，对由于承包人的过失而使业主产生的和随之引起的所有费用增加，进行估价。在与业主和承包人协商后，签发扣除承包人上述费用的证明。

3）业主违约

当监理工程师确认业主不能继续履行合同，或因业主干涉、阻挠拒绝监理工程师的支付证书致使承包人提出终止合同时，监理工程师应澄清下述内容，同业主和承包人协商后，签发合同中途终止的支付证书，应支付给承包人的内容：

① 本款1中的全部款项内容；

② 由于合同终止给承包人带来的后果造成的任何损失或损害的款额。

2. 中期支付程序如下：

（1）承包人付款申请的结算期为每月的25日（含25日），每月的26日以前驻地监理工程师与承包人共同完成当月工程计量工作，以及付款申请等计量支付资料的审核工作。在计量月的平时，承包人要做好合格工程计量的中间交工工作，不能积压到计量月末集中进行，否则，驻地监理办将有权对来不及审查的计量工程放入下一期计量；

（2）当月 27 日至次月 3 日总监代表处合同监理工程师和总监理工程师审核各标段的计量支付资料，并签署各标段的《中期支付证书》；

（3）次月 4 日将总监签署的《中期支付证书》及所附计量资料报送业主公司计划合同部；

（4）次月 4 日至 24 日，业主公司审批《中期支付证书》并支付工程款；

（5）中期支付的程序如图 6-2 所示。

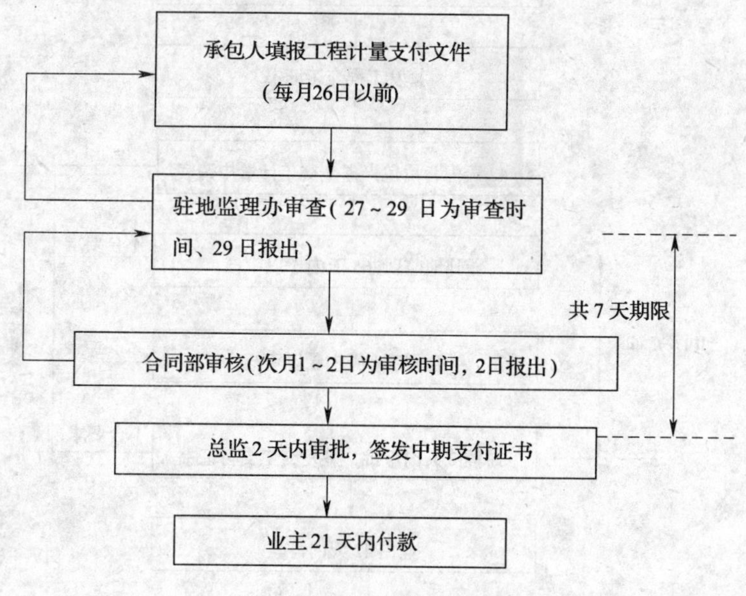

图 6-2　中期支付程序框图

四、交工支付

1. 交工支付的内容

交工支付内容除完工奖罚（即根据有关规定应对承包人支付的奖金或处理的罚款）一项，其他与中期支付的内容相同，但交工支付相对较为复杂，一是工程量清单中的支付项目都已完工或部分完工，要审查的支付项目大为增加。另外一些工程变更和索赔的费用可能合同双方未最终认定，需要进一步核实处理，所以合同条款中给承包人办理交工结算的时间可以有所延长。

2. 交工支付的程序如图 6-3 所示。

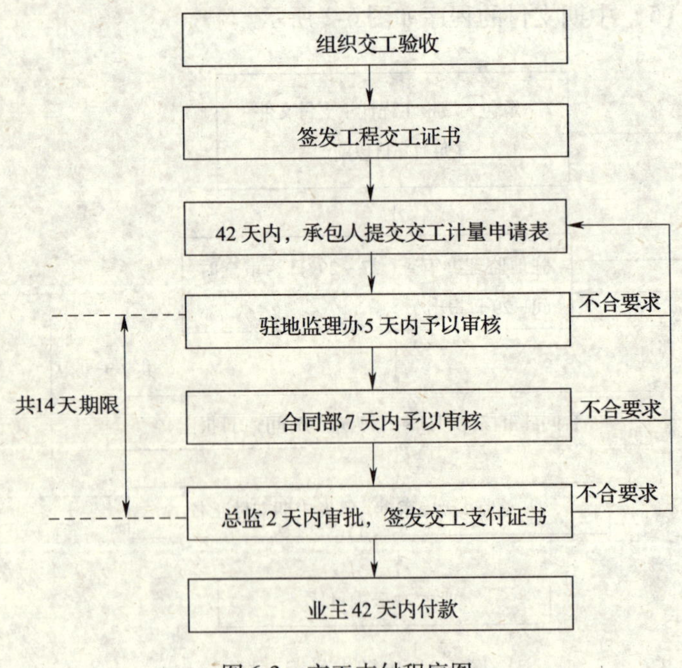

图 6-3 交工支付程序图

五、最终支付

1．最终支付的内容

最终支付的内容主要如下：

（1）验收合格的缺陷责任期内的剩余工程；

（2）验收合格的其他变更工程；

（3）保留金的返还。

2．最终支付的程序如图 6-4 所示。

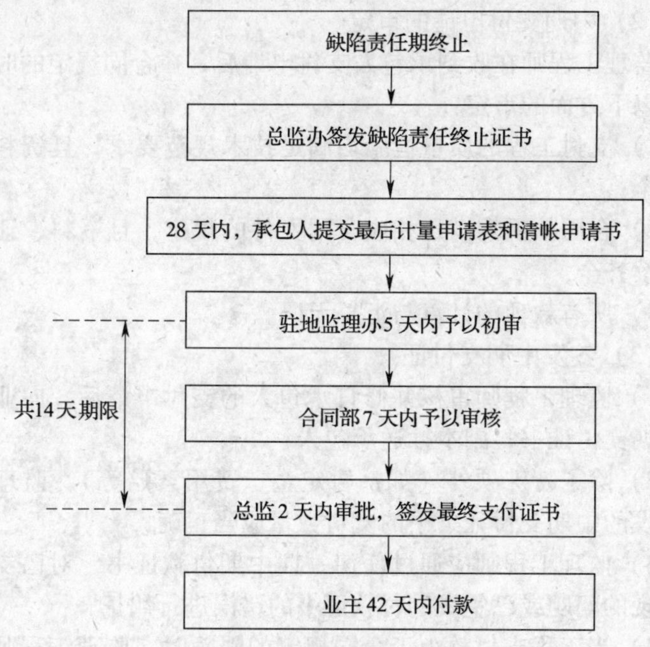

图 6-4　最终支付程序图

六、工程支付的审核

1．中期支付证书

（1）中期支付申请

监理工程师收到承包人要求支付的申请后，对承包人申请从以下方面进行确认：

1）详细列明根据合同规定承包人认为有权得到的款项；

2）申请中涉及的表格形式经过监理工程师的同意，并一式六份。

（2）中期支付申请的审定

监理工程师在收到承包人支付申请后，在合同规定的时间内完成以下方面的审定：

1）支付工程的质量检验均满足技术规范要求，且资料、手续齐全；

2）合同款项均满足相应合同文件的规定，且资料、证明文件手续齐全；

3）所有款项的计算与汇总无误。

（3）签发中期支付证书

1）监理工程师审核并修订承包人的支付申请后，向业主签发中期支付证书，副本抄送承包人；

2）除了特殊项外（如：暂定金、费用索赔等），监理工程师签发的中期支付证书中的支付数量应当正确；

3）监理工程师应通过任何一期中期付款证书，对已支付工程发现的问题或已签发的付款证书的错误进行纠正；

4）当工程支付款小于合同规定的限额时，监理工程师可以不按月签发中期支付证书。

2．最终支付证书

（1）最终支付申请

承包人在获得缺陷责任终止证书后28天内向监理工程师提交的最后计量申请表和清帐申请书，又称最终财务报告。

（2）最终财务报告的审定

监理工程师在收到承包人的最终财务报告的42天内，完成下述工作及审定：

1）最终财务报告的格式和内容，满足合同规定和监理工程师的要求；

2）承包人的系列结算清单，必须齐全、完整、相互关系清晰；

3）相应的系列证明资料，有监理工程师的签字认可；

4）确认所有的计量与支付均没有遗漏、重复并且计算准确，汇总无误。

（3）签发最终支付证书

监理工程师完成对承包人的最终财务报告审定后，向业主签发最终支付证书，并将副本抄送承包人。

第四节　编制计量支付文件

1．编制计量、支付文件的要求

当每计量月承包人所完成的未计量合格工程产值达到合同规定最低限额标准，承包人在每月26日前，向驻地监理办提交月计量支付申请，经核实无误后，按《计量支付实施办法》装订一式六份，于当月26日前报总监办合同部审核，次月4日前总监办签发中期支付证书并报业主审批，同时抄给承包人。

2．计量支付文件的组成

共分二部分内容，第一部分报总监办审批，第二部分由各承包人和驻地监理办保存，合同部认为需要或有疑义时，将随时到各承包人和驻地监理办查阅。

第一部分：月计量支付申请，具体组成详见《计量支付实施办法》。

第二部分：工程质量质检资料。工程质量质检资料即为承包人自检资料和驻地监理办的抽检资料，其双方必须按规范和业主、总监办的要求，建立完整的质检资料档案。原始资料档案必须一致。

第七章　合 同 管 理

第一节　工 程 变 更

一、变更的原则

合同文件是管理和实施工程的依据，公司和总监办以及监理工程师是按照“本办法”规定的权限，对工程形式、质量、数量发布变更令以对合同文件作出变更。

发布变更令是基于以下原则：坚持标准，保证质量，节约资金，保证工期。

必须坚持先批准工程变更或施工技术方案，后施工的原则。

进行变更设计，事先应周密调查，备有图文资料，设计深度应符合技术规范要求，并填报“工程变更方案报审表”，详细申述变更设计理由（与原设计作技术经济比较），按照本办法的审批程序及权限，报请审核。未经批准的，不得按变更设计施工。严禁将分项工程分割，或将工程量进行分割而申报变更。

清淤项目工程实际数量与设计数量不一致（不论是否由监理工程师指令造成的），增减需变更指令确认。

二、变更设计的分类

1. 一般工程变更：变更金额 <2 万元；

2. 重要工程变更：变更金额≥2 万元而 <50 万元的；

3. 重大工程变更：变更金额≥50 万元和诸如路线平纵线调整，桥梁长度、跨度的变化或结构型式的改变，煤矿采空区、膨胀土等特殊工程的处理方案，互通区功能的调整，路面结构的改变等重大方案的调整变化。

三、变更设计的提出

1. 承包人鉴于现场地质、原材料等实际情况的变化或出于施工便利，施工设备限制等原因，要求变更原设计，以及承包人根据当地政府或村民要求提出设计变更；

2. 监理工程师根据施工现场各方面的情况，综合考虑认为需要变更原设计；

3. 设计单位对原设计有新的考虑，或为进一步完善设计等提出变更设计；

4. 业主提出变更设计要求。

四、变更设计的审批

1. 设计变更的审批权限：

（1）一般工程变更，重要工程变更，总监办初审，由业主审核批复；

（2）重大工程变更，由总监办初审，业主组织项目专家组复核，上级行政主管部门终审批复。

2. 设计变更的审批程序：

严格控制工程变更，无充分理由的不予变更。变更设计可以由承包人、监理、原设计单位或业主提出。对于业主提出的变更设计，将直接由总监办以变更令下达；对于原设计单位因原设计错、漏、缺等原因提出变更设计，经业主审批后也直接由总监办以变更形式下达。

（1）由承包人提出的变更，其审批程序如下：

1）一般变更审批程序、重要变更审批程序：

由承包人向总监办报送“工程变更文件”（包括附件：图纸、计算书、造价估算等）一式6份，总监办获得有关试验数据后5天内完成初审，并报业主审核。

2）重大变更审批程序：

由承包人向总监办报送“工程变更文件”（包括附件：图纸、计算书、造价估算等）一式6份，总监办在获得有关试验数据后12天内完成初审，并报送业主。业主组织原设计单位及项目专家组，经过对变更工程的必要性、可行性、合理性等进行综合论证，认为确有必要，报上级行政主管部门终审批复，后由总监会同业主下达重大工程变更令，指令承包人执行。

（2）由监理提出的工程变更，其审批程序如下：

由监理提出的一般变更、重要变更、重大变更的报送和审批程序，类同于承包人提出的一般、重要和重大变更审批程序，但省去承包人报送手续。

五、变更设计造价的核定

对设计变更引起的工程量变化，原合同清单中已有项目可参照原合同清单单价；原合同清单中没有项目，承包人应重新进行单价分析，总监办审核后报业主批准。

六、变更设计文件要求

变更设计文件主要包括以下文件，并按以下顺序装订成册：

1. 封面；

2. 总目录；

3. 本册文件的目录；

4. 变更令文件：

（1）工程变更令；

（2）工程变更申请表；

（3）工程量清单修改认证表（如果采用已有报价，可免）；

（4）附件：

1）变更前后图纸工程数量及金额对照表；

2）变更工程数量计（估）算表；

3）单价分析（如果采用已有报价，可免）；

4）施工技术方案申报批复单；

5）设计计算（结构、水力、水文计算除套用标准图可免结构计算以外，要根据需要进行水力、水文计算）；

6）变更后的设计图纸（套用标准图可免，但须注明图号）；

7）有关试验、测量记录及横断面图、方格网平面图等；

8）其他有关的文件、会议纪要、设计部门的意见等。

估计变更数量和变更金额要按照变更前图纸和变更后图纸分别填写并分别小计，最后金额合计为变更前后图纸的差额。

第二节　工 程 延 期

一、延期申报

承包人必须按合同条件有关延期条款的规定，按下列要求提出延期申请，否则，监理工程师将不考虑其延期要求：

1．承包人在首次出现延误情况后的14天内，将要求延期的意向，书面报告驻地监理办及工程部并抄报总监办、业主。

2．在提交上述书面报告的7天内，或经驻地监理办同意的合理时间内，向驻地监理办提交正式的延期申请。正式的延期申请应以《延期申请书》的形式上报，并应附有承包人的详细申述及证明材料。

3．如果一种事件具有连续性影响，承包人不能在21天内送交上述规定的详细申述及证明材料，则承包人除按以上所述提交要求延期意向的书面申请外，还必须以7天的间隔向驻地监理办送交临时报告，这些报告应真实地反映实际情况。在事件影响结束后的14天内，正式延期申请应附有与此有关的所有证明材料和详细申述。

延期申报、审批程序如图7-1所示。

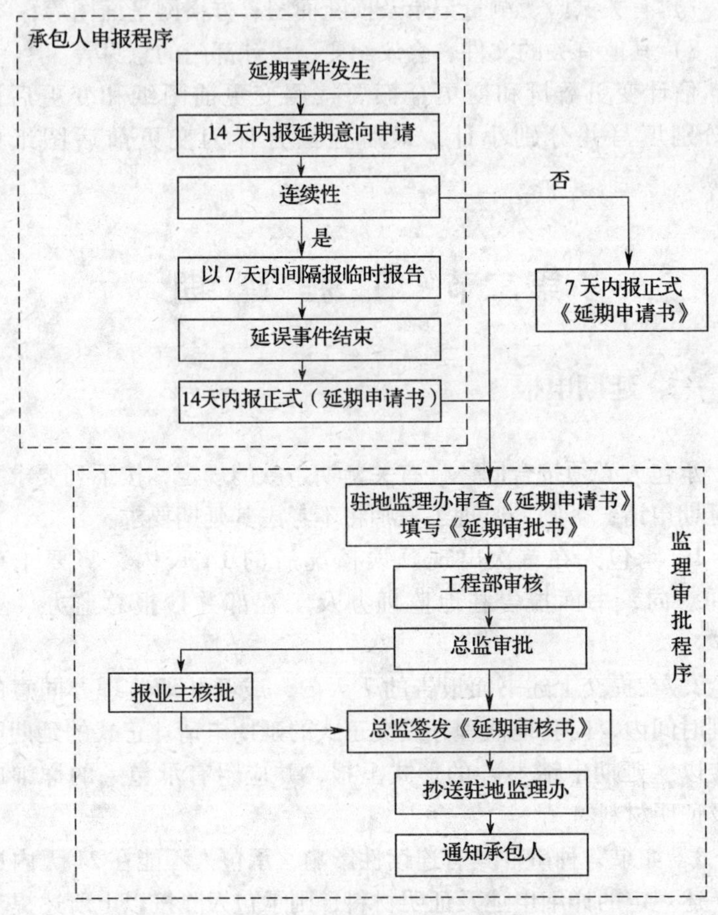

图 7-1　延期申报、审批程序

二、受理工程延期应满足的基本条件

1．驻地监理办在确认下述情况之一发生并延误影响工期的关键工程施工后，受理工程延期：

（1）因不可抗力的原因（指六级以上地震、十级以上强风暴、龙卷风或五十年一遇以上洪水造成的重大破坏），被迫停工者；

（2）因业主提出的变更设计，未能及时提供图纸而不能继续施工，超过规定期限者；

（3）因业主责任不能按期提供永久工程用地；

（4）因业主未按合同规定按期支付工程款，延误56天以上；

（5）合同规定的其他延期原因。

2．承包人在延期情况发生的14天内向驻地监理办提交工期延期意向；

3．承包人承诺继续按合同规定向驻地监理办提交有关延期的详细情况资料，并根据监理工程师需要随时提供有关证明；

4．延期事件终止后的一个月内，承包人向驻地监理办提交正式的延期申请报告。

三、受理程序

1．收集资料，做好记录

驻地监理办在收到承包人的延期意向后，做好工地实际情况的调查和日常记录。收集来自现场以外的各种文件资料与信息。

2．审查承包人的延期申请

收到承包人正式延期申请，主要从以下几个方面进行审查：

（1）延期申请的格式满足监理工程师的要求；

（2）延期申请的内容符合规定，即列明延期的项目及编号；阐明延期发生、发展的原因及申请所依据的合同条款；附有延期测算方法及测算细节和延期涉及的有关证明、文件、资料、图纸等。审查通过后，可开始下一步的评估。否则驻地监理办对承包人的申请予以退回。

3．延期评估

延期评估由驻地监理办初审，提出审查意见报工程部审核（或审批），工程部视具体情况，报总监办审批（或备案），评估主要从以下几个方面进行评定：

（1）承包人提交的申请资料必须真实、齐全、满足评审的需要；

（2）申请延期的合同依据必须准确；

（3）申请延期的理由必须正当与充分；

（4）申请延期天数的计算原则与方法应恰当。根据驻地监理的现场记录和有关的资料，进行修订并就修订的结果与业主和承包人进行协商。

4．审查报告

审查报告由以下文件组成：

（1）正文

检查人员的授权依据及名单，受理承包人延期申请的工作日期；工程简况；确认的延期理由及合同依据；经调查、座谈、协商、确认的延期测算方法及由此确认的延期天数结论。

（2）附件

1）监理工程师对该延期的评论；

2）承包人的延期申请，包括涉及的文件、资料、证明等。

5．确定延期

监理工程师在收到审查报告并确认的结论之后，签发延期审批书，报业主审定。

四、监理工程师审查延期事件应注意的事项

监理工程师在审查延期事件时应注意：

1．监理工程师在处理工程延期问题时，首先应弄清工程延期的原因，如果延期并非承包人的责任，则工程师可受理延期申请。但是，不是任何非承包人原因的延期申请都能给予批准延期，这里主要是考虑承包人申请的延期是否有效和合理，也就是说，承包人申请的延期事件是否已按合同文件规定的程序和监理工程师的要求上报给监理工程师并抄报业主；

2．监理工程师审查承包人的延期申请应着重考虑同意延期的三个条件：

（1）非承包人原因；

（2）符合合同规定的程序和要求；

（3）申请延期的工程必须在关键线路上，并对整个工程的完工造成直接影响。

3．监理工程师在作出工程延期决定之前，必须取得业主的专门批准；

4．延期事件必须影响到网络计划关键线路中的关键工程（或工序），而且这种关键工程（或工序）的延误必将造成局部或全部工程的延期。不是所有影响关键线路上的工程的因素都会造成延期事件。延期与网络计划关系密切，没有详细的网络计划延期就没有依据；

5．网络计划中的关键线路和非关键线路是可以互相转变的，监理工程师应及时协调，解决施工影响因素，尽量避免非关键线路中的影响因素转变为关键线路因素并造成延期事件；

6．根据合同文件规定发生延期事件时，承包人有责任及时调整施工计划，并采取监理工程师接受的措施予以补救。

第三节　费 用 索 赔

一、受理费用索赔的基本条件

1．承包人必须是依据合同有关规定向业主索取额外的费用；

2．承包人在出现引起索赔事件的21天内，向监理工程师提交索赔意向，并同时抄报业主；

3．承包人应继续按监理工程师的规定期限、时间间隔提交说明索赔数额和索赔依据等详情材料，并根据监理工程师需求随时提供有关证明；

4．承包人在索赔事件终止后21天内，向监理工程师提交正式的索赔申请。

二、费用索赔的几种类型

1．难以预见的情况所引起

（1）异常气候；

（2）外界障碍（化石、古物、地下建筑等）；

（3）战争、叛乱、暴乱等；

（4）通常无法预测和防范的任何一种自然力。

2．业主责任引起

（1）未按规定向承包人付款；

（2）延误提供图纸；

（3）占用或使用永久性工程场地而造成损失和损害；

（4）违约使合同中途终止；

（5）未按合同规定和承包人合理的工程进度计划，提供对现场的占有权和出入权。

3．监理工程师的责任引起

（1）延误签发图纸、指令；

（2）负责提供的书面数据不准确；

（3）要求进行合同中未规定的检验。

三、索赔申报程序

承包人必须按合同规定的有关条款，并按下列程序提交费用索赔申请：

1．承包人应在费用索赔事件首次发生后的21天内，将索赔意向书面通知驻地监理办并抄报总监办和业主。

2．如果费用索赔事件具有连续影响，承包人应按驻地监理工程师要求的时间间隔内，向驻地监理办提交有关此项费用事件的详细报告。

3．在费用索赔事件结束后的21天内，承包人必须上报索赔申请单（SJ11），向驻地监理办提交正式的费用索赔申请。正式费用索赔申请必须附有与此项费用索赔有关的详细资料。这些资料包括（但不限于）以下内容：

（1）导致费用索赔事件发生的原因，详细经过；

（2）提出费用索赔申请所适用的合同条款；

（3）费用索赔事件所涉及的数额以及详细的费用计算，所采用计算费率的依据等；

（4）与此费用索赔事件有关的一切资料，如：提出费用索赔的意向申请书，有关的信件、图纸、计划表、报告、照片、计量、计算、价格分析，试验室的试验结果以及工地的原始记录等。

四、索赔事件的审理

1．收集资料，做好记录

驻地监理办在收到承包人索赔意向后，立即由有关的驻地监理工程师做好工地实际情况的调查和日常记录，同时授权有关人员受理索赔，并负责收集来自现场以外的各种文件资料与信息。

2．审查承包人的索赔申请

收到承包人正式索赔申请应主要从以下几个方面进行审查：

（1）索赔申请的格式满足监理工程师的要求；

（2）索赔申请的内容符合规定，即列明索赔发生、发展的原因及申请所依据的合同条款，附有索赔数额计算的方法、价格与数量的来源细节和索赔涉及的有关证明、文件、资料、图纸等。审查通过后，可开始下一步的检查。否则监理工程师对承包人的申请予以退回。

3．索赔评估

主要从以下几个方面进行评定：

（1）承包人提交的索赔申请资料必须真实、齐全，满足评审的需要；

（2）申请索赔的合同依据必须正确；

（3）申请索赔的理由必须正确与充分；

（4）申请索赔数额的计算原则与方法应恰当。数量应与驻地监理记录和检查人员掌握的资料一致，价格与取费的来源能被业主接受。否则应根据驻地监理的现场记录和掌握的资料，修订承包人的计算方法与索赔数额并与业主和承包人进行协商。

4. 审查报告

审查报告由以下文件组成：

（1）正文

检查人员的授权依据及名单；受理承包人索赔申请的工作日期；工程简况；确认的索赔理由及合同依据。经调查、讨论、协商、确定的测算方法及由此确定的索赔数额结论。

（2）附件

1）高级驻地对该索赔的评估；

2）承包人的索赔申请。包括涉及的文件、资料、证明等。

5. 确定索赔

监理工程师在收到审查报告并确认的结论之后，签发索赔审批书，报业主审定。

五、索赔的审批程序

1. 驻地监理办在接到承包人的费用索赔意向通告书后，应报告总监办并立即到达事件现场，了解事件发生原因经过等。检查承包人的原始记录，并对现场情况作详细的记录（如由此而闲置的人工、机械设备数量等与此项费用索赔有关的一切情况）。如有可能，应提出避免或减少费用索赔的处理措施。同时，应随时到工地现场了解事件的发展情况，并作详细的记录，直至费用索赔事件结束。

2. 驻地监理办在接到承包人的正式索赔申请单并审查后，应提出详细的书面评估报告，并填写《索赔时间/金额审批表》一式十份，包括评估报告上报合同部审核，由总监审批。

3. 总监审批后，会同业主签发《索赔时间/金额审批表》送交承包人。

费用索赔申报、审批程序见图 7-2。

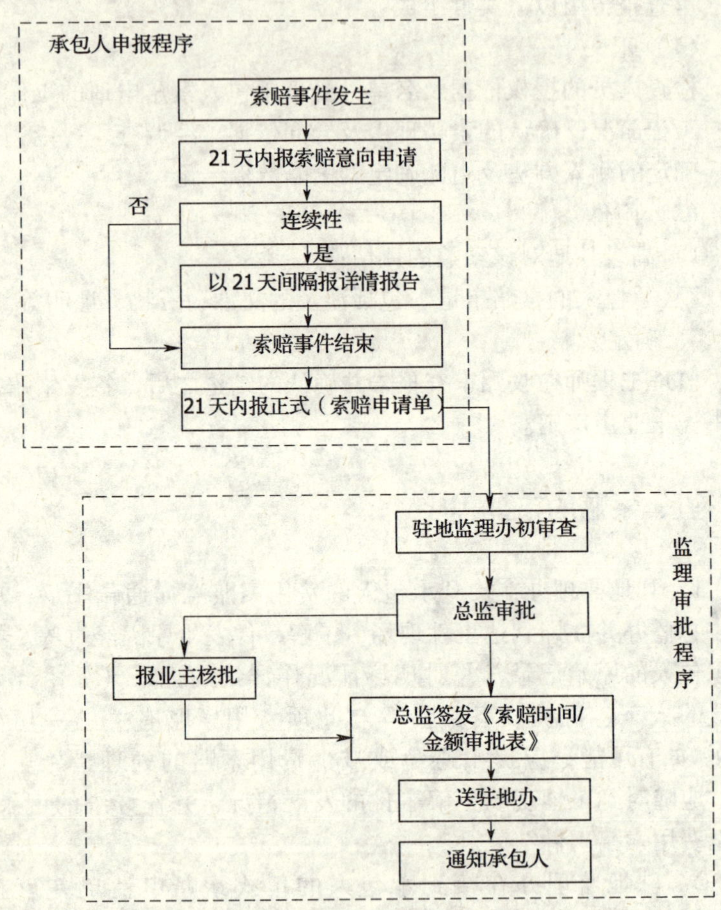

图 7-2　费用索赔申报、审批程序

第四节 工 程 分 包

一、一般工程分包

1．规定

(1）监理工程师严禁承包人把整个工程分包出去；

(2）工程分包必须经监理工程师同意并得到业主的专门批准；

(3）监理工程师对分包的同意不解除承包人根据合同规定所应承担的任何责任和义务；

(4）分包人在合同中没有独立的位置，他从属于承包人，但负有相关的连带责任。

2．审批分包

监理工程师应从以下几个方面审查承包人分包工程的申请报告：

(1）分包人的资格及证明。包括企业概况，财务资本情况，参加分包工程人员的资历，施工机械状况等；

(2）分包工程项目及内容；

(3）分包工程数量及金额；

(4）分包工程项目所使用的施工规范与验收标准；

(5）分包工程的工期；

(6）承包人与分包人合同责任；

(7）分包协议。

监理工程师完成上述审查之后，向承包人签发分包工程批准单。

3．一般工程分包的管理

（1）监理工程师通过承包人对分包工程进行管理，或者监理工程师直接到分包工程去检查，发现涉及分包工程的各类问题，要求承包人负责处理；

（2）监理工程师通过中期支付证书，由承包人对分包工程进行支付。

二、指定分包

1．规定

（1）监理工程师对指定分包人的决定应取得业主的专门批准；

（2）指定分包合同由业主或监理工程师制订；

（3）指定分包人应向承包人承担承包人根据合同文件向业主承担的一切责任和义务。

2．指定分包的管理

（1）在标书中，应注明指定分包的项目及指定分包人；

（2）如果承包人没有合适的理由而没有向指定分包人支付应付的款项，业主可以在经监理工程师证明后，直接向指定分包人付款，并相应扣除承包人的款项；

（3）承包人可获得一笔对指定分包人的监督费用（包括管理费和利润）。通常承包人应在标书中填入支付这笔费用的百分比；

（4）监理工程师要求指定分包人提交一份资格情况及证明的资料。并要求指定分包人保护和保障承包人免于承担由于指定分包人的疏忽而违约造成的一切损失；

（5）监理工程师对指定分包人的支付，则根据承包合同的有关规定办理。

第五节　违　　约

一、业主的违约

1. 规定

当业主有下列事实，监理工程师确认业主违约：

（1）宣告破产，或作为一个公司宣告停业清理，但清理不是为了改组或合并；

（2）由于不可预见的理由，因经济混乱而不能继续履行其合同义务；

（3）没有在合同规定的时间内根据监理工程师的支付证书向承包人付款，或干涉、阻挠、拒绝这类证书签发所需要的批准。

2. 处理

（1）监理工程师收到承包人部分终止合同或全部终止合同的通知后，尽快深入调查，收集掌握有关情况，澄清事实；

（2）监理工程师根据合同有关规定，办理部分终止合同或全部终止合同的支付。

二、承包人的违约

1. 规定

（1）当承包人有下列事实，监理工程师确认承包人一般违约：

1）给公共利益带来的伤害、妨碍和不良影响；

2）未严格遵守和执行国家及有关部门的政策与法规；

3）由于承包人的责任，使业主的利益受到损害；

4）不严格执行监理工程师的指示；

5）未按合同规定管好工程。

（2）当承包人有下列事实，监理工程师确认承包人严重违约：

1）无力偿还债务或陷入破产，或主要财产被接管或主要资产被抵押，或停业整顿，或物质被扣押等，因而放弃合同；

2）无正当理由延迟开工或拖延工期；

3）无视监理工程师的警告，一贯公然忽视履行合同规定的责任与义务；

4）未经监理工程师和业主的同意，随意分包工程，或将整个工程分包出去。

2．处理

（1）监理工程师确认承包人属一般违约后，做以下工作：

1）书面通知承包人在尽可能短的时间内，予以纠正；

2）提醒承包人一般违约有可能导致严重违约；

3）上述无效时，书面通知业主；

4）确定业主雇佣他人执行指示或承包人自行纠正违约，但已给业主费用带来的影响，应办理扣除承包人相应费用的证明。

（2）监理工程师确认承包人严重违约，业主进行部分或全部合同终止后，做以下工作：

1）指示承包人将其为该合同的目的而可能签订的任何协议的利益，如材料和货物的供应，服务的提供等转让给业主；

2）认真调查并与业主和承包人协商后，办理并签发部分或全部合同终止的支付证明。

第六节　争端与仲裁

一、争端的规定

1. 监理工程师在收到争议通知后，在合同规定的期限内完成对争议事件的全面调查与取证，同时对争议做出决定，并将决定书面通知业主和承包人；

2. 监理工程师发出书面通知后，如果业主或承包人在合同规定的期限内未发出打算提交上级机关调解或仲裁的通知，其决定为最终决定；

3. 只要合同还未被放弃或终止，监理工程师应要求承包人继续精心施工。

二、仲裁的规定

1. 当合同一方提出仲裁要求时，监理工程师应在合同规定的期限内，对争议设法进行友好的调解。同时督促业主和承包人继续遵守合同，执行监理工程师的决定；

2. 在合同规定的仲裁机构进行仲裁调查时，监理工程师应以公正的态度提供证据和作证；

3. 在仲裁后执行裁决。

第八章　交工及缺陷责任期监理

第一节　合同段工程交工与交工证书

一、合同段工程交工证书的类型

1. 全部工程的交工证书

监理工程师在全部工程基本完成并接到承包人交工申请并保证在缺陷责任期内完成全部剩余工作后的书面报告之后，在14天内审核，并报总监办、业主。业主在收到承包人交工申请的21天内组织并验收，验收合格后，业主在14天内向承包人签发全部工程的交工证书，否则书面指示承包人完成尚需完成的工作。

2. 部分工程交工证书

监理工程师按照“本实施办法”8.1.1条的原则，就下列情况向承包人签发部分工程的交工证书：

（1）工程的任何主要部分已建成，能够独立交付使用；

（2）合同中规定有不同交工时间的任何部分工程；

（3）已由业主占据或使用的任何工程。

二、合同段工程签发交工证书的必要条件

1. 工程确实建成

监理工程师对工程进行全面检查，确认合同段工程的全部或

任何区段的主体已全部完成，或剩余工程很少并不影响工程的正常使用及安全。

2. 工程检验合格

（1）监理工程师对工程质量检验的结果，证明该工程确实符合规范要求，且各项资料齐全；

（2）监理工程师在各种场合以不同形式向承包人指出的各类质量问题，均已得到妥善的解决。

3. 现场清理完毕

监理工程师确认承包人对其申请交工的工程已进行了全面的现场清理，包括临时用地和材料场，取土场、弃土场。

4. 承包人书面申请

监理工程师收到承包人书面交工申请及缺陷责任期的书面保证。

5. 交工资料

监理工程师确认承包人已根据合同规定完成或基本完成有关交工资料。

三、合同段工程交工证书的签发程序

1. 成立交工检查小组

监理工程师收到承包人递交的交工申请，并确认工程满足“本实施办法”8.1.2条的必要条件后，应指派专人全面负责交工验收工作，并成立有监理工程师或其授权的代表、业主代表、设计单位代表参加的交工检查小组。监理工程师还提示承包人列席参加，并负责提供检查小组检查工程时需要的情况、资料、人力和设备，为交工检查活动的日程安排提供服务。

交工检查小组的主要任务是：

（1）进一步审查交工申请报告；

（2）现场检查申请交工的工程；

（3）审查承包人缺陷责任期的剩余工程计划；

（4）根据以上情况写出检查报告；

（5）决定是否签发交工证书。

2. 对交工申请进行审查

（1）检查小组应确认承包人交工申请报告，申请交工的工程范围、交工工程的外观质量、质量缺陷的处理等描述全面、准确；剩余工程及计划安排合理可行。并写出书面审查意见。

（2）对基本符合有关条款规定的交工申请报告，检查小组应予接受。但必须在审查意见中明确指出存在的问题及修改建议。

（3）对与有关规定存在较大差距的申请报告，检查小组不予接受，应写明审查意见予以退回。

3. 现场检查与评价

（1）检查小组接受承包人的交工申请报告，必须对交工工程进行现场检查。主要检查申请交工工程外观质量，外形尺寸，各类构造物及工程范围内所有现场的清理情况。并应对检查中发现的所有工程缺陷做详细描述及记录。

（2）检查小组对检查情况进行全面评价。重点对检查中及以前发现的工程缺陷进行分析，确定这些缺陷可否被立即修复，或已被修复，或可作为剩余工程留待缺陷责任期内完成，并与承包人所报的缺陷责任期的剩余工程计划相对应。

4. 检查报告

检查小组在上述各步工作全部完成后，无论签发交工证书与否，均应向监理工程师提交一份交工检查报告，作为整个交工验收工作的总结，并形成正式文件。检查报告由检查小组根据检查结果、检查会议记录撰写，最后由检查小组的组长签字生效，印发各有关单位。

检查报告分为正文和附件两部分。

“正文”部分的内容为：

（1）概述。简要介绍承包人申请交工的工程范围和经过；

（2）职权。总监授权小组进行的工作内容和权力；

（3）检查小组成员。列出检查小组全体成员名单及其职务。最后应注明“承包人作为观察员身份列席”；

（4）时间。简介检查小组检查工作和检查会议的日程，以及实际工作进展情况；

（5）现场检查。介绍现场检查的工作范围和具体内容；

（6）检查小组会议的审议。介绍检查小组会议的主要议程和审议的主要问题，指出审议的结论性要点和工程主要缺陷并提出改进和修复意见；

（7）结论。检查小组关于是否签发交工证书的决定。如决定签发，则明确签发日期；

（8）交工证书。承包人、监理工程师、设计单位和业主代表共同签字的正式文件。

检查报告除上述正文外，还包括以下附件：

（1）承包人交工证书申请报告及其所附全部文件；

（2）驻地监理办请求总监办成立检查小组的文件；

（3）总监关于成立交工验收检查小组的通知；

（4）检查小组工作计划；

（5）检查小组现场检查工程验收检查表；

（6）承包人养护期剩余工作实施计划。

除以上附件外，还有一些诸如养护期剩余工程施工时的技术方案、交通安全保证措施、专门问题的检查报告等文件，也应附上。

检查报告作为签发交工证书检查验收的最后正式文件发给在交工证书上签字的各方以及其他有关单位和部门。

合同段交工验收程序框图如图 8-1 所示：

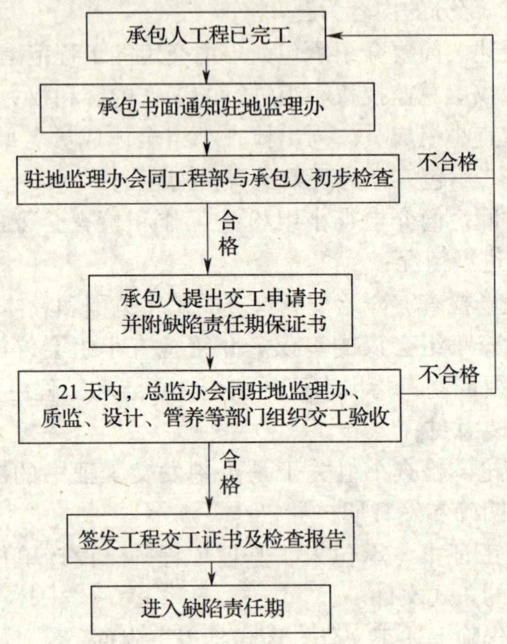

图 8-1　合同段交工验收程序框图

5. 签发交工证书：

工程交工的日期以检查小组决定的签发交工证书的日期为准。工程交工证书必须包括如下内容：

（1）获得交工证书的工程范围；

（2）工程获得交工证书的日期（交工日期）；

（3）审查交工工程的单位；

（4）交工证书的签字人。（业主、监理工程师、设计、承包人各方代表）

第二节　缺陷责任期的监理

一、缺陷责任期

1. 监理工程师根据合同规定计算交工工程的缺陷责任期（二年）。起算日期必须以监理工程师签发的工程交工证书日期为准；

2. 对于有一个以上交工日期的工程，缺陷责任期应分别从各自不同的交工日期起算。

二、缺陷责任期监理的工作内容

1. 检查承包人剩余工程计划：

监理工程师定期检查承包人剩余工程计划的实施，并视工程具体情况，建议承包人对剩余工程计划进行调整。

2. 检查已完工程：

监理工程师应经常检查已完工程，对工程交工时存在的缺陷及签发交工证书之后发生的工程缺陷情况进行记录，并指示承包人进行修复。

3. 确定缺陷责任及修复费用：

监理工程师对工程缺陷发生的原因及责任者进行调查，对非承包人原因造成由承包人进行修复的工程质量缺陷，监理工程师对修复工作做出费用估价向业主签发为承包人追加费用的证明。

4. 督促承包人按合同规定完成交工资料。

三、缺陷责任期的监理组织

监理工程师根据剩余工作量，配备缺陷责任期的监理工作人员。

包括：现场巡视、检查的驻地监理人员，负责质量检验的试验人员及处理合同事宜（索赔、变更）、办理支付、督促交工资料的合同管理人员。

第三节　缺陷责任终止证书的签发

一、缺陷责任终止证书签发的必要条件

1. 监理工程师确认承包人已按合同规定及监理工程师指示完成全部剩余工作；

2. 监理工程师对全部剩余工作的质量予以认可；

3. 监理工程师收到承包人含有如下内容的终止缺陷责任申请：

(1) 剩余工作计划的执行情况；

(2) 缺陷责任期内监理工程师发现并指示承包人进行修复的工程完成情况；

(3) 交工资料的完成情况。

二、成立缺陷责任期工作检查小组

1. 监理工程师确认具备签发缺陷责任终止证书必要条件后，成立有监理工程师并邀请业主参加缺陷责任期工作检查小组，承

包人列席，并为检查小组工作及日程安排提供服务。

2. 检查小组的任务主要为：

（1）审查承包人的缺陷责任终止证书申请报告；

（2）对工程进行最终的整体检验，并侧重缺陷责任期工作内容的检查；

（3）审查交工资料；

（4）对缺陷责任期的工作情况进行检查，确定是否签发缺陷责任终止证书。

三、检查小组审查缺陷责任终止证书申请报告

检查小组对申请报告内容的完整性、真实性进行审定，并确认是否满足合同规定及监理工程师的要求。

四、最终检查

1. 最终检查主要从以下两方面：

（1）剩余工作及缺陷工程的完成情况；

（2）整个工程的使用情况。

2. 检查主要围绕现场检查结果进行，除合理磨损外，工程均应达到合同规定的检验标准。

五、检查报告

1. 检查小组必须就检查工作写出检查报告，报送业主，同时送承包人。

2. 检查报告的主要内容应包括：

（1）概述：

检查小组的授权及其名单、工作简况、收受承包人申请的日期；

(2) 现场检查的内容及情况；

(3) 检查小组对承包人缺陷责任期全部工作的评议；

(4) 小组的结论；

(5) 附件：承包人缺陷责任证书申请检查活动计划，工程缺陷一览表及承包人剩余工程计划等。

六、签发缺陷责任终止证书

监理工程师收到检查小组的报告，并确认工程按合同规定已达到缺陷责任期工作验收标准，由业主在缺陷责任期终止后21天之内向承包人签发缺陷责任终止证书。签发日期即为工程通过最终检查的日期。证书中应包括以下主要内容：

1. 获得证书的工程范围；
2. 审查缺陷责任期限工程的单位；
3. 工程交工日期及合同缺陷责任终止日期；
4. 缺陷责任。

第九章　路基施工监理

第一节　概　　述

路基是公路的重要组成部分，它既是路面的主体，又是路面的基础。它是按照路线位置和一定技术要求修筑和带状构造物，承受由路面传递的荷载，必须具有足够的强度与稳定性。路基的强度与稳定性是保证路面强度与稳定性的基本条件。因此，要求路基必须密实、均匀、稳定，能为路面提供坚定、可靠的基础。

路基施工质量的好坏，直接影响到路面的使用质量与使用效果。因此，保证路基工程的施工质量，是公路工程施工的关键。

作为高等级公路的路基工程质量，一般应满足以下基本要求：

1．路基应具有足够的强度：

路基除与路面共同承受交通荷载外，又是路面结构物的基础。道路上的交通荷载，通过路面传递给路基，并对其产生一定的压力，路基路面的自重又给地基一定压力，因此，要求路基应具有一定的强度，而路基的强度又直接影响到路面的强度。路基设计规范中，路基的强度指标以回弹模量或路床的 CBR 值表示，因此，要求路基（或路床）在不利季节条件下的强度要达到设计规定的标准值，以保证路面的强度与稳定。

2．路基具有足够的水稳性：

路基不仅承受交通荷载的作用，同时还受到水文、气候条件的影响。路基主要受大气降水、地表水、地下水的作用，不仅影响到路基的强度并发生季节性变化，使路基强度降低，产生过量的变形。特别是高填方路堤，受水侵蚀，路基的抗剪强度显著降低，在交通荷载及路基路面自重的综合作用下，路基失稳，易在路基体内产生滑动破裂面和过大的位移，从而引起路面的变形与损坏。因此，要求路基应具有足够的水稳性。

3．路基具有足够的冰冻稳定性：

季节性冰冻地区的路基，不仅受到交通荷载的作用，同时受到季节性的冰冻作用，使路基出现周期性的冻融状态，并同时引出以下冻胀病害的发生；路面不均匀冻胀破坏路面平整度，路面产生裂缝及融化时路基强度急剧降低。因此，对季节性冰冻地区的路基，除具有足够的强度外，还要求具有足够的冰冻稳定性。

在路基工程施工中，压实可以充分发挥路基土的强度最经济、有效的技术措施。压实可以充分发挥路基土的强度，减少路基、路面的行车荷载作用下的变形，还可以增加路基的不透水性和强度稳定性。

4．质量监理目标和基本方法：

依据合同条款、设计文件和有关技术规范标准对工程施工的全过程进行质量控制和管理，让承包人自检体系得以充分发挥，使路基工程在合同规定的工期和费用内完成，并一次性优良率达到100%，为本工程达到精品工程标准创造良好的条件。

采用的基本方法：

（1）加强施工现场的管理，监理工程师在施工期间全过程盯在现场（即旁站监理），按照“一般工程重点站，重点工程连续站，关键工程日夜站”的原则，对施工全过程进行跟踪管理；同时为更好的控制工程施工质量的全貌，监理工程师每天应随时对工程施工现场进行检查巡视（即工地巡视）。

（2）严格监督承包人按规范要求的检查频率进行自检，根据规范要求的频率进行“独立平行”抽检，必要时还要加大自抽检频率；检查核实承包人所报的各类质量报表和数据，主要进行内业检查核算和外业现场核实；坚持一切用数据说话，严格按要求进行室内试验和室外试验的“独立平行”抽检试验工作；为更好的控制工程的外观质量，加大测量检查频率，对施工各部位的平面位置、高程、几何尺寸等进行全方位检查，主要包括施工放样现场复核、施工过程的跟踪测量检查、工程中间交工验收等工作。

（3）严格按合同文件及质量监理程序要求进行施工，业主的招标文件及下发的其他与本工程相关的文件，监理工程师向承包人发布的有关工程变更、补充技术标准、施工技术要求、工地会议纪要等都是以书面文件形式提醒承包人注意施工中存在的质量隐患或质量问题，都直接关系到工程质量，必须无条件贯彻执行。

质量监理一般程序为：单位工程开工申请→总监签发开工令→分项工程开工申请→高级驻地批准分项工程开工→承包人自检合格后进行工序报验→监理现场抽检合格→进入下一道工序→施工完成自检合格后进行分项工程报验→监理现场抽检并进行分项工程评定→中间交工（总监办工程部组织验收，中间计量支付附验收合格的中间交工资料）。程序中检验或审查结论“否”则返回上一程序直至第一程序。

第二节　路基工程监理实施细则

一、路基工程施工准备阶段质量监理

在路基施工准备阶段，监理工作的重点是：对承包单位开工前的准备工作进行检查和督促。

1．审查承包人质量自检系统：

（1）审查承包人质量自检人员配备的数量与素质；检查承包人工地试验室功能与试验设备配备的规格、品种、数量与质量能否满足本工程质量自检的需要，是否兑现投标承诺。

（2）检查承包人试验室等质量自检计量系统是否准确、可靠，是否通过有关计量部门的审定与认证。

（3）审查承包人资质是否与投标承诺相符合，主要施工人员是否与投标承诺相符合，其资质是否真实可靠（承包人必须提供原件供审核）。

（4）为确保安全施工，是否设置必要的安全标志。

（5）督促承包人详细审阅图纸、招投标文件，根据本合同段工程实际情况重新编制切实可行而又科学合理的施工组织设计、施工技术方案、施工进度计划。

（6）督促承包人尽快进行原材料、标准配合比试验，并根据所选取土场位置和层位不同，来进行土的分类和标准击实试验等。

2．施工测量：

路基开工前承包人应做好施工测量工作，其内容包括导线、中线、水准基点复测，横断面检查与补测，水准点增设等。施工测量的精度应符合《公路勘测规范》（JTG C10—2007）的要求。

（1）导线复测

1）当原测的中线主要控制桩由导线控制时，承包人必须根据设计文件认真做好导线复测工作。

2）导线复测应采用测量精度满足要求的仪器。仪器使用前应进行校正与检验。

3）原有导线点不能满足施工要求时，应进行加密，保证在施工全过程中，相邻导线点能互相通视。

4）导线起讫点应与设计文件提供人结果相比较，测量精度满足设计要求，应满足下列要求：角度闭合差（″）±为16$\sqrt{n}$，n是测点数；坐标相对闭合差为±1/10000。

5）复测导线时，必须和相邻施工段的导线闭合。

6）对有碍施工的导线点，复测后施工前应加以固定。固定桩应牢固可靠，桩位应便于架设仪器，并设在施工范围以外。

（2）中线复测和固定

1）路基开工前承包人应全面恢复中线并固定路线主要控制桩，如交点、转点、圆曲线和缓和曲线的起讫点以及起控制作用的百米桩及加桩。为确保与设计相吻合应采用坐标法恢复主要控制桩。

2）恢复中线时应注意与结构物中心、相邻施工段的中线闭合，发现问题应及时查明原因，并报现场监理工程师并上报业主予以调整。

3）路线的复核丈量：如发现原设计中线长度与实际复核丈量的长度出入较大，应作断链处理，在纵断面图上相应调整纵坡，并在设计图表上的相应部位注明断链的距离和桩号。

（3）水准基点的复测、增设和路线高程复测

1）承包人在复测路线沿线设计单位敷设的水准点时，应与附近国家级水准点闭合。若复测结果超出允许误差范围时，应及时查明原因后报告业主。

水准基点的闭合差应满足下列相关标准的技术要求：

① 大桥附近的水准点闭合差应满足《公路桥涵施工技术规范》（JTJ 041—2000）的规定；

② 其他路段水准点闭合差为20$\sqrt{L}$（mm）。

2）沿线设置水准基点的间距一般应不大于0.5km。

3）遇下列情况，如人工构造物附近（桥位等其他较大的人工构造物）高填深挖地段、工程量集中及地形复杂地段，应增设临时水准基点，临时水准基点必须符合精度要求才可使用。

4）如发现个别水准基点受施工影响时，应将其移至影响范围之外，其标高应与原水准点闭合。

5）纵断高程复测：观测距离不得超过仪器的有效距离；观测数据必须闭合；复测点应与中桩吻合；纵断高程复测误差应满足精度要求。

（4）横断面的检查与补测

1）路基施工前，应详细检查、校对横断面；加桩处应补测横断面。

2）检查和补测横断面的方向，直线段与路中线垂直，曲线段为垂直于所测点的切线的方向。

3）通过高程测量计算出填、挖高度，并列表计算出土、石方数量。

3．路基施工放样

（1）路基开工前，承包人应根据恢复的路线中桩、设计文件及有关规定进行路基施工放样，钉好路基用地界桩和路堤坡脚、路堑坡顶、边沟、取土坑、护坡道、弃土堆等的具体位置桩。距路中线一定距离沿着路中线一般每隔50m设立控制桩，并注明桩号及路中线的填挖高度，用（+）表示填方，用（-）表示挖方。

（2）为准确计算土方工程数量路基放样中桩间距按20m每点敷设，同时做好逐桩断面的左、中、右控制点测量，以备复查。

（3）承包人应根据施工放样后的填、挖工程量的复核计算，并将施工放样及计算结果填写“路基工程施工放样报检单”报监理工程师审核。

4．施工机械的检查与审批

（1）路基开工前承包人对已进场的路基工程施工机械的品种、规格、型号、配备数量及运行质量进行详细检查后向监理工程师报检，同时核对是否与投标承诺相符合。

（2）监理工程师对承包人所报检的施工机械，进行逐一检查后审批，方可用于工程施工。

（3）检查承包人是否具有路基土方精平施工设备，如平地机等。

5. 进场材料的抽检与审批

（1）路基开工前，承包人应修好去取土坑或弃土场的施工便道。确定取土坑、弃土场的地点、位置；每一取土坑可取用土方的数量；弃土场需占用的土地面积；运距及土质情况。

（2）对用来填筑路基的土样进行基本的物理—力学性质试验，并填写“进场材料报检单”，报监理工程师审查与确认。

（3）监理工程师对用于施工的路基填土的路基进行抽检试验，确认质量合格后方可取用。

6. 批准开工申请

一切施工准备，工作就诸，报检手续齐全后，同时满足下列要求：项目经理部建设工作完成、工地实验室建设工作完成、拌合场地大小满足本工程需要场地的硬化工作初步完成，各种必需原材料试验、标准配合比试验及土的物理力学试验数据收集齐全。由承包人填写“开工申请报检单”经高级驻地监理工程师审核，报总监审查批准后，同时下达开工指令，方可开工。

二、路基工程施工阶段质量监理

施工阶段是每一施工项目和每一分项工程的质量形成阶段，而每一分项工程施工又由若干道工序构成，因此本阶段监理工作的重点应狠抓工序质量监理。特别是直接影响施工质量的关键工序，要严格要求承包人按照施工规范规定的施工工艺、检查频率和部颁标准的试验方法进行，现场监理全过程旁站。每道工序必须先自检合格后向监理工程师报验，未经监理工程师抽检、签认，不准进行下一道工序施工。

1. 填方路基施工

填方路基由路床和路堤组成。路床是指路面底面以下80cm范围内的路基部分，分为上路床0~30cm和下路床30~80cm。路堤是高于原地面的填方路基，其作用是支承路床和路面。路床以下的路堤分上、下两层：

上路堤：路面底面以下80~150cm范围内的填方部分；

下路堤：上路堤以下的填方部分。

（1）填方路基填料的技术要求和压实标准

1）填方路基填料的技术要求

填方路堤所选用的土及其他填筑材料，应具有一定的强度。路基填方材料应经野外取土（或取料）试验，浸水试件96h的CBR值满足表9-1的要求。

2）填方路基的压实标准

路堤、路堑和地基（指路堤的基底）施工时均应进行压实，压实度应满足表9-2的要求。

3）桥涵及其他构造物处填土的压实标准

桥台背台、涵洞通道背后及顶部、锥坡及挡土墙等构造物背后的填土均应分层填筑，每层压实厚度不宜超过20cm，压实度要求从填方基底或涵洞通道顶部至路床顶面均不应小于96%。桥台台后以及涵洞通道台后路基处理范围内的路基填料均采用沙砾石填筑，填料应在最佳含水量的条件下用压路机分层压实，每层压实厚度不应大于20cm，对于大型机具难以压到的地方，应采用小型震动夯或手扶振动压路机薄层夯实或压实，每层压实厚度不应大于15cm。台背后10m范围内必须做弯沉测量，超过设计容许弯沉的必须处理，该结果作为桥涵竣工验收资料的一部分归档。

路基填料最小强度和最大粒径要求　　表 9-1

项目分类		路面底面以下深度（cm）	填料最小强度（CBR）（%）			填料最大粒径（cm）
			高速公路、一级公路	二级公路	三、四级公路	
填方路基	上路床	0 ~ 30	8	6	5	10
	下路床	30 ~ 80	5	4	3	10
	上路堤	80 ~ 150	4	3	3	15
	下路堤	150 以下	3	2	2	15
零填及路堑路床		0 ~ 30	8	6	5	10
		30 ~ 80	5	4	3	10

注：当路床填料 CBR 值达不到表列要求时，可采取掺石灰或其他稳定材料处理；粗粒土（填石）填料的最大粒径，不应超过压实层厚度 2/3。

填方路基压实标准（重型）　　表 9-2

填挖类型		路面底面以下深度（cm）	压实度（%）		
			高速公路、一级公路	二级公路	三、四级公路
填方路基	上路床	0 ~ 30	≥96	≥95	≥94
	下路床	0 ~ 30	≥96	≥95	≥94
	上路堤	80 ~ 150	≥94	≥94	≥93
	下路堤	150 以下	≥93	≥92	≥90
零填及路堑床基底		0 ~ 30	≥96	≥95	≥94
		30 ~ 80	≥96	≥95	–

注：1. 表列数值系以《公路土工试验规程》重型击实试验法为准；

2. 特殊干旱或特殊潮湿地区，压实标准可根据试验路资料确定或按表列数值降低 2 ~ 3 个百分点；

3. 当路堤填土高度小于路床厚度（80cm）时，基底的压实度不宜小于路床的压实标准。

（2）填方路基施工质量监理的重点

1）填前压实

路堤基底应在填筑前，先清除原地面上的杂草、耕作物用地表层 30cm 腐殖土，对于坑、洞穴、墓穴、井等用原地土或砂性土回填夯实，再进行压实，并达到表 9-2 所要求的压实度。

进行填前压实，应注意以下几点：

① 清表后的原地面，表层含水量合适的填方路段，可直接用冲击压路机碾压，并达到要求的压实度；

② 清表后的原地面，表层土含水量较大时，可就地翻松、打碎、晾晒，在最佳含水量条件下压实，并达到要求的压实度；

③ 基底松散土层厚度大于 30cm 时，应翻挖再回填分层压实；

④ 施工前，必须沿施工界限开挖出土质边沟，其断面形式见设计图纸，以有效的截断地面水，保证所填筑路基的稳定。

2）路基填筑注意事项：

① 对于路线纵横向田埂应全部铲除，并挖台阶（宽度不小于 1m）分层填筑；

② 路基填筑与旧路结合部分（包括填挖方交界处），应清除旧路边坡上的杂草，并沿旧路边坡挖成向内倾斜的台阶，台阶宽度应不小于 1m，所用填土宜与旧路相同或采用砂砾石。半填半挖路基也必须同上开挖台阶；

③ 液限大于 50、塑性指数大于 26 的土，以及含水量超过规定的土，不得直接作为路堤填料；

④ 必须根据设计断面分层填筑，分层压实；填土宽度每侧应宽于填层设计宽度 30cm（含土路肩宽度），压实后削坡，高度 8m 以内土质边坡设置为 1∶1.5；

⑤ 不同填方作业段，先填路段应按 1∶1 坡度分层留台阶；同时填筑两相邻路段应分层相互交叠衔接，其搭接长度不得小于 2m；

⑥ 桥涵填土的范围：台后、涵背填土顺路线方向长度，上部长度为台后路堤高度或基础至盖板顶高度加 2.5m，底部长度为 2.5m；

⑦ 为了减少桥台、涵背与路堤衔接处的工后差异沉降，增强地基承载力，防止桥头跳车，对桥梁台后以及 6m 的涵洞通道均采用了碎石桩 + 30cm 厚碎石垫层过渡段处理，对于跨径 4m 的涵洞通道背后均采用 50cm 厚碎石垫层处理。施工时应严格按照设计图纸进行施工；

⑧ 对于原地面自然横坡度陡于 1:5 或陡峻的半填半挖路段，应挖成台阶式（台阶宽度不小于 2m 内倾坡度角为 4%）分层填筑压实。

3）严格控制松铺厚度

填筑路堤时分层铺松土整平后，首先应检查每一松铺土层的厚度，因为它直接影响到每一层的压实厚度。每一层的松铺厚度一般为 30cm，其压实厚度为 20cm 左右。对不同吨位的轮胎压路机或其他压实机械，松铺厚度与地基条件、土质、松铺土层的干密度有关，可通过现场试验段进行碾压试验后确定。每一层填土铺松土后，首先应检查含水量是否接近最佳含水量，若含水量超过最佳含水量过多（一般大于 3% 以上），就得进行翻松、晾晒。当松铺土层的含水量接近最佳含水量时，须经过人工或机械整平，并检查记录松铺厚度后，方可进行碾压。

4）碾压、检查压实厚度及压实度

路堤必须在整个清场宽度范围内水平分层填筑，在最佳含水量条件下分层碾压。压路机对路基填土压实时，应遵循先轻后重，先静压后振动碾压的原则。其碾压遍数，可根据地基强度、土质、压实机具的类型而定。压路机碾压完毕后填土层表面应无明显轮迹。然后检查压实度并同时检测压实厚度。承包人应将检测结果向监理工程师报检，经现场监理工程师抽检、评定报检段的压实度代表值和单点极值达到标准要求时，方可进入下一层填土。

5）施工中路基土标准试验项目及现场检测项目

① 路基土标准试验项目

路基开工前，应完成表9-3所规定的土的各项标准试验。

路基土标准试验项目 **表9-3**

试验项目	试验目的	仪器与试验方法
含水量	确定路基土的原始含水量	烘干法、酒精燃烧法、核子仪法
颗粒分析	确定土的名称与分类	筛分法、比重计法或移液管法
界限含水量	测定土的液限和塑限	液限塑限联合测定法
土的密度试验	确定土的密度	环刀法
击实试验	确定路基土的最大干密度与最佳含水量	重型击实试验法（干法试验）
CBR试验	确定路床路基填土的强度	用CBR仪进行试验

② 路基施工质量控制现场检测项目

路基施工质量控制现场检测项目如表9-4所示，表中所列项目为要求承包人必检项，尤其压实度更是保证每一层填土质量的主要检测指标，承包人自检后还必须向监理工程师报检与确认，否则不得进行下一层填土的施工。

路基施工质量控制现场检测项目表 **表9-4**

检查项目	检查数量	检查方法	质量标准	
			允许误差	质量要求
压实度（%）	每一层，每200m检查4处/2车道	灌砂法		不小于规定值
松铺土原始含水量（%）	每一施工作业段，每一层检查3个断面共9点	烘干法、酒精燃烧或核子仪法		接近最佳含水量方可碾压

续表

检查项目	检查数量	检查方法	质量标准	
			允许误差	质量要求
松铺土层厚度（mm）	每一施工作业段，每一层检查3个断面共9点	用尺、钢钎丈量	±30	
分层压实厚度（mm）	每一施工作业段，每一层检查3个断面共9点	水准仪抄平	≤20	

注：其他检测指标及频率参见 JTGF 80/1—2004 表 4.2.2 执行。

6）路基压实度的评定

为保证路基的施工质量，路基的压实度一律按重型压实标准控制即以重型击实试验法来确定路基填土的最大干密度 ρ_{max} 和最佳含水量 w_o（%）。路基压实合格后要求达到的压实度（K）是此时工地实测的路基干密度 ρ_d 与最大干密度 ρ_{max} 的比值：$K=\rho_d/\rho_{max}$

要求达到的压实标准见表 9-2。

① 特殊路基压实度

对在潮湿、过湿路基，软土地基上填筑的路基，压实标准则以路基设计及施工技术规范规定的标准为准。

② 单点压实度测定值的极值规定

单点压实度测定值：指施工现场实测压实度的单点最低值不得小于标准值减 5 个百分点。单点实测值小于规定极值的点为不合格点，应局部返工。

③ 路基压实度合格点的定义

验收段压实度代表值不小于规定值减 2 个百分点为合格点。小于规定值 2～5 个百分点的测点，在进行压实度合格率评定时，应按其数量占评定路段总检查点的百分率扣分。

④ 路基压实度的评定

每一层每一验收作业段或施工作业段，实测压实度 K 应满足下式要求：

$$K = \overline{K} - t_a s/\sqrt{n} \geqslant K_0 \qquad (9\text{-}1)$$

式中 K——验收段实测压实度代表值,%；

$\overline{K}$——验收段 n 个测点实测压实度平均值,%；

n——检测点数；

s——n 个检测点的标准差；

K_0——压实度标准值,%；

t_a——t 分布表中随测点数和保证率（或置信度 a）而变的系数,（取 90%）。

2. 挖方路基施工

挖方路基施工前应做好下列准备工作：

（1）进行施工放样，核实挖方工程量及挖方调运线路图；

（2）路基开挖前对沿线挖方土质进行试验。

做好挖方路基的排水设施（如截水沟或临时排水措施）。所有挖方路段必须开挖出土质边沟（其断面形式见设计图纸），以截断影响路基稳定的地面水、地下水，使路基处于干燥、坚固状态，以保证成型路基的稳定。

检查各种施工机械的品种、数量及运行质量并做好保养工作。

3. 路基开挖的监理重点

（1）开挖前应清场并将清场土运至监理工程师指定的地点储存。

（2）挖方路基的弃土，一般应移挖作填。若设计文件无明确规定时，承包人不得随意动用，而应按监理工程师的指令处理。

（3）挖方路基应按设计的横断面及边坡坡度要求，自上而下逐层开挖，不得乱挖、超挖和欠挖。严禁掏洞取土，更不得因开挖方式不当而引起边坡失稳或坍塌。

（4）挖方路基施工，边坡修整与边坡的稳定是影响施工质量的主要工序之一。当高度小于 8m 时土质边坡按 1∶1 设置，顶部设置碎落台及截水天沟。

（5）路堑路床的表层下为有机土、难以晾晒与压实的土或 CBR 值较低的土壤，不宜做路床用土时，均应清除后用质量符合规定的土换填。

（6）路堑路床深度范围内的压实度应到规范规定的压实标准。施工时宜全部翻松，分层回填，分层压实。若含水量过大还应晾晒。

（7）挖方路基施工标高，应考虑因压实的下沉量，其值应由试验确定。

4．特殊路基处理监理要点：

（1）路线穿过水塘（或水田）段应全部清除淤泥，常水位以下部分采用砂砾石回填并压实，厚度不小于 50cm，同时碾压稳定后的填土高度应高于常水位 0.5m 以上。

（2）路基位于拆除旧建筑物地段，为保证路基均匀性，应将墙身、基础等残留物全部清理干净，清理后原地表土质较好路段可整平碾压后分层填筑，原地表土质较差或由于长期积水形成淤泥质，应采用砂砾石回填并压实。

5．路基防护

（1）质量控制

路基防护工程包括路堑和路堤边坡、堆坡、混凝土预制块的绿化和砌筑（混凝土）工程，支挡工程等，其质量控制应满足合同图纸、合同文件的要求。

（2）工序检查

驻地办按工序检查程序对以下工序进行检查验收，每道工序检查认可后，方可进入下道工序。

1）材料试验及混合料料配合比试验；

2）测量放线；

3）现场清理和整修；

4）砌（浇）筑、喷洒（播）工序自检报告；

5）驻地办进行工序检查认可；

6）分项工程《中间交工报告》；

7）单项工程验收和签发《中间交工证书》。

6. 排水工程

(1) 质量控制

排水工程（系统），包括截水沟、排水沟、边沟、横向排水沟等，其质量控制应满足合同图纸和合同文件的要求。

(2) 工序检查

驻地办应按工序检查程序对以下工序进行检查验收，每道工序检查认可后，方可进入下道工序。

1）材料试验及混合料配合比试验；

2）测量放线；

3）现场清理与整修；

4）砌（浇）筑工序自检报告；

5）驻地办进行工序检查认可；

6）分项工程《中间交工报告》；

7）单项工程验收和签发《中间交工证书》。

7. 锚喷和喷射水泥混凝土的质量控制

(1) 实施工程的质量应满足合同图纸及合同文件规定的质量标准；

(2) 喷射前应做好被喷岩面的清理，清理杂物、拨动土石，并用高压水冲洗；

(3) 所钻锚孔要做到定位准确，孔深孔径符合图纸要求，钻孔完毕应吹净孔内粉尘；

（4）锚杆（索）安装要到位，满足设计要求的长度，对于喷混开口有挂网，网的规格和质量应符合相关规定，并经试验检测合格，且应与锚杆（索）和岩面有着牢固的连接；

（5）喷射混凝土（砂浆）应事先做好符合性配合比工作，如强度在设计图中未作明确规定的，其强度不低于 M10；

（6）喷射混凝土（砂浆），在实施前应进行试喷，在经监理工程师检验满足要求后，方可进行大面积施工；

（7）喷射外观应具表面平整，呈湿润光泽，无干斑无滑移现象，且喷射后回落物严禁重复使用；

（8）锚杆（索）质量及加工要求应符合合同图纸。

8. 预应力锚索

（1）审批开工报告，包括对承包人的测量、施工方案、安全技术措施等进行审批；

（2）驻地办对承包人提供的测量放线进行复测认可；

（3）施工过程中，对控制工程的位置、高程、几何尺寸、孔位布置、定位的准确性进行监督检查认可；

（4）预应力锚索包括钻孔、锚索制作、锚索安装、注浆、张拉、锚固、等有关施工作业；

（5）驻地办审查和抽检材料、混合料配合比，符合要求后准予开工；

（6）工序检查：

1）施工前监理工程师应会同承包人及设计人员对施工范围进行实地复测使布孔和定向符合设计图和实际地质条件；

2）钻孔施工监理工程师应随时对钻孔的倾角进行检测和纠偏；

3）钻孔完成后应对孔进行清理，孔内不得有积水、杂物；

4）编制锚索前应将钢绞线表面除绣，在自由段应涂防绣剂，钢绞线不得有绞麻花现象；且自由段护套不得有破损；

5）锚索安装前应检查孔深，以保证孔深与锚索长度一至，并满足设计要求；同时应检查附件排气管是否完好；

6）张拉和注浆应分两次进行，二次注浆的次日，应逐孔检查注浆是否饱满，否则应进行复注；

7）监理工程师督促承包人进行抗拔力试验，并对抗拔力进行抽检，符合要求后签认《中间交工证书》。

9. 抗滑桩

(1) 监理程序：

1）驻地办对承包人提供的测量放线进行复测认可；

2）施工过程中，对控制工程的位置、高程、几何尺寸、桩位布置、定位的准确性进行监督检查认可；

3）审查承包人各项试验及混合料配比试验，并同步做好验证试验以及在施工过程中，随机抽样进行符合性试验；

4）驻地办审查实施方案，包括环保和安全措施；

5）驻地办检查施工准备情况；

6）条件具备批复开工；

7）开挖中监理工程师应对滑面情况随时核对，如其实际情况与图纸出入较大时，应及时按程序和权限处理；

8）做好和检查抗滑桩区域内的临时排水，特别是桩区地表、孔口处，有必要时孔口应搭设雨棚；

9）对于桩孔内需爆破的，应做到小爆破、慢掘进、防松动。

(2) 工序检查：驻地办旁站监理应全天候、全过程进行跟踪监控，对施工中每道工序进行检查，认可后，方可进入下道工序。

(3) 按程序签认《中间交工证书》。

第三节　路基工程验收质量管理

1．施工阶段各分项施工工程，完成分段施工，经承包人自检合格，并向高级驻地监理工程师申请进行中间交验，特别要求所有中间交工验收的工程各项检测指标必须达到精品工程的要求，特别是路基边坡、路基标高、横坡等以往路基工程忽视的“死角”，否则必须返工。

2．当承包人已按工程承包合同的有关规定及设计文件的要求完成路基施工任务，并按河南省交通厅下发的《河南省公路工程竣工文件材料立归档整理细则》的有关规定编制好竣工文件（驻地办也应编制相关资料），由承包人申请对承建的整个路基工程进行交验，总监办工程部按照规范要求组织路基工程交工验收工作，交工验收合格，承包人方可以进行路面工程施工。

3．完工验收的程序：

（1）对每一项完工的分项工程，承包人应按《公路工程质量检验评定标准》（土建工程）（JTG F80/2—2004）或业主提出的专用验收标准中所规定的检测项目与检测频率，逐项进行检测。

（2）承包人将检测成果填入“完工质量交验单”，报监理工程师抽检与审核。

（3）监理工程师收到承包人的质量交验单后，按规范要求抽检频率进行抽检与质量评定。

（4）按《公路工程质量检验评定标准》（土建工程）（JTG F80/2—2004），由监理工程师对完工交验的分项工程、分部工程、单位工程进行质量等级评定。

第十章　桥涵、结构物施工监理

第一节　桥梁施工准备监理事项

一、材料及成品、半成品构件质量控制

材料及成品，半成品构件质量控制，应遵照监理实验工作程序的有关规定执行。

1．进场前材料检查

在施工准备阶段，监理工程师应向承包人提出建设性意见，以便为施工打好基础。一般在当地采购材料时，在订货前承包人应向高级驻地或桥涵专业监理工程师报送拟购材料名称、规格、数量，使用工程部位、产地（厂家名称）等，并附有关材料物理力学性能试验报告及样品，征求监理工程师意见。监理工程师同意后，将保留样品备案，直到竣工。尽管监理工程师同意进程场，仍有权对进场后的材料进行检查，提出要求。

2．进场材料质量控制

试验监理工程师，应按合同、规范规定的项目和频率，检查承包人进场材料的试验工作，审批试验报告，安排监理试验室的验收试验。

监理试验室验收试验的项目和频率，以及当某些材料检验时标准、合同、规范无明确规定的，应由总监的职能部门人员会同试验工程师研究确定，报请总监审查批准后，通知各高级驻地监理工程及中心试验室和承包人共同执行。

进场材料质量检查结果，应作为有关工程审批申请开工报告的依据之一。

3. 施工中材料质量控制

除合同、规范规定的材料质量控制要求外，现场监理应根据进场材料数量、规格及目测形状变化，指令承包方增加试验项目和测试频率。指令应由监理工程师助理以上人员用书面发出。

4. 自采加工材料质量控制

承包人设场开采加工材料，应事先向总监、高级驻地或分管该分项工程的专业监理工程师报送设场开采计划。其内容详列如下：

(1) 开采材料名称、规格、设场地点、拟采数量，估计蕴藏量等；

(2) 用于开采加工的工艺、机具设备数量、型号及准备情况；

(3) 自采加工和外购材料的经济比较方案，附试采及加工的样品，承包人应得到监理方面正式复批后，方可开采。

监理在批复承包人设场采料计划的同时，应通知该采料场责任监理人员及监理方式。

5. 外购成品及半成品构件

承包人在签订较为重要的外购成品及半成品构件合同前，应向高级驻地或该分项工程专业监理工程师书面报告外购计划。详列：

(1) 拟购构件名称、规格、数量及应用工程部位；

(2) 构件生产厂名、地址、生产工艺及质量标准，并附产品质量检验证书及抽样测试技术报告；

(3) 是否派人员赴现场考察厂方施工工艺及质量控制情况。

监理在批复外购件报告的同时，通知该方面责任监理人员。

6. 材料及成品、半成品构件质量控制

试验监理工程师负责本合同段材料及有关质量检查的监理工作，安排监理试验室工作。根据各工程范围和各专业监理工程师研究与协调试验工作。

监理方式可视情况，从下列方法中选用：

(1) 旁站材料取样；

(2) 抽查或定期检查承包人试验记录；

(3) 旁站试验，其中又分为重要试验环节旁站和全过程旁站；

(4) 平行试验，重要试验内容或因工期紧迫，安排监理试验室和承包人试验室进行同项目，同材料，同方法的试验；

(5) 除合同、规范确定的项目及频率的监理验收试验外，如果对承包人试验结果有疑问，可以安排监理复核，在该复核试验未完成前，承包人不得将其试验结果用于工程；

(6) 如果对承包人试验结果有疑问，可指令承包人做复核试验，或委托外单位试验，复核前次试验结果。该指令应由试验工程师、试验工程助理以书面形式发出，第二次的试验费用按合同有关规定办理。

7. 执行监理程序的人员安排

某分项或分段工程，材料试验的责任监理人员，应由试验工程师按监理程序确定，由试验工程师助理或试验监理员担任。某些材料试验监理工作，可由现场监理担任。

(1) 批复时限

应在监理程序规定时间内批复承包人。

(2) 试验报告批复

监理工程师审查承包人试验报告后，应签署意见。中心试验室应把复核性材料检查及有关测试结果，以及对承包人试验报告批复情况，及时通知专业监理工程师。并抄送承包人。

8. 材料及构件进场、储存及搬运

（1）监理工程师应提示和监督承包人依照工程进度安排进场材料数量和规格；

（2）应按合同、规范要求搬运及储存材料，注意水泥防潮、钢筋防锈，砂、石应分类堆放，并处理地基以防混杂和污染，各类材料应设标签；

（3）成品构件运输及堆放应符合规定的受力要求，避免产生不合理的附加应力，使构件变形、受损、开裂。

9．不合格材料

（1）材料性能一次抽样不合格，承包人可按合同，规范规定，要求增加抽样频率做二次试验，二次试验确定为不合格材料后，应由承包人自费清理出场；

（2）不合格材料审定，应由试验工程师会同专业监理工程师最后确定，由试验工程师书面通知承包人；

（3）确定为不合格材料后，现场监理工程师应要求承包人将其集中堆放，并加标签；

（4）试验工程师应将不合格材料鉴定结果及处理意见报告高级驻地、总监。

二、工地试验室

1．工地试验室建立情况，是审批承包人申请开工报告的依据之一。应由总监、高级驻地带领试验工程师和有关专业监理工程师协同市质监站派驻本工程监督工程师，现场检查承包人工地试验室建立情况。检查要点：

（1）工地试验室位置及规模是否适应工程试验要求；

（2）承包人试验工程师极其助手的资历、人数和到位情况；

（3）宜按工程情况分门类检查试验仪器、设备、工具的数量、型号和适用性能，如；按土工试验、混凝土试验、钢筋试验等；再按工程质量检测要求分类，如土基承载力测试，土基压实度测定，混凝土强度测定，弯沉测定等；

（4）宜注意混凝土试件标养设备的容量和工程规模适应情况；工地试验用车、工地通讯手段配置情况等；

（5）对技术难度较大的测试项目，如橡胶支座性能测试、预应力钢筋、钢材和锚、塞具的测试及标定，应事先报告拟委托的单位及具体方案，申报监理工程师同意；

（6）开工前工地试验室建立情况检查，宜着重在即将开工的工程所应使用的试验器具和设备方面。

2．试验的监理检查工作，应由试验监理工程师及其领导下的试验室专门负责，并按以下要求工作：

（1）对整个工程项目进行数据控制和检验测定，应要求有相应的规模、设备、数量等，以便能满足上述要求，同时应配相应的人员及相应的制度和分工；

（2）对承包人的工地试验室的设备、人员、制度等进行监督、检查和管理，以使其与中心试验室的工作标准一致。对承包人工地试验室的设备和仪器进行检验、监督标定。试验结果应以中心试验室的试验结果为准，并应以统一表格记录、保存；

（3）中心试验室的具体试验工作分为以下几大项，即；验证试验、标准试验、工艺试验、抽样试验、验收试验。各项试验的具体工作内容，见《公路工程施工监理规范》（JTJ 077—95）。

三、技术准备

应检查和督促承包人做好如下几个方面的工作：

（1）熟悉、审查施工图纸和有关的设计资料，对设计文件进一步了解和分析。进一步了解桥位处的地质、水文和气象资料；了解设计标准、结构细节的质量要求；详细了解设计中考虑采用的施工方法；了解施工监理有关文件、要求和程序；

（2）原材料试验；

（3）试验器具及张拉设备的检验与标定；

（4）施工现场准备；

（5）实施性施工组织设计：

1）实施性施工组织设计是指导全过程施工活动的技术、经济文件；根据设计文件及有关资料，施工合同文件资料及投标书，施工技术规范及有关的技术标准、规程进行编制。

2）施工组织设计内容：

①编制说明；主要介绍工程概况、主要工程数量，施工组织活动的概括介绍；

②施工组织机构及施工部署；质量保证体系及质量保证措施；建立施工管理规章制度及奖罚措施；

③主要施工方案的选择及施工设计；施工技术管理措施；确定施工程序，选择施工方法和施工机械。确定要达到的质量标准的工艺要求和技术指标；

④施工准备工作及临建工程；

⑤进度计划安排及主要工程形象进度；

⑥物资、人员、机械、费用计划；

⑦新技术、新工艺、新材料、新设备的应用及增产节约措施；

⑧安全生产、文明施工、环境保护、季节施工的技术组织措施；

⑨施工平面布置图。

（6）质量保证体系

1）施工企业根据自己的发展目标和特点，参照质量管理和质量保证国际标准和国家标准系列标准中所列的质量体系要素，选用和增删，建立健全质量保证体系，加强计量、检测等基础工作，抓好职工培训，提高企业技术素质。施工单位应使质量管理，开展一系列有系统、有组织的活动，提高企业证实文件，加强内部质量监督、定期质量审核，对质量体系评审和评估，达到提高工程质量的目的。

2）施工阶段质量控制：

①开工前准备阶段的质量控制；

②施工过程中的质量控制，重点控制工序质量，如工序交接检查，质量预控对策，技术交底、图纸会审，材料、构件结构试验，隐蔽工程验收，计量器具校验，质量文件档案等；

③最终质量控制，准备竣工验收资料，组织自检和初步验收，按质量评定标准和办法，对完成的分项、分部工程，单位工程进行质量评定，进行竣工测量，恢复交工桩标。按竣工验收要求编制竣工图表及其他竣工资料，搞好验收前养护工作。

第二节　桥梁测量监理

工程测量监理工作应按测量监理程序执行。承包人的测量部门应按内部管理及质检体系，确定相应测量内容的责任工程师级别，自检以及与监理工程师协调方式。

一、施工前交、接桩事项

一般由业主安排勘察设计单位向承包人和监理工程师交桩。业主也可委托其他方面人员交桩。

1. 交桩内容

（1）本合同段平面控制桩、转角桩、方向桩、大中桥和涵及重要构造物定位桩等；

（2）高程控制桩；

（3）控制桩的护桩。

2．交桩要点

（1）路线起、止控制桩与国家控制桩（平面，高程）的连接关系及精度；

（2）重要桩位丢失过多，应要求原勘察设计单位补测。

3．接桩

交桩数量和精度已满足施工要求时，承包人应签署接桩文件。

二、桥梁施工测量监理工作

1．开工前

测量监理工程师（下称测量工程师）应审查承包人下列内容，并以其结果作为批复承包人申请开工报告中测量工作准备情况的依据：

（1）承包人的测量组人员数量、资质、测量仪器种类、数量、精度级别及工作状态；

（2）本合同段控制桩（平面、高程）的连接关系及精度；

（3）护桩的恢复和补充（按正常施工）情况；

（4）即将开工路段和构造物的施工测量及放样情况；

（5）桩的制作、埋设、保护情况。

2．施工中

测量工程师应安排监理测量组进行下列工作：

（1）对桥、涵构造物施工中重要工程部位，应对承包人测量、放样自检报告组织复核测量；

（2）检查现场监理人员要求的测量、放样复核工作是否办理；

（3）经历雨季或按规范规定的施工时间间隔，如每隔半年督促承包人复核本合同段控制桩，并审核其测量结果。

3. 竣工后

测量工程师安排监理测量组进行下列工作：

(1) 检查承包人全线（已竣工路段）恢复路线和路线竣工验收测量工作，审批竣工测量报告，视情况组织部分路段复测；

(2) 检查承包人全线（已竣工）桥涵及其他设施竣工验收的测量资料，按总监或驻地监理要求组织复核测量，审核批准测量报告；

(3) 核实因变更设计引起工程数量变动所需的测量内容；

(4) 检查、督办总监、高级驻地和现场监理人员要求的其他测量工作。

三、施工测量、放样核验

1. 开工前检查工作

在开工前，应检查承包人如下测量内容，并审核测量报告；

(1) 人员及仪器配置情况，仪器精度及使用状态；

(2) 桥位桩、基线桩以及重要部分桩位测量、放样工作；

(3) 护桩分布及精度；

(4) 监理复核测量内容和方法：

1）监理工程师应扼要复核设计图纸上全桥控制桩的关系，以及全桥平面和高程尺寸关系；

2）桥梁工程测量放样工作的检查和复核，应由测量工程师与桥梁专业工程师研究和协调进行，但测量工程师为主要负责人；

3）测量工程师安排监理测量组人员，检查承包人测量放样工作：测量工程师和桥梁专业工程师审核承包人测量报告后，决定监理复核测量内容；

4）现场测量、放样过程中或资料审核时，如确实存在精度或其他问题，应有承包人测量人员解释，必要时指令复测部分或全部桩位，如确系设计问题，应会同设计单位研究解决；

5）测量工程师批复承包人测量放样报告，并把该项执行结果和批复意见报告驻地监理，以作为批准开工申请报告依据；

6）宜绘制并在监理办公室张贴全桥测量资料综合示意图。图上详列：桥位桩、基线桩、主要分部桩及护桩的编号、坐标、距离、方位角、曲线资料、水准点资料等。综合示意图上列出导线点坐标、桥位及分部桩位坐标表、导线距离和夹角资料表、桥位及分部桩位放样资料表、路线曲线资料表、水准点表等；

7）制作并张贴全桥测量资料综合示意图的目的是除了测量方面人员外，有关监理人员对全桥测量资料有一整体性了解，同时也方便查找有关基本测量资料。实际工作中也可将该图分解为几个互相配合的图表。

2. 施工测量检查要点

（1）一般、经常性的检查，包括：

高程、平面控制基点桩、桥涵中心桩及测量资料的复核、核对；布网是否通视，不受干扰，基点埋石是否牢靠，编号是否清晰；桩志总图的检查；补充的水准点，桥涵中桩精确与否；各种测量方法如二级坐标法，直角坐标法，方向线交合法操作正确与否，等等。

（2）平面、水准控制测量

1）平面控制网

平面控制网可采用三角测量、导线测量、三边测量、边角网的测量和 GPS 测量。平面控制网的划分，三角测量、三边测量依次为二、三、四等和一、二级小三角、小三边；导线测量依次为二、三、四等和一、二、三级。GPS 测量，其等级依次为 B、C、D、E，多等级的采用应根据工程需要选择。

桥梁网宜采用桥轴线独立坐标系，桥轴线相对精度的估算可按桥墩、台定位精度和相对定位精度求得：

$$Me/L = 0.4(\sqrt{2}\Delta D)/2L = 0.28(\Delta D/L) \qquad (10\text{-}1)$$

式中 Me/L——桥轴线的相对精度；

ΔD——墩、台定位限差；

L——桥轴线长。

0.4 是按控制误差占总的定位误差 1/10m 考虑，桥轴线超过 1000m 的特大桥梁应按严密方法进行精度设计。

2）一般大、中桥的三角控制测量

三角网的基线不应少于 2 条，依据当地条件，可设于河流的一岸或两岸。基线一端应与桥轴线相连，并尽量近于垂直。当桥轴线较长时，应尽可能两岸均设基线。长度一般不小于桥轴长度的 0.7 倍，困难地段不得小于 0.5 倍。设计单位布设的基线桩精度够用时应予以利用；三角网所有角度宜布设在 30°～120°之间，困难情况下不应小于 25°。

① 三角测量的主要技术要求，详见表 10-1、表 10-2、表 10-3、表 10-4、表 10-5。

② 三角网平差，一般按角度以条件观测平差为主。平差结束后，验算精度应符合表 10-2 的规定：

a. 三角网测角中误差：

$$M_\beta = \sqrt{w^2/3n} \qquad (10\text{-}2)$$

式中 M_β——测角中误差（″）；

w——三角形闭合差；

n——三角形的个数。

b. 测边单位权中误差：

$$u = \sqrt{Pd^2/2n} \qquad (10\text{-}3)$$

式中 u——测边单位权中误差；

d——各边往返距离的较差，mm，应不超过按仪器标称精度的极限值（2倍）；

n——测距的边数；

P——各边距离测量的先验权，其值为$1/\delta_D^2$，δ_D为测距的先验中误差，可按测距仪的标称精度计算。

③ 任一边的实际测距误差：

$$M_{di} = u\sqrt{1/P_i} \quad (10\text{-}4)$$

式中　M_{di}——第i边的实际测距中误差，mm；

P_i——第i边距离测量的先验权。

当网中的边长相差不大时，可按式（10-5）计算平均测距中误差：

$$M_{di} = \sqrt{d^2/2n} \quad (10\text{-}5)$$

式中　M_{di}——平均测距中误差，mm。

3）高程控制测量

① 水准测量等级的确定，应符合下列要求：2000m以上特大桥一般为三等，1000～2000m的特大桥为四等，1000m以下桥梁为五等。水准测量的登记划分及主要技术要求，见表10-1～表10-6。

三角测量等级　　**表10-1**

等　级	桥梁桥位控制测量
二级小三角	<500m特大桥

三角测量的主要技术要求　　**表10-2**

等级	平均边长（km）	测角中误差（″）	起始边边长相对中误差	最弱边边相对中误差	测回数			三角形最大闭合差（″）
					DJ_1	DJ_2	DJ_6	
二级小三角	0.3	±10.0	≤1/20000	≤1/10000	—	1	3	±30.0

水平角方位观测法的技术要求　　　　表 10-3

等级	仪器型号	光学测微器两次重合读数之差（″）	半测回归零差（″）	一测回中 2 倍照准差变动范围（″）	同一方向值各测回较差（″）
四等及以上	DJ_1	1	6	9	6
	DJ_2	3	8	13	9
一级及以下	DJ_2	—	12	18	12
	DJ_6	—	18	—	24

注：当观测方向的垂直超过 ±3°的范围时，该方向 2 倍照准差的变化范围，可按相邻测回同方向进行比较；

测距的主要技术要求表　　　　10-4

平面控制网等级	测距仪精度等级	观测次数		总测回数	一测回读数较差	单程各测回较差	往返较差
		往	返				
二、三等	Ⅰ	Ⅰ	Ⅰ	6	≤5	≤7	$\leqslant\sqrt{2}\ (a+bD)$
	Ⅱ			8	≤10	≤15	
四等	Ⅰ	Ⅰ	Ⅰ	4 ~ 6	≤5	≤7	
	Ⅱ			4 ~ 8	≤10	≤15	
一级	Ⅱ	Ⅰ	—	2	≤10	≤15	
	Ⅲ			4	≤20	≤30	
二、三级	Ⅱ	Ⅰ	—	1 ~ 2	≤10	≤15	
	Ⅲ			2	≤20	≤30	

注：测回是指照目标一次，读数 2 ~ 4 次的过程；

根据具体情况，测边可采用不同时间段观测代替往返观测；

a—标称精度中的固定误差（mm）；

b—标称精度中的比例误差系数（mm/km）；

D—测距长度（km）。

电测距仪测量精度等级　　　　表 10-5

等　级	每公里测距中误差 m_D（mm）	
Ⅰ级	$m_D \leqslant 5$	$m_D = \pm\ (a+b-D)$
Ⅱ级	$5 < m_D \leqslant 10$	
Ⅲ级	$10 < m_D \leqslant 20$	

注：a、b、D 同表 10-4。

水准测量主要技术要求　　　　表 10-6

等级	每公里高差中数中误差（mm）		水准仪的型号	水准尺	观测次数		往返较差附合或环线闭合差（mm）
	偶然中误差 M_Δ	全中误差 M_W			与已知点联测	附合或环线	
五等	±8	±16	DS3	单面	往返各一次	往一次	$\pm 30\sqrt{L}$
四等	±5	±10	DS3	双面	往返各一次	往一次	$\pm 20\sqrt{L}$

② 水准测量，精度计算应符合表 10-6 的规定。

a. 高差偶然中误差 M_Δ 按下式计算：

$$M_\Delta = \sqrt{(1/4n)/(\Delta\Delta/L)} \tag{10-6}$$

式中　M_Δ——高差偶然中误差，mm；

Δ——水准路线测段往返高差不符值，mm；

L——水准测段长段，km；

n——往返测的水准路线测段数。

b. 高差全中误差。M_w 按下式计算：

$$M_w = \sqrt{(1/N)(WW/L)} \tag{10-7}$$

式中　M_w——高差全中误差，mm；

W——闭合差，mm；

L——计算各 W 时相应的路线长度，km；

N——附合路线或闭合路线环的个数。

当二、三等水准测量与国家水准点附合时，应进行正常水准面不平行修正。

③ 特大、大、中桥施工时设立的临时水准点，应根据设计单位测定的水准点测出，其高程偏差（$\triangle h$）不得超过：

$$\triangle h = \pm 20\sqrt{L}(\mathrm{mm}) \tag{10-8}$$

对单跨≥40m 的 T 型刚构、连续梁、斜张桥等的偏差（Δh）不得超过：

$$\triangle h_1 = \pm 10\sqrt{L}(\mathrm{mm}) \tag{10-9}$$

在山丘区，当平均每公里单程测站多于 25 站时，高程偏差（△h）不得超过：

$$\triangle h_2 = \pm 4\sqrt{n}(\mathrm{mm}) \tag{10-10}$$

式中 L——水准点间距离以公里计；

n——水准点间单程测站数。

高程偏差在允许值以内时，取平均值为测段间高差；超过允许偏差时应重测。

4）桥梁放样测量及质量要求：

① 直接丈量法进行墩台施工定位，以三角网进行复核；

② 大、中桥的水中墩、台和基础的位置，应用型号为 DJ2 或 DJ1 的 3 台经纬仪，从 3 个方向（其中一个方向为桥轴中线或顺桥向基础桩轴线）交会得出。交会的示误三角形在桥轴中线上的距离，在对墩底放样时不宜超过 25mm，对墩顶放样时不宜超过 15mm，将不在桥轴线的两个方向交会点垂直投影至桥轴线上，以垂足点作为三方交会的桥墩中心。交角应事先计算并核对，试用检验过的电磁波测距仪测定墩、台中心位置；

③ 曲线上的桥梁施工测量，应按照设计文件参照公路曲线测定方法处理；

④ 桥台翼墙、锥坡和调治构造物，应尽量争取在无水时测量放样。锥坡和调治构造物的平面多为曲线形，可根据设计的曲线方程以坐标法或其他方法测定；

⑤ 涵洞测量放样时，应注意核对涵洞纵横轴线的地形剖面图是否与设计图相符，应注意涵洞长度、涵底标高的正确性。对斜交涵洞、曲线上和陡坡上的涵洞，应考虑交角、加宽、超高和纵坡对涵洞具体位置、尺寸的影响，并注意锥坡、翼墙、一字墙和涵洞墙身顶部和上、下游调治物的位置、方向、长度、坡度，使之符合要求。

5）桥涵施工过程中和竣工核测

① 施工过程中，应经常检查桥涵结构浇砌和安装部位的位置和标高，并对承包人的测量结果进行校核。对桥轴线超过1000m的特大桥梁和结构复杂的桥梁施工过程，应跟踪监测承包人的沉降变形。

② 桥梁竣工后的测量

应对承包人的竣工测量结果进行校核。测量项目如下：

a. 测定桥梁中线、丈量跨径、桥宽、桥长；

b. 丈量墩台（或塔、锚）各部尺寸；

c. 检查墩帽及支座垫石的高程；

d. 检查支座位置及底板高程；

e. 检查桥面高程。

第三节　桥梁明挖地基

一、明挖地基质量监理基本要求

现场监理工程师应充分阅读并了解设计提供的工程地质资

料，在明挖地基或钻孔过程中，核对地质情况，如由地质剖面图或其他途径得知基础地基下有涌泉、流沙等特殊地质情况存在时，宜告诉承包人或考虑有关准备措施。当基底地质与设计文件不符或测定基底承载力不能满足设计要求时，应会同设计，施工部门研究解决。

二、基坑质量要求

1．基坑坑壁坡度

基坑坑壁的坡度，应按地质条件，基坑深度，施工方法等情况确定；当为无水基坑，且土层构造均匀时，坑壁坡度可参照表表10-7确定。

当土的湿度，有可能使坑壁不稳定而引起坍塌时，坑壁的坡度应缓于该湿度下土的天然坡度或采取坑壁加固措施。

2．基坑顶面的排水

基坑顶面应设置排水沟，沟的断面应能满足排水要求，并及时排于基坑以外的地区。挡板支护坑壁的基坑：基坑开挖较深（不大于5m），坑壁不易稳定，并有地下水影响或放坡受到限制以及放坡工程量大，可按具体情况，采取挡板支护措施。

基坑坑壁坡度 **表10-7**

坑壁土类	坑壁坡度		
	坡顶无荷载	坡顶有静荷载	坡顶有动荷载
砂类土	1:1	1:1.25	1:1.5
卵石、砾类土	1:0.75	1:1	1:1.25
粉质土、黏质土	1:0.33	1:0.5	1:0.75
极软岩	1:0.25	1:0.33	1:0.67

三、围堰质量要求

1. 围堰高度　应高出施工期间可能出现的最高水位（包括浪高）50～70cm。

2. 围堰外形　应考虑流速增大，河床集中冲刷，通航及导流等对围堰的影响，并应满足堰身强度和稳定的要求。

3. 堰内平面尺寸　应满足基础施工的需要。

4. 围堰防水　要求防水严密，减少渗漏。

5. 对于钢板桩围堰　应注意检查围堰形状、内围尺寸，符合设计规定。

6. 对于钢套箱围堰　应注意下沉前河床清淤，就位准确。

四、明挖基础

1. 挖基前的准备：施工应尽量安排于枯水或少雨季节，开工前应作好规划和准备工作，开挖后应连续快速施工。

2. 基础位置和标高检验：基础的轴线位置及标高，应精确测定，经自检和监理检查无误后，方可施工。

3. 基坑安全防护：在邻近其他结构附近时，开挖基坑，应有可靠的防护措施。

4. 基坑废土处理：应按环保规定，规划好废土的处理。

5. 挖基：

（1）基坑不论采取何种方法开挖，基底均应避免超挖。已超挖或松动部分，应视情况处理。超挖部分不得用土或石料回填，松动部分应清除干净。

（2）挖至标高的土质基坑，不得长久暴露、扰动或浸泡，并应迅速检查基坑尺寸、高程、基底土质强度。符合要求后，立即进行基础施工。

(3) 排水有困难或具有水下开挖基坑设备，可用水下挖基方法。但应保持基坑中的原有水位高程。水下挖土设备，视土质而定。

(4) 河床为砂类土或砾类土时，可用水力吸泥机吸土。

(5) 河床为粗粒土或巨粒土，其最大粒径不大于20cm，可用空气吸泥机或高压射水吸泥。使用于黏质土时，宜先破坏土的结构。

(6) 用反铲、拖铲挖掘机或吊机配抓泥斗等挖掘机械在水中挖基，适用于各种土质，但开挖时不要破坏边坡的稳定，并应尽量控制超挖。

五、地基处理质量要求

1. 地基处理

地基处理对象，主要是软弱地基土和特殊地基土。处理后的地基，应使地基土有足够的强度和抗沉降的能力，以满足设计要求。

2. 处理地基要求与方法

地基处理应根据地基土的情况，即土的种类，土质的强度和密度，按设计要求，结合现场情况，采取相应的固结和加固方法。

3. 处理范围

地基处理的范围至少应宽出基础之外0.5m。

4. 细粒土及特殊土地基处理

(1) 细粒土或特殊土类的软弱黏土层、粉砂土层及湿陷性黄土，这类土强度低、稳定性差。处理时应视该类土的处治深度、含水量等情况，按基底的要求采取加固的方法处理，以满足设计要求。

（2）符合设计要求的细粒土。特殊基底，整修妥善后，应尽快修建基础，不得使基底浸水和长期暴露。

5. 粗粒土和巨粒土地基处理

对于强度和稳定性满足设计要求的粗粒土及巨粒土基底，应将其承重面平整夯实，其范围应满足基底的要求。

6. 泉眼地基的处理

（1）基底泉眼，不论采用何种方法，都不应使基底饱水。

（2）基底冒水，应查清原因，结合工程情况，进行处理。当为砂类土基底，可填碎石至适当厚度（一般为20~25cm）之后，修筑基础。

（3）堵眼，将有螺丝口的钢管，打入泉眼，盖上螺帽并拧紧，或在泉眼内，注入速凝水泥砂浆液，堵塞泉眼。或用引流排水，将管子嵌入泉眼，用水管将水引出基础之外，并适当设置防滤层渗井。

六、基础质量检验

1. 基础的检验

基底开挖完成之后，首先由施工人员自检，确认地基承载力、标高、几何尺寸等合格之后，填写报验表，报请驻地监理检验，经签认后，方得继续施工。

2. 基底平面位置和标高允许偏差规定如下：

（1）轴线偏位：2.5cm；

（2）平面周线位置：不小于设计要求；

（3）基底标高：土质±5cm；石质+5cm；-20cm。

七、施工监理方式

施工监理工作负责人为桥梁专业监理工程师。

1. 监理方式

(1) 开工准备检查及批复;

(2) 施工应加强现场检查，其中浇注混凝土工序应安排旁站;

(3) 现场监理检查施工工艺执行和工程质量及安全情况、承包人施工原始记录及质量自检报告检查及签批等。

现场监理员应协助承包人研究处理施工过程中有关技术问题，并审定处理方案。重大技术问题应按监理程序规定，及时呈报桥梁专业监理工程师，确定处理方案。

2. 质量验收内容:

(1) 钢筋制作与安装检查资料;

(2) 混凝土拌合及浇注资料，以及混凝土试件强度报告。

第四节　钻孔灌注桩基础

一、钻孔灌注桩施工监理事项

1. 开工申请报告

桥梁工程钻孔灌注桩工程施工开工申请报告应包括在全桥开工报告中。开工报告应详列施工桥名，桥位桩号，拟采用施工工艺及具体准备情况，按合同规范及监理程序定期要求向高级驻地递交书面报告。

2. 开工准备监理要点

（1）实施性进度安排、施工组织设计、人员机具进场情况、钻孔、成孔及混凝土成桩工艺及检查等项内容。具体施工准备又包括导管检查（试拼及密闭性试验）、护筒制作及性能（比重，稠度）测定、钢筋制作及检查等项内容。

（2）材料及混凝土配合比审定

按常规混凝土工程要求对进场的砂、石料、水泥、钢筋材料现场检查，审核承包人自检报告，确定并执行监理复核试验。

（3）施工测量及放样

承包人应提供桩位平面图，详列桩位施工顺序，桩位分布情况。

监理测量组负责复核承包人桩位测量资料，包括平面、高程桩及护桩，复核应从路线或桥位控制桩开始。

（4）施工现场平面布置图

承包人应按平面布置图布设施工作业区，材料储放、机械停放及维修、施工和机械车辆行驶道路、生活设施等，使施工安全、方便、现场整齐。

3. 批复工作应注意问题

钻孔灌注桩施工准备应由现场监理人员检查，其中涉及试验和测量放样内容由试验工程师和测量工程师检查批复外，由现场的桥梁工程师提出开工准备批复意见，由高级驻地下达开工令。

二、钻孔灌注桩监理要点

1. 施工准备

资料准备：钻孔地质资料、施工方案、施工机械、水泥及地材、施工工艺试验、安全、环保等要求。

2. 钻孔准备

（1）护筒

1）构造要求：材料，内径。

2）技术要求：不同钻孔，对护筒的不同高度要求；有承压水时的高度要求；处于潮水影响地区的高度要求。

3）底端埋深要求：旱地或筑岛，冰冻地区冬期施工；深水及河床为软土；有冲刷影响的河床处的不同要求。

4）护筒连接处要求：筒内无突出物，耐压，耐拉，不漏水。护筒拆除措施。

（2）泥浆配制及使用

泥浆配合比，原料的性能要求和需要数量；泥浆配制方法，沉浆的性能指标，泥浆净化回收使用，如泥浆池、循环槽等。

应防止净化后的废浆沉渣污染环境及宜采取措施。

（3）钻孔机具

无论采用何种钻孔方法，对钻孔扭矩功率、钻锥形式、钻杆截面、钢丝绳规格、泥浆泵泵量、泵压、真空泵真空度、吸泥泵吸量、空举法压缩空气的压力、排气量等应按钻孔直径与深度、地层情况、工期设备条件选择。

3．钻孔施工

（1）一般要求

钻孔就位前检查，大中桥钻孔地质剖面图及选用适当的钻锥、钻进速度及泥浆、施工记录、钻机安装检查；钻孔泥浆试验，稳定钻孔内水头措施，操作要领。

（2）钻进

孔位检查，钻锥选用，钻孔故障及处理方法，包括：坍孔、钻孔偏斜、扩孔、缩孔、钻孔漏浆、梅花形孔及处理。糊钻、埋钻、卡钻、钻物掉落等。

（3）清孔

钻孔深度达到要求后，应对孔位、孔深、孔径、孔形、孔斜、沉渣厚度进行检查，清孔方法及检查。

4. 灌注混凝土

（1）注意：钢筋骨架制作技术要求及检查；变截面桩钢筋骨架，吊放要求。

（2）灌注混凝土应配备的机具及性能、数量、技术要求，应考虑备用数量。导管上口应设置的储备计留槽、漏斗等设备检查，漏斗底口高度检查，导管性能及隔水措施检查。灌注期间应配备的设备机具数量及要求。

（3）水下混凝土配制技术要求

水泥品种的采用，初凝时间，集料粒径，砂级配及含砂率；坍落度要求；外掺剂试验，水泥用量及配合比。

（4）水下混凝土灌注技术要求

灌注前孔底沉淀厚度检测，首批混凝土数量，灌注工艺要求，探测手段，导管埋深，灌注速度。变截面桩灌注混凝土技术要求，灌注后护筒的拔出。

5. 灌注过程中故障处理意见

灌注中发生导管进水时，应依次将导管拔出，将已灌混凝土表面沉淀土及已坍土吸除，将有底塞的导管插入混凝土表面下2.5m深处，在无水导管中继续灌注，然后提升0.5m导管使灌注的拌合物流出。

初灌发生导管堵塞时，多为隔水栓被卡。中期发生导管堵塞时，多为灌注期长。表层混凝土已初凝，应去除初凝物，在新导管内继续灌注，桩作为断桩应补强。灌注发生坍孔时，用吸泥机吸出混凝土表面的泥土后再灌注。如坍孔不停止，应拔出导管和钢筋骨架，将孔内用黏土或掺入5%～8%的水泥填满，待数日后孔位周围地区地层已稳定，再钻孔施工。

钢筋骨架发生上升现象，可能由于混凝土拌合物冲出导管底口后向上的顶托力造成，可将钢筋骨架顶端焊固在护筒上，或将主筋延至桩底，并注意灌注速度。

埋管，导管拔不动或拔不出称为埋管，常因导管埋置过深所致。若已造成故障，宜插入一直径稍小的护筒，重新下导管灌注。此桩灌注完成后，上下断层间应予以补强。若桩径过小，潜水无法下去工作，在吸出混凝土表面泥渣后，可用直径 10 ~ 15cm 输送管泵送余下的桩身混凝土。

桩头灌注结束后，桩头高程低于设计高程。多由于灌注过程中，孔壁断续发生小坍方，施工人员未发现，未处理，测深锤达不到混凝土表面而造成的。灌注近结束时，应采用带标尺的钢杆，下装开闭活门的取样钢盒，插入拌合物中直接取样，确定良好混凝土面的正确位置。

夹层断桩多因首批混凝土隔离层（或第二，第三批）已近初凝，流动性降低，在导管埋深较小时，续灌混凝土拌合物顶破隔离层上升，将已灌混凝土表面的沉淀土覆盖在混凝土拌合物下面造成的。应严格掌握首批混凝土拌合物的初凝时间。

混凝土严重离析，多为导管漏水引起水浸，地下水渗流等造成的。灌注混凝土拌合物应符合规定要求。检验导管的水密性，防止灌注中导管内发生高压气囊，在承压地下水地区，应测绘地下水的压力高度和渗流速度。

6. 灌注桩的补强方法

（1）压入水泥浆补强，先钻两个孔，分别作压浆和出浆使用，深度应达补强以下 1m，柱桩应达基岩。

（2）用高压水泵向孔内压入清水，使夹层泥渣从出浆孔被冲洗出来。

（3）用压浆泵先压入水灰比为 0.8 的纯水泥浆，进口浆应用麻絮填堵铁管周围，待孔内原有清水从另一孔全部压出来之后，再用浓水泥浆压入。

三、施工监理方式

灌注桩施工监理工作负责人为桥梁专业监理工程师。

1．监理方式：

（1）开工准备检查及批复；

（2）灌注桩施工应加强现场检查，其中灌注混凝土工序应安排旁站；

（3）现场监理检查施工工艺执行和工程质量及安全情况、承包人施工原始记录及质量自检报告检查及签批等。

现场监理员，应协助承包人研究处理施工过程中有关技术问题，并审定处理方案。重大技术问题，如塌孔、断桩等情况应按监理程序规定，及时呈报桥梁工程师，确定处理方案。

2．灌注桩质量验收内容：

（1）成孔资料、孔位、孔深、孔斜数据以及桩尖沉积层厚度；

（2）钢筋笼检查资料；

（3）混凝土拌合及灌注资料，以及混凝土试件强度报告；

（4）按合同规范或设计文件进行截试桩、动力试桩或钻芯样试验。

四、桩基质量检验

钻孔和清孔后，应进行孔位、孔水深检验。

1．孔径、孔形和倾斜度

检验钻孔的孔径质量宜采用专用仪器测定；当缺乏上述仪器时，可采用外径 D = 钻孔桩钢筋笼直径 + 100mm（不得大于钻头直径），长度等于 4 ~ 6D 的钢筋检孔器吊入钻孔内检测。

2．钻孔成孔质量标准（见表10-8）

钻孔成孔质量标准　　表10-8

项　目	允许偏差
孔的中心位置（mm）	群桩：不大于100，单排桩：不大于50
孔径	不小于设计桩径
倾斜度	钻孔：不于1/100，挖孔：小于0.5/100
孔深	摩擦桩：不小于设计规定 柱桩：比设计深度超深不小于50mm
沉淀厚度	摩擦桩：符合设计要求。当设计无要求时：对于直径≤1.5m的桩，≤300mm；当桩径>1.5m或桩长>40m或土质较差的桩，≤500mm
	柱桩：不大于设计规定
清孔后泥浆指标	相对密度：1.03～1.10；17～20S；含砂率：<2%；胶体率：>98%

注：表中的倾斜度是指整根桩的倾斜度。

清孔后的泥浆指标，是从桩孔的顶、中、底部分别取样检验的平均值；本项指标的测定，是指大直径桩或有特定要求的钻孔桩。

3．桩身质量检测

钻孔灌注桩的混凝土质量检测和质量标准如下：

（1）桩身混凝土抗压强度应符合设计规定：每桩试件组数2～4组，检验要求应符合混凝土规范的规定。

（2）检测方法和数量，应符合设计要求。

一般选有代表性的桩用无破损法进行检测，重要工程或重要部位的桩宜逐根进行检测，设计有规定时或对桩的质量有疑问时，应采用钻芯取样法对3%～5%根（同时不少于2根）桩进行检测，钻取法可参见《钻芯法检测混凝土强度技术规程》

（CECS 03：2007）；对柱桩并应钻到桩底0.5m以下。

（3）当检测后，桩身质量不符合要求时，应书面上报有关单位研究处理。

第五节　模板、支架和拱架

一、模板、支架和拱架监理事项

1．监理人员职责的划分

按照监理程序规定，支架设计和施工验收的负责人应为桥梁专业监理工程师。模板验收的负责人应为桥梁专业监理工程师助理以上人员。

2．监理方式

（1）监理工程师审核并批复支架和拱架设计方案，安排必要的复核验算。承包人应在收到批复或监理同意后，方可安排支架和拱架材料进场和架设。

（2）模板、支架和拱架安装完毕后，监理工程师应组织验收，监理工程师除现场察看支架、模板安装情况外，还应按直接预加拱度值观察，审批确认支架和模板安装质量。即在堆载完毕后，提供梁底（模板顶面）正面的设计标高和满足要求的预加拱度。

（3）支架、模板检查完毕后，由相关责任监理人员批复自检报告，即可转到下一工序。

（4）桥梁专业监理工程师应把支架、模板设计、施工及批复情况报告高级驻地。

二、模板、支架和拱架技术要求

模板、支架的设计和施工应符合下列要求：

1. 具有必须的强度、刚度和稳定性，并可靠地承受施工过程中可能产生的各项荷载，保证结构物各部分形状尺寸准确；

2. 大中桥梁立柱、盖梁必须采用企口缝组合钢模板；台帽等附属结构宜尽量采用钢模板，当受工艺造型限制需使用木模板时必须包裹铁皮；

3. 模板板面平整，接缝严密不漏浆；

4. 结构简单，受力明确，制作、装拆方便，保证安全。

模板、支架和拱架宜采用钢材、木材、胶合板、塑料和其他符合设计要求的材料制作。钢材一般可采用国家标准《碳素结构钢》（GB 700）中的标准。木材应符合国家标准《木结构设计规范》（GB 50005—2003）中的承重结构选材标准，其树种可按各地区实际情况选用，材质不宜选用低等级。

浇筑混凝土之前，模板应涂刷脱模剂，外露面混凝土模板的脱模剂应采用同一种，不得使用废机油料，且不得污染钢筋及混凝土的施工缝处。模板、支架应经常维修及防锈。

三、模板、支架和拱架的设计审核

1. 设计的一般要求

（1）模板、支架和拱架的设计，应根据结构形式，设计跨径、施工组织设计、荷载大小、地基土类别、施工单位的技术经济条件，按照有关的设计和施工规范进行审核；

（2）钢、木模板，支架的设计，可参照《公路桥涵钢结构及木结构设计规范》（JTJ 025—86）有关规定，用容许应力法进行应力验算；

（3）绘制模板、支架和拱架总装图、细部构造图；

（4）在计算荷载作用下，对模板、支架和拱架结构按受力程序分别验算其强度、刚度及稳定性；

（5）制订模板、支架及拱架结构的安装、使用、拆卸、保养等有关技术安全措施和注意事项；

（6）编制模板、支架及拱架材料数量表；

（7）编制模板、支架及拱架设计说明书。

2. 设计荷载

计算模板、支架时，应考虑下列荷载，并按表10-9进行荷载组合。

计算模板、支架的荷载组合　　表10-9

模板结构名称	荷载组合	
	计算强度用	验算强度用
基础、墩台等厚大建筑物的侧模板	(5) + (6)	(5)
梁、板和拱的底模板以及支承板、支架等	(1) + (2) + (3) + (4) + (7)	(1) + (2) + (7)
缘石、人行道、栏杆、柱、梁、板、拱等的侧模板	(4) + (5)	(5)

（1）模板、支架和拱架自重；

（2）新浇筑混凝土、钢筋混凝土或其他圬工结构物的重力；

（3）施工人员和施工材料、机具等行走运输或堆放的荷载；

（4）振捣混凝土时产生的荷载；

（5）新浇筑混凝土对侧面模板的压力；

（6）倾倒混凝土时产生的水平荷载；

（7）其他可能产生的荷载，如雪荷载、冬季保温设施荷载等。

采用交通部标准《公路桥涵钢结构及木结构设计规范》（JTJ 025—86）进行验算时，设计荷载不折减，按表10-8中的荷载组合取值，容许应力的提高系数取1.4。

计算模板、支架的强度和稳定性时，应考虑作用在模板、支架和拱架上的风力可参照《公路桥涵设计通用规范》（JTG D60—2004）的有关规定进行计算。

3. 稳定性要求

（1）支架的立柱应保持稳定，并用撑拉杆固定。

当验算模板及其支架在自重和风荷载作用下的抗倾倒稳定时，验算倾覆的稳定系数不得小于1.3。

（2）支架按压杆稳定折减系数公式进行验算，压杆稳定系数的计算公式参照《公路桥涵钢结构及木结构设计规范》（JTJ 025—86）有关规定计算。

4. 强度及刚度要求

（1）验算模板、支架的刚度时，其变形值不得超过下列数值：

1）结构表面外露的模板，其挠度为模板构件跨度的1/400；

2）结构表面隐蔽的模板，其挠度为模板构件跨度的1/250；

3）支架受载后挠曲的杆件（盖梁、纵梁）其弹性挠度为相应结构跨度的1/400；

4）钢模板的面板变形为1.5mm；

5）钢模板的钢棱、柱箍变形为$L/500$，$B/500$（L—计算跨径，B—柱宽）

（2）拱架各截面的应力验算，根据拱架结构型式及所承受的荷载，验算拱顶、拱脚及1/4跨各截面的应力，铁件及节点的应力；同时应验算分阶段浇筑或砌筑时的强度及稳定性。验算时钢板拱架或木桁拱架均作为整体载面考虑，验算倾覆稳定系数不得小于1.3。

四、模板、支架及拱架制作及安装要求

1. 钢模板制作

（1）钢模宜采用标准化、系列化和通用化的组合模板，组合钢模板的设计和施工应符合国际《组合钢模板技术规范》（GB 50214—2001）；各种螺栓连接件应符合国家现行有关标准。

（2）钢模板及其配件应按批准的加工图加工，成品经检验合格后方准使用。

2. 木模板制作

（1）木模板可在工厂或施工现场制作，木模与混凝土接触的表面应平整、光滑、多次重复使用的木模应在内侧加钉薄铁皮。木模的接缝可做成平缝、搭接缝或企口缝。当采用平缝时，应采取措施防止漏浆；木模的转角处应加嵌条或做成斜角。

（2）重复使用的模板应始终保持其表面平整、形状准确，不漏浆，有足够的强度、刚度等。窄墙或墩柱的下部模板可不钉死，以便清除模板内的杂物。

3. 其他材料模板制作

（1）钢框覆面胶合板模板的板面，主要有木胶合板、竹胶合板及纤维板等。根据工程结构情况模板组配宜采取错缝布置，支撑系统的强度和刚度应满足要求；吊环应采用Ⅰ级钢筋制作，严禁使用冷加工钢筋，吊环计算拉应力不应大于50MPa。

（2）高分子合成材料面板，硬塑料或玻璃钢模板，制作接缝必须严密，边肋及加强肋安装牢固，与模板成一整体。施工时安放在支架的横梁上，以保证承载能力及稳定。

4. 模板安装的技术要求

（1）模板与钢筋安装工作应配合进行，妨碍绑扎钢筋的模板应待钢筋安装完毕后安设。模板不应与脚手架发生连接（模

板与脚手架整体设计时除外)，避免引起模板变形。

(2) 安装侧模板时，应防止模板移位和凸出。基础侧模可在模板外设立支撑固定，墩、台、梁的侧模可设拉杆固定。浇筑在混凝土中的拉杆，应按拉杆拔出或不拔出的要求，采取相应的措施。对小型结构物，可使用金属线代替拉杆。

(3) 模板安装完毕后，应对其平面位置、顶部标高、节点联系及纵横向稳定性进行检查，签认后方可浇筑混凝土。浇筑时，发现模板有超过允许偏差变形值的可能时，应及时纠正。

(4) 支承部分，当安装在基土上时应加设垫付板，且基土必须坚实，并有排水措施。对湿陷性黄土，尚必须有防水措施。

(5) 模板在安装过程中，必须设置防倾覆设施。

(6) 当结构自重和汽车荷载（不计冲击力）产生的向下挠度超过跨径的1/1600时，钢筋混凝土梁、板的底模板应设预拱度。预拱度值应等于结构自重和1/2汽车荷载（不计冲击力）所产生的挠度。纵向预拱度可做成抛物线或圆曲线。

5. 支架、拱架制作的强度和稳定

(1) 支架

支架整体、杆配件、节点、地基、基础和其他支撑物应进行强度和稳定验算，一般按两端铰接的受压杆件验算强度及刚度；定型产品的钢管支架，还应验算插销抗剪强度，插销处钢管壁承压强度。

(2) 钢拱架

1) 常备式钢拱架纵横向距离应根据实际情况进行合理组合，以保证结构的整体性。

2) 钢管拱架　排架的纵横距离应按承受拱圈自重计算，各排架顶部的标高要符合拱圈底的轴线。为保证排架的稳定应设置足够的斜撑、剪力撑、扣件和缆风绳。

6. 施工预拱度和沉落

（1）支架和拱架应预留施工拱度，在确定其预留拱度值时，应考虑下列因素：

1）支架承受施工荷载引起的弹性变形；

2）超静定结构由混凝土收缩、徐变及温度变化而引起的挠度；

3）承受推力的墩台由于墩台的水平位移所引起拱圈的弹性挠度；

4）由结构重力引起梁或拱圈的弹性挠度，以及1/2的汽车荷载（不计冲击力）引起梁或拱圈的弹性挠度；

5）受载后由于杆件接头的挤压和卸落设备压缩而产生的非弹性变形；

6）支架基础在受载后的沉陷。预留施工沉落值，参考数据见表10-10。

预留施工沉落值参考数据　　表10-10

项目		数据
接头承压非弹性变形	木与木	每个接头的顺纹2mm，横纹3mm
	木与钢	每个接头约2mm
卸落设备的压缩变形	砂筒	2～4mm
	木楔或木马	每个接缝1～3mm
支架基础沉落	底梁置于砂土上	5～10mm
	底梁置于黏土上	10～20mm
	底梁置于砌石或混凝土上	约3mm
	打入砂中的桩	约5mm
	打入黏土中的桩	约5～10mm

（2）为便于支架和拱架的拆卸，应根据结构型式、承受的荷载大小及需要的卸落量，在支架和拱架适当部位设置相应的木楔、木马、砂筒或千斤顶等落模设备。

7．支架、拱架制作安装的技术要求

（1）支架、拱架应根据设计制作和安装，应尽可能采用标准化、系列化、通用化的构件拼装。无论使用何种材料的支架和拱架，均应进行施工图设计，并验算其强度和稳定性。

（2）安装拱架前，对拱架立柱和拱架支承面应详细检查，准确调整拱架支承面和顶部标高，并复测跨度，确认无误后方可进行安装。各片拱架在同一节点处的标高应尽量一致，以便于拼装平联杆件。在风力较大的地区，应设置风缆。

（3）支架和拱架应稳定、坚固，应能抵抗在施工过程中有可能发生的偶然冲撞和振动。

安装时应注意以下几点：

1）支架立柱必须安装在有足够承载力的地基上，立柱底端应设垫木来分布和传递压力，并保证浇筑混凝土后不发生超过允许沉降量。

2）施工用的脚手架和便桥，不应与构造物的模板支架相连接，以免施工振动时影响浇筑混凝土质量。

（4）支架和拱架安装完毕后，应对其平面位置、顶部标高、节点联系及纵横向稳定性进行全面检查，符合要求后，方可进行下一工序。

8．预埋件及预留孔洞的安装

（1）固定在模板上的预埋件和预留孔洞不得遗漏，要安装牢固、位置准确。

（2）安装允许偏差见表10-11。

9．模板、支架和拱架的拆除

（1）拆除期限的原则

模板、支架和拱架的拆除期限，应根据结构物特点，模板部位和混凝土所达到的强度而定。

1）非承重侧模板，应在混凝土强度能保证其表面及棱角不致因拆模而受损坏时方可拆除，一般应在混凝土抗压强度达到2.5MPa时方可拆除侧模板。

2）芯模和预留孔道，应在混凝土强度能保证其表面不发生塌陷和裂缝现象时，方可拔除。拔除时间，可按《公路桥涵施工技术规范》（JTJ 041—2000）第12.4.4条的有关规定确定。采用胶囊作芯模时，其拔除时间，可按《公路桥涵施工技术规范》（JTJ 041—2000）第9.3.5条之规定办理。

3）钢筋混凝土结构的承重模板、支架，应在混凝土强度能承受其自重力及其他可能的叠加荷载时，方可拆除。当构件跨度不大于4m时，在混凝土强度符合设计的混凝土强度标准值的50%的要求后，方可拆除。当构件跨度大于4m时，在混凝土强度符合设计的混凝土强度标准值的75%的要求后，方可拆除。除设计上对拆除承重模板、支架另有规定外，应按照设计规定执行。混凝土达到2.5MPa及50%、75%、100%设计强度所需时间，可参考《公路桥涵施工技术规范》（JTJ 041—2000）附录10-5的表。但对重要构件，混凝土达到所需强度的时间必须通过试验决定。

（2）拆除时的技术要求

1）模板拆除时的顺序，应按设计规定进行，遵循先支后拆，后支先拆，拆时严禁抛扔。

预埋件和预留洞的允许偏差（mm）　　表10-11

项目		允许偏差
预埋钢板中心线位置		3
预埋管、预留孔中心线位置		3
预埋螺栓	中心线位置	2
	外露长度	+10　0
预留洞	中心线位置	10
	截面内部尺寸	+10　0

2）卸落支架的程序，应按详细拟定的卸落程序进行，分几个循环卸落完成；卸落量开始宜小，以后逐渐增大。在纵向应对称均衡卸落，在横向应同时一起卸落。在拟定卸落程序时应注意以下几点：

① 在卸落前应在卸架设备上划好每次卸落量的标记；

② 简支梁、连续梁宜从跨中向支座依次循环卸落；悬臂梁应先卸挂梁及悬臂并从支架处卸落，再卸无铰跨内的支架。

3）墩、台的模板宜在其上部结构施工前拆除。拆除模板、卸落支架时，不允许用猛烈地敲打和强扭等粗暴的方法进行。

4）卸落拱架时，应设专人用仪器观测拱圈挠度和墩台变化情况，并详细记录，另设专人观察是否有裂缝现象。

5）模板、支架和拱架拆除后，应将其表面灰浆、污垢清除干净，维修整理，分类妥善存放，防止变形开裂。

（3）模板、支架拆除后对结构物的要求

1）所有混凝土的暴露面，均应外形准确、整洁、光滑。当模板拆除后，若混凝土表面粗糙、有蜂窝或麻面，如未报监理工程师审查批准，施工单位不允许抹灰或粉刷；若混凝土表面有不平整及外观尺寸超过允许范围，施工单位应将处理方案书面报监理工程师，经审查批准后方可进行处理，应将其清理到驻地监理满意程度为止，并用同强度的混凝土回填，并重新修饰表面。

2）拆除模板后，若混凝土表面有多处超过允许值的裂纹，或面积较大的蜂窝、空洞等严重缺陷，若处理修复后对构件使用仍有影响应当废除。

五、模板、支架质量检验标准

1. 制作允许偏差（见表 10-12）

模板、支架及拱架制作时的允许偏差（mm） 表10-12

项次	项 目	允许偏差
木模板制作	（1）模板的长度和宽度	±5
	（2）不刨光模板，相邻两板表面高低差	3
	（3）刨光模板，相邻两板表面高低差	1
	（4）平板模板表面最大的局部不平	
	刨光模板	3
	不刨光模板	5
	（5）拼合板中木板间的缝隙宽度	2
	（6）支架、拱架尺寸	±5
	（7）榫槽嵌接紧密度	2
钢模板制作	（1）外形尺寸	
	长和高	0，－1
	肋高	±5
	（2）面板端偏斜	≤0.5
	（3）连接配件（螺栓、卡子等）的孔眼位置	
	孔中心与板面的间距	±0.3
	板端中心与板端的间距	0，－0.5
	沿板长、宽方向的孔	±0.6
	（4）板面局部不平	1.0
	（5）板面和板侧挠度	±1.0

注：1. 木模板中第（5）项已考虑木板干燥后在拼合板中发生缝隙的可能；2mm以下的缝隙，可在浇筑前浇湿模板，使其密合；
2. 板面局部不平用2m靠尺、塞尺检测。

模板、支架和拱架安装的允许偏差，在设计无要求时，应符合表10-12的规定。检查方法用钢尺及测量仪器量测。

2. 安装允许偏差（见表10-13）

安装允许偏差（mm） 表10-13

项目		允许偏差
模板标高	基础	±15
	柱、墙和梁	±10
	墩台	±10
模板内部尺寸	上部构造的所有构件	±5，0
	基础	±30
	墩台	±20
轴线偏位	基础	15
	柱或墙	8
	梁	10
	墩台	10
装配式构件支承面的标高		±2，-5
模板相邻两板表面高低差		2
模板表面平整		5
预埋件中心线位置		3
预留孔洞中心线位置		10
预留孔洞截面内部尺寸		±10，0
支架和拱架	纵轴的平面位置	跨度的1/1000或30
	曲线形拱架的标高（包括建筑拱度在内）	+20，-10

第六节 钢 筋

一、钢筋工程监理事项

承包人完成钢筋工程，并递交自检报告后，监理工程师应在监理程序规定时间内检查并批复。

1．钢筋混凝土的钢筋和预应力混凝土中非预应力钢筋的力学性能必须符合国家标准的规定。

2．钢筋必须按不同钢种、等级、牌号、规格及生产厂家分批验收，分别堆存，不得混杂，且应设立识别标志。钢筋在运输、储存过程中，应避免锈蚀和污染。钢筋宜堆置在仓库（棚）内，露天堆置时，应垫高并加遮盖。

3．钢筋应具有出厂质量证明书和试验报告单。使用前应抽检试样做力学性能试验。

4．以另一种强度牌号或直径的钢筋代替设计中规定的钢筋时，应了解设计意图和代用材料性能，并须符合《公路钢筋混凝土及预应力混凝土桥涵设计规范》（JTG D62—2004）的有关规定。重要结构中的主钢筋，在代用时，应征得设计单位的同意。

5．预制构件的吊环，应采用未经冷拉的Ⅰ级热轧钢筋制作。

二、钢筋加工监理要点

1．钢筋调直和清除污锈应符合要求。

2．钢筋的弯制和末端的弯钩应符合设计要求，如设计无规定时，应符合表10-14规定。

钢筋的弯制和末端的弯钩要求　　表10-14

弯曲部位	弯曲角度	钢筋种类	弯曲直径	平直部分长度	备注
末端弯钩	180°	Ⅰ	$\geqslant 2.5d$	$\geqslant 3d$	d为钢筋直径
	135°	HRB335	$\geqslant 4d$	$\geqslant 5d$	
		HRB400	$\geqslant 5d$		
	90°	HRB335	$\geqslant 4d$	$\geqslant 10d$	
		HRB400	$\geqslant 5d$		
中间弯钩	90°	各类	$\geqslant 20d$		

三、钢筋连接监理要点

钢筋的焊接与绑扎接头

（1）轴心受拉和小偏心受拉杆件中的钢筋接头，不宜绑接。普通混凝土中直径大于25mm的钢筋，宜采用焊接。

（2）钢筋的纵向焊接，应采用闪光对焊（HRB500钢筋必须采用闪光对焊）。当缺乏闪光对焊条件时，可采用电弧焊、电渣压力焊、气压焊；钢筋的交叉连接，无电阻点焊时，可采用手工电弧焊；各种预埋件T型接头钢筋与钢板的焊接，也可采用预埋件钢筋埋弧压力焊。电渣压力焊只适用于竖向钢筋的连接，不能用作水平钢筋和斜筋的连接。

（3）钢筋接头采用搭接或帮条电弧焊时，应尽量做成双面焊缝，只有当不能做成双面焊缝时，才允许采用单面焊缝。

（4）受力钢筋焊接或绑扎接头应设置在内力较小处，并错开布置，对于绑扎接头，两接头间距离不小于1.3倍搭接长度。对于焊接接头，在搭接长度区段内，同一根钢筋不得有两个接头，配置在搭接长度区段内的受力钢筋，其接头的截面面积占总截面面积的百分率，应符合表10-15的规定。

搭接长度区段内受力钢筋接头面积的最大百分率　　表10-15

接头型式	接头面积最大百分率（%）	
	受拉区	受压区
主钢筋绑扎接头	25	50
主钢筋焊接接头	50	不限制

注：1. 搭接长度区段内是指35d长度范围内，但不得小于500mm（d为钢筋直径）；

2. 在同一根钢筋上应尽量少设接头；

3. 装配式构件连接处的受力钢筋焊接接头，可不受本条限制；

4. 绑扎接头中钢筋的横向净距，不应小于钢筋直径，且不应小于25mm。

(5) 受拉钢筋绑扎接头的搭接长度，应符合设计要求，设计无规定时，应符合表10-16的规定；受压钢筋绑扎接头的搭接长度，应取受拉钢筋绑扎接头搭接长度的0.7倍。

受拉区的Ⅰ级钢筋绑扎接头的末端应做弯钩，Ⅱ、Ⅲ级钢筋的绑扎接头末端可不做弯钩，但搭接长度要增加20%。

直径等于和小于12mm的受压Ⅰ级钢筋的末端，可不做弯钩，但搭接长度不应小于钢筋直径的30倍。钢筋搭接处，应在中心和两端用铁丝扎牢。

受拉钢筋绑扎接头的搭接长度　　　表10-16

钢筋类型		混凝土强度等级		
		C20	C25	高于C25
Ⅰ级钢筋		35d	30d	25d
月牙纹	HRB335牌号	45d	40d	35d
	HRB400牌号	55d	50d	45d

注：1. 当带肋钢筋直径d不大于25mm时，其受拉钢筋的搭接长度应按表中值减少5d采用；当带肋钢筋直径d大于25mm时，其受拉钢筋的搭接长度应按表中值增加5d采用；
2. 当混凝土在凝固过程中受力钢筋易扰动时，其搭接长度宜适宜增加；
3. 在任何情况下，纵向受拉钢筋的搭接长度不应小于300mm；受压钢筋的搭接长度不应小于200mm；
4. 当混凝土强度等级低于C20时，Ⅰ、HRB335牌号钢筋的搭接长度应按表中C20的数值相应增加10d，HRB500钢筋不宜采用；
5. 对有抗震要求的受力钢筋的搭接长度，对抗震等级为七级（及以上）时应增加5d；
6. 两根直径不同钢筋的搭接长度，以较细钢筋的直径计算。

四、钢筋工程技术标准

1. 钢筋的力学，工艺性能（见表10-17）

钢筋的力学、工艺性能　　　　表 10-17

品种		强度等级代号	公称直径（mm）	屈服点 σ_s（MPa）	抗拉强度 σ_b（MPa）	伸长率（%）		冷弯	反向弯曲正弯 45°反弯 23°	应力松弛 $\sigma_{100}=0.7\sigma_1$		备注
外形	钢筋级别			不小于				d＝弯心直径 a＝钢筋公称直径		1000h 不大于（%）	10h 不大于（%）	
光圆钢筋	Ⅰ	R235	8～20	235	370	σ_1 25		180°　$d=a$				摘自《钢筋混凝土用热轧光圆钢筋》（GB 13013—91）
热轧带肋钢筋	Ⅱ	RL335	8～25 28～40	335	510 490	σ_1 16		180°　$d=3a$ $d=4a$				摘自《钢筋混凝土用热轧带肋钢筋》（GB 1499—2007）
	Ⅲ	RL400	8～25 28～40	400	570	σ_1 14		90°　$d=3a$ $d=4a$				
	Ⅳ	RL540	10～25 28～32	≥540	835	σ_1 10		90°　$d=5a$ 90°　$d=6a$				
冷轧带肋钢筋		LL550	5～10	$\sigma_{0.2}$ 550	550	σ_{10} 8		180°　$d=3a$				摘自《冷轧带肋钢筋》（GB 13788—2008）
		LL650		$\sigma_{0.2}$ 520	650		σ_{100}	180°　$d=4a$		8	5	
		LL800		$\sigma_{0.2}$ 640	800		σ_{100}	180°　$d=5a$		8	5	
低碳钢热轧圆盘条		Q215	5.5～30	215	375	σ_{10} 27		180°　$d=0$				摘自《低碳钢热轧圆盘条》（GB/T 701—2008）
		Q235		235	410	23		$d=0.5a$				

2. 钢筋焊接方法的适用范围（见表10-18）

钢筋焊接方法的适用范围　　表10-18

焊接方法			适用范围	
			钢筋级别	直径（mm）
电弧焊	帮条焊	双面焊	热轧Ⅰ－Ⅲ级 余热处理Ⅲ级	10～40 10～25
		单面焊	热轧Ⅰ－Ⅲ级 余热处理Ⅲ级	10～40 10～25
	搭接焊	双面焊	热轧Ⅰ－Ⅲ级 余热处理Ⅲ级	10～40 10～25
		单面焊	热轧Ⅰ－Ⅲ级 余热处理Ⅲ级	20～40 25
	钢筋与钢板搭接焊		热轧Ⅰ、Ⅱ级	8～40
	窄间隙焊		热轧Ⅰ、Ⅲ级	16～40
	预埋件电弧焊	角焊	热轧Ⅰ、Ⅱ级	6～25
		穿孔塞焊	热轧Ⅰ、Ⅱ级	20～25

五、钢筋工程质量标准

1. 加工钢筋的偏差，不得超过表10-19的规定。

加工钢筋的允许偏差　　表10-19

项　目	允许偏差
受力钢筋顺长度方向加工后的全长	±10
弯起钢筋各部分尺寸	±20
箍筋、螺旋筋各部分尺寸	±5

2. 焊接钢筋的验收和允许偏差

焊接钢筋的质量验收内容和标准

（1）钢筋电弧焊接头

1）定以300个同类型接头为1批，不足300个时仍作为1批。

2）检查应在接头清渣后逐个进行目测或量测，检查结果应符合下列要求：

① 焊缝表面平整，不得有大的凹陷，焊瘤；

② 接头处不得有裂纹；

③ 咬边深度，气孔，夹渣的数量和大小以及接头偏差，不得超过表10-20所规定的数值；

④ 坡口焊及熔槽帮条焊接头，其焊缝加强高度不大于3mm。外观检查不合格的接头，经修整或补强后，可再次提交二次验收。

3）对于强度检验试验，从成品中每批切取3个接头作拉伸试验，试验结果应符合下列要求：

① 3个热轧钢筋接头试件的抗拉强度，均不得低于该级别钢筋的规定抗拉强度值，余热处理Ⅲ级钢筋接头试件抗拉强度，均不得小于热轧Ⅲ级钢筋规定的抗拉强度570MPa；

② 至少有两个试件呈塑性断裂，3个试件均断于焊缝之外。当检验结果有1个试件的抗拉强度低于规定指标或有两个试件发生脆性断裂时，应取双倍数量的试件进行复验。复验结果若仍有1个试件的抗拉强度低于规定指标，或有1个试件断于焊缝或有3个试件呈脆性断裂时，则该批接头即为不合格制品。模拟试件数量和要求，应与从成品中切取时相同。当模拟试件试验不符合要求时，复验再从成品中切取，其数量和要求应与开始试验时相同。

钢筋电弧焊接头尺寸偏差及缺陷允许值　　表10-20

名称	单位	接头型式		
		帮条焊	搭接焊	坡口焊槽帮条焊
帮条沿接头中心线纵向偏移	mm	$0.5d$		
接头处弯折	(°)	4	4	4
接头处钢筋轴线的偏差	mm	$0.1d$	$0.1d$	$0.1d$
		3	3	3

续表

名称		单位	接头型式		
			帮条焊	搭接焊	坡口焊槽帮条焊
焊缝厚度		mm	+0.05d 0	+0.05d 0	
焊缝宽度		mm	+0.1d 0	+0.1d 0	
焊缝长度		mm	−0.5d	−0.5d	
横向咬边深度		mm	0.5	0.5	0.5
（1）在长2的焊缝表面上	数量	个	2	2	
	面积	mm^2	6	6	
（2）在全部焊缝	数量	个			2
	面积	mm^2			6

注：1. d 钢筋直径，单位 mm；

2. 低温焊接接头的咬边深度不得大于 0.2mm。

（2）焊接骨架和焊接网片

1）焊接骨架和焊接网片，应按下列规定进行质量检验：

① 外观检查应按同一类型制品分批抽验，一般制品每批抽查5%，梁、柱骨架等重要制品每批抽查10%，均不得少于3件；

② 做强度检验时，应从每批成品中切取试件，切取过试件的制品，应补焊同级别、同直径的钢筋，其每边的搭接长度应符合规定。当切取试件的尺寸不能满足试验要求或受力钢筋直径大于8mm时，可在生产过程中焊接试验用网片，从中切取试件；

③ 热轧钢筋焊点应作抗剪试验，试件为3件；冷拔低碳钢丝焊点，除作抗剪试验外，还应对较小钢丝做拉伸试验，试件各为3件；

④ 焊接制品由几种钢筋组合时，每种组合均做强度试验；

⑤ 凡钢筋级别、直径及尺寸均相同的焊接制品，即为同一类型制品，每200件为2批。

2）焊接骨架和焊接网片的外观质量检查应符合下列要求：

① 焊点处熔化金属均匀。

② 热轧钢筋点焊时，压入深度为较小钢筋直径的30% ~45%；冷拔低碳钢丝点焊时，压入深度为较小钢丝直径的30% ~35%。

③ 焊点无脱落、漏焊、裂纹，多孔性缺陷及明显的烧伤现象。焊接骨架的长度、宽度的允许偏差，见现行《公路工程质量检验评定标准》（土建工程）（JTG F80/1—2004）的要求。当外观检查结果，不符合上述要求时，则逐件检查，并剔出不合格品。对不合格品经整修后，可再次提交验收。

④ 焊点的抗剪试验结果，应符合表10-21规定的数值。拉伸试验结果，不得小于冷拔低碳钢丝乙级规定的抗压强度。试验结果，如1个试件达不到上述要求，则取双倍数量的试件进行复验。复验结果，若仍有一个试件不能达到上述要求，则该批制品即为不合格制品。对于不合格制品，经采取加固处理后，可再次提交验收。当模拟试件试验结果达不到规定要求，复验试件应从成品中切取，试件数量和要求应与初始试验时相同。

钢筋焊点抗剪指标（N） **表10-21**

钢筋级别	较小一根钢筋直径（mm）								
	3	4	5	6	6.5	8	10	12	14
Ⅰ级				6640	7800	11810	18460	26580	36170
Ⅱ级						16840	26310	37890	51560
冷拔低碳钢丝	2530	4490	7020						

（3）预埋件钢筋T型接头

1）预埋件钢筋T型接头的外观检查，应从同一台班内完成的同一类型预埋件中抽查10%，且不得少于10件。

2）当进行力学性能试验时，应以300件同类型预埋件作为1批。一周内连续焊接时，可累计计算，当不足300件时，亦应按1批计算。应从每批预埋件中随机切取3个试件进行拉伸试验；试件的钢筋长度应大于或等于200mm，钢板的长度和宽度均应大于或等于60mm。

3）预埋件钢筋手工电弧焊接头外观检查结果应符合下列要求：

① 当采用Ⅰ级钢筋时，角焊缝焊脚 h 不得小于钢筋直径的0.5倍；采用Ⅱ级钢筋时，焊脚 h 不得小于钢筋直径的0.6倍；

② 穿孔塞焊焊缝表面平顺，局部下凹不得大于1mm；

③ 焊缝不得有裂纹；

④ 焊缝表面不得有3个直径大于1.5mm的气孔；

⑤ 钢筋咬边深度不得超过0.5mm；

⑥ 钢筋相对钢板的直角偏差不得大于4°；

⑦ 钢筋间距偏差不应大于10mm。

4）预埋件钢筋埋弧压力焊接头，其外观检查结果应符合下列要求：

① 四周焊包凸出钢筋表面的高度应符合如下要求：敲去渣壳，四周焊包应较均匀，凸出钢筋表面的高度应大于或等于4mm；

② 钢筋咬边深度不得超过0.5mm；

③ 与钳口接触处钢筋表面应无明显烧伤；

④ 钢板应无焊穿，根部应无凹陷现象；

⑤ 钢筋相对钢板的直角偏差不得大于4°；

⑥ 钢筋间距偏差不应大于10mm。

5）预埋件外观检查结果，当有1个接头不符合上述要求时，应逐个进行检查，并剔出不合格制品。不合格接头经焊补后可提交二次验收。

6）预埋件钢筋T型接头3个试件拉伸试验结果，其抗拉强度应符合下列要求：

① Ⅰ级钢筋接头均不得小于350MPa；

② Ⅱ级钢筋接头均不得小于490MPa。当试验结果有1个试件的抗拉强度小于规定值时，应再取6个试件进行复验。复验结

果，当仍有 1 个试件的抗拉强度小于规定值时，应确认该批接头为不合格制品。对于不合格制品采取补强焊接后，可提交二次验收。

焊接钢筋网和焊接骨架的偏差，不得超过表 10-22 的规定。

焊接钢筋网及焊接骨架的允许偏差　　表 10-22

项　目	允许偏差（mm）
网的长、宽	±10
网眼的尺寸	±10
网眼的对角线差	10
骨架的宽及高	±5
骨架的长	±10
箍筋间距	0，－20

（4）安装钢筋的允许偏差

钢筋的级别、直径、根数和间距均应符合设计要求，绑扎或焊接的钢筋网和钢筋骨架不得有变形、松脱和开焊，钢筋位置的偏差不得超过表 10-23 的规定。

钢筋位置允许偏差　　表 10-23

<table>
<tr><th colspan="3">检 查 项 目</th><th>允 许 偏 差</th></tr>
<tr><td rowspan="4">受力钢筋间距</td><td colspan="2">两排以上排距</td><td>±5</td></tr>
<tr><td rowspan="2">同排</td><td>梁、板、拱肋</td><td>±10</td></tr>
<tr><td>基础、锚锭、墩台、柱</td><td>±20</td></tr>
<tr><td colspan="2">灌注桩</td><td>±20</td></tr>
<tr><td colspan="3">箍筋、横向水平钢筋、螺旋筋间距</td><td>0，－20</td></tr>
<tr><td rowspan="2">钢筋骨架尺寸</td><td colspan="2">长</td><td>±10</td></tr>
<tr><td colspan="2">宽、高或直径</td><td>±5</td></tr>
<tr><td colspan="3">弯起钢筋位置</td><td>±20</td></tr>
<tr><td rowspan="3">保护层厚度</td><td colspan="2">柱、梁、拱肋</td><td>±5</td></tr>
<tr><td colspan="2">基础、锚锭、墩台</td><td>±10</td></tr>
<tr><td colspan="2">板</td><td>±3</td></tr>
</table>

第七节　混凝土与钢筋混凝土工程监理事项

一、混凝土与钢筋混凝土工程监理事项

1. 混凝土工程开工准备

钢筋工程和模板工程已通过验收，监理已签发批准转入下道工序意见后，要求承包人应检查混凝土工程开工准备。监理人员须注意以下几点：

（1）考察拌合机械、人员配置情况、混凝土供料、浇筑速度与施工工程量适应情况；备用机械电力（发电机）准备情况；

（2）混凝土结合部位清洗情况；

（3）现场检查砂、石材料含水量，调整工地配合比；

（4）高标号或重要部位混凝土，可指令试拌，观察混凝土和易性及黏稠度情况，现场监理满意后，方可正式浇筑。

2. 浇筑混凝土监理要点

（1）拌合：

① 检查材料称量、配合比执行情况。检查均衡器有无标定，材料称量配合比执行情况，含水率及每一工作班前称量设备重点校核。

② 拌合方法包括材料倒入顺序，外加剂加入方法，拌合效果。现场监理应经常目测拌合料情况，发现异常立即复核配合比执行情况，坍落度情况，发现明显离析等不合格混凝土，应指令废弃。应检查搅拌时间，拌合物的均匀性，材料含量测定，运输时间，泵送混凝土的要求。

③ 现场测试，按合同、规范和设计要求频率进行，内容有：混合料温度（冬、夏期施工）、坍落度、含气量。试件制作应注

意取样代表性，取样数量宜按标准养生、28d 强度试件和其他 (如 7d) 强度试件因素决定。

(2) 浇筑施工监理要点：应按合同、规范及现场情况，检查混凝土运输、浇筑、振捣等工艺。

① 禁止使用过于简单，以致影响混凝土质量的施工手段。

② 浇筑中，应注意防止混凝土撞击钢筋，造成灰浆、骨料分离情况。视倾落高度情况，应设置漏斗、溜管或串筒。即使在承台上浇筑，也不允许用铁锹抛扔。漏斗、串筒不准直接架设在钢筋或模板上。注意分层浇筑厚度，间断时间规定，是否有减少表面泌水措施。

③ 振捣工序，应专人专职，按层次顺序进行。注意振捣机具配置情况。

④ 应有发生停电或振捣器损坏等突然事故的应急措施。

⑤ 确定合理的施工缝预留位置及保证施工缝质量。

⑥ 注意浇筑中模板、钢筋移位、变形情况。

3. 养生和脱模监理要点

(1) 检查养生方法和养生时间。尤其在大面积的重要外露面的养生方法，注意使用养生液后对混凝土表面颜色影响。注意及时组织养生，即使在模板覆盖阶段，也应及时充分保持湿润状态。

(2) 独立直立的墩，柱用塑料薄膜制成完全不透气的封套，密封包裹是一理想养生方式。按规范要求控制落架时间，连续箱宜用砂箱落架，以保证控制各支点落架高程差异。

(3) 注意对大体积混凝土养护要求及温差规定。

4. 高强度混凝土监理要点

应检查配置材料的要求，包括选用高标号水泥、中砂、粗骨料的抗压强度，含泥量、最大粒径等要求，高效减水剂的选用及掺量要求。配合比之水灰比，水泥用量、砂量和砂率、混合材料掺量等要求。施工时注意检查配料材料允许偏差，“提倡二次投料法”等施工工艺。

二、混凝土材料监理要点

1. 水泥

水泥的等级，技术指标及选用，详见表10-24、表10-25。

常用水泥强度等级及抗压强度　　表10-24

品　种	强度等级	抗压强度（MPa）	
		3d	28d
硅酸盐水泥（GB 175—2007）	42.5	17.0	42.5
	42.5R	22.0	42.5
	52.5	23.0	52.5
	52.5R	27.0	52.5
	62.5	28.0	62.5
	62.5R	32.0	62.5
普通水泥（GB 175—2007）	32.5	11.0	32.5
	32.5R	16.0	32.5
	42.5	16.0	42.5
	42.5R	16.0	42.5
	52.5	22.0	52.5
	52.5R	26.0	52.5
硅酸盐水泥（GB 175—2007）	32.5	10.0	32.5
	32.5R	15.0	32.5
	42.5	15.0	42.5
	42.5R	19.0	42.5
	52.5R	23.0	52.5

水泥强度检验方法，同时由GB/T 17671—1999水泥胶砂强度检验方法（ISO法）代替GB 177—85水泥胶砂强度检验方法。

常用水泥的选用参考表 **表10-25**

项次	混凝土结构环境条件或特殊要求	优先使用	可以使用	不得使用
1	地面以上不接触水流的普通环境中	硅酸盐水泥 普通水泥	矿渣水泥 火山灰水泥 粉煤灰水泥	
2	干燥环境中	硅酸盐水泥 普通水泥	矿渣水泥	火山灰水泥 粉煤灰水泥
3	受水流冲刷或冰冻	硅酸盐水泥 普通水泥	矿渣水泥	火山灰水泥 粉煤灰水泥
4	处于河床最低冲刷线以下	矿渣水泥 火山灰水泥 粉煤灰水泥	硅酸盐水泥 普通水泥	钻孔灌注桩 慎用矿渣水泥
5	厚大体积结构物施工时要求水化热低	矿渣水泥 粉煤灰水泥	普通水泥 火山灰水泥	硅酸盐水泥
6	要求快速脱模	硅酸盐水泥 快硬水泥	普通水泥	
7	低温环境施工要求早强	硅酸盐水泥 快硬水泥	普通水泥	
8	蒸气养护	矿渣水泥 火山灰水泥 粉煤灰水泥	硅酸盐水泥 普通水泥	

2. 砂（表10-26～表10-33）

砂的分类　　表10-26

砂　组	粗　砂	中　砂	细　砂
细度模数	3.7～3.1	3.0～2.3	2.2～1.6

注：细砂模数主要反映全部颗粒的粗细程度，不完全反映颗粒级配情况；混凝土配制时应同时考虑砂的细度模数和级配情况。

砂的分区及级配范围　　表10-27

筛孔尺寸（mm）	级配区		
	Ⅰ区	Ⅱ区	Ⅲ区
	累计筛余（%）		
10.00	0	0	0
5.00	10～0	10～0	10～0
2.50	35～5	25～0	15～0
1.25	65～35	50～10	25～0
0.63	85～71	70～41	40～16
0.315	95～80	92～70	85～55
0.16	100～90	100～90	100～90

注：1. 表中除5mm、0.63mm、0.16mm筛孔外，其余各筛孔累计筛余允许超出分界线，但其总量不得大于5%；

2. Ⅰ区砂宜提高砂率以配低流动性混凝土；Ⅱ区砂宜优先选用以配不同等级混凝土；Ⅲ区砂宜适当降低砂率，以保证混凝土强度；

3. 对于高强度泵送混凝土，宜选用中砂，细度模数为2.9～2.6，2.5mm筛孔的累计筛余量不得大于15%，0.315mm筛孔的累计筛余量宜在85%～92%范围内。

砂坚固性指标 **表 10-28**

<table>
<tr><th>混凝土所处的环境条件</th><th>循环后的质量损失</th><th>试验方法</th></tr>
<tr><td>在寒冷地区外使用，并经常处于潮湿或干燥交替状态下的混凝土</td><td>≤8</td><td rowspan="2">T0340—94</td></tr>
<tr><td>在其他条件下使用的混凝土</td><td>≤12</td></tr>
</table>

注：1. 寒冷地区，系指最寒冷月份的月平均温度为 0 ~ 10℃，且日平均温度≤5℃的天数不超过 145d 的地区；

2. 当同一产源的砂，在类似的气候条件下使用已有可靠经验时，可不作坚固性检验；

3. 对于有抗疲劳、耐磨、抗冲击要求的混凝土用砂、或有腐蚀介质作用或经常处于水位变化区的地下结构混凝土用砂，其坚固性损失率应小于 8%。

砂中杂质最大含量 **表 10-29**

<table>
<tr><th>项　目</th><th>≥C30 的混凝土</th><th>≤C30 的混凝土</th><th>试验方法</th></tr>
<tr><td>含泥量（%）</td><td>≤3</td><td>≤5</td><td>T0333—2000</td></tr>
<tr><td>其中泥块含量（%）</td><td>≤1.0</td><td>≤2.0</td><td>T0335—1994</td></tr>
<tr><td>云母含量（%）</td><td colspan="2"><2</td><td>T0337—1994</td></tr>
<tr><td>轻物质含量（%）</td><td colspan="2"><1</td><td>T0338—1994</td></tr>
<tr><td>硫化物及硫酸盐折算 SO_3（%）</td><td colspan="2"><1</td><td>T0341—1994</td></tr>
<tr><td>有机质含量（用比色法试验）</td><td colspan="2">颜色不应深于标准色，如深于标准色，应以水泥砂浆进行抗压强度对比试验，加以复核</td><td>T0336—1994</td></tr>
</table>

注：1. 对有抗冻、抗渗或其他特殊要求的混凝土用砂，总含泥量应不大于 3%，其中泥块含量应不大于 1.0%；云母含量不应超过 1%；

2. 对有机质含量进行复核时，用原状砂配制的水泥砂浆抗压强度，不低于用洗除有机质的砂所配制的砂浆的砂浆强度的 95%；

3. 砂中如含有颗粒状的硫酸盐或硫化物，则要进行混凝土耐久性试验，满足要求时方能使用；

4. 杂质含量均按质量计。

3. 粗集料及碎石

粗集料级配范围 **表 10-30**

级配＼粒径		累计筛余（按质量百分率计）								
		方孔筛筛孔尺寸（mm）								
		2.36	4.75	9.50	16.0	19.0	26.5	31.5	37.5	53.0
连续级配	4.75~16	95~100	80~100	40~60	0~10	—	—	—	—	
	4.75~19	95~100	85~95	60~75	30~45	0~5	0	—	—	—
	4.75~26.5	95~100	90~100	70~90	50~70	25~40	0~5	0	—	—
	4.75~31.5	95~100	90~100	75~90	60~75	40~60	20~35	0~5	0	—
单粒级	4.75~9.5	95~100	80~100	0~15	0			—	—	—
	9.5~16		95~100	85~100	0~15	0	—			
	9.5~19		95~100	85~100	40~60	0~15	0			
	16~26.5			95~100	55~70	25~40	0~10			
	16~31.5			95~100	85~100	55~70	25~40	0~10	0	

粗集料的技术要求 **表 10-31**

指标	混凝土强度等级				试验方法
	C55~C40	≥C30	≤C35	<C30	
石料压碎指标值不大于,%	12	—	16	—	T0316—2005
针片状颗粒含量不大于,%	—	15	—	25	T0311—2005 T0312—2005
含泥量（按质量计）不大于,%	—	1.0	—	2.0	T0310—2005
泥块含量（按质量计）不大于,%	—	0.5	—	0.7	T0310—2005

续表

指　　标	混凝土强度等级				试验方法
	C55～C40	≥C30	≤C35	≤C30	
小于2.5mm颗粒含量不大于,%	—	5	5	5	T0312—2005

注：1. 混凝土强度等级为C60及以上时，应进行岩石抗压强度检验，其他情况下，如有怀疑或认为有必要时，也可进行岩石的抗压强度检验。岩石的抗压强度与混凝土强度等级之比，对于大于或等于C30的混凝土，不应小于2，其他不应小于1.5，且火成岩强度不宜低于80MPa，变质岩不宜低于60MPa，水成岩不宜低于30MPa；

2. 混凝土强度在C10及以下时，针片状颗粒含量可放宽到40%。

碎石或卵石中的有害物质含量　　表10-32

项　　目	品质指标
硫化物及硫酸盐折算为SO_3,（按质量计）不大于（%）	1
卵石中有机质含量（用比色法试验）	颜色不应深于标准色，如深于标准色，则应配制混凝土进行强度试验，抗压强度应不低于95%

注：如含有颗粒硫酸盐或硫化物，则要进行混凝土耐久性试验，确认能满足要求时方能用。

碎石或卵石的坚固性指标　　表10-33

混凝土所处环境条件	循环后的质量损失,%	混凝土所处环境条件	循环后的质量损失,%
寒冷地区，经常处于干湿交替状态	≤5	混凝土处于干燥条件，但粗集料风化或软弱颗粒过多时	≤12

续表

混凝土所处环境条件	循环后的质量损失,%	混凝土所处环境条件	循环后的质量损失,%
严寒地区，经常处于干湿交替状态	≤3	混凝土处于干燥条件，但有抗疲劳，耐磨，抗冲击要求高度高或强度大于C40	≤5

注：有抗冻，抗渗要求的混凝土用硫酸钠法进行坚固性试验不合格时，可再进行直接抗融试验。

4．外加剂

所采用的外加剂，必须是经过有关部门检验。并附有检验合格证明的产品，其质量应符合现行《混凝土外加剂》（GB 8076—2008）的规定。使用前应复验其效果，使用时应符合产品说明及本规范关于混凝土配合比、拌制、浇筑等各项规定以及外加剂标准中的有关规定。不同品种外加剂应分别存储，做好标记。在运输与存储时不得混入杂物和遭受污染。对外加剂应按表 10-34 中规定的项目进行检测。

结构混凝土外加剂现场复试检测项目　　表 10-34

品　种	检 验 项 目	检验标准
普通减水剂	钢筋锈蚀，28d 抗压强度比，减水率	GB 8076
高效减水剂	钢筋锈蚀，28d 抗压强度比，减水率	GB 8076
早强减水剂	钢筋锈蚀，1d、28d 抗压强度比，减水率	GB 8076
缓凝减水剂	钢筋锈蚀，凝结时间 28d 抗压强度比，减水率	GB 8076
引气减水剂	钢筋锈蚀，1d、28d 抗压强度比，减水率，含气量	GB 8076
缓凝高效减水剂	钢筋锈蚀，凝结时间，28d 抗压强度比，减水率	GB 8076
早强剂	钢筋锈蚀，1d、28d 抗压强度比	GB 8076
引气剂	钢筋锈蚀，28d 抗压强度比，含气量	GB 8076
防冻剂	钢筋锈蚀，－7、－7＋28d 抗压强度比	JC475

5. 混合材料

混合材料包括粉煤灰，火山灰质材料，粒化高炉矿渣等，应由生产单位专门加工，进行产品检验并出具产品合格证书，其技术条件应分别符合现行《用于水泥和混凝土中的粉煤灰》(GB 1596)、《用于水泥中的火山灰质混合材料》（GB/T 2847)、《用于水泥中的粒化高炉矿渣》（GB/T 203）等标准的规定。使用单位对产品质量有怀疑时，应对其质量进行复查。

主要混合材料技术条件，分别摘编如下：

（1）掺用于混凝土的粉煤灰的质量指标（GB1596）

用于混凝土中的粉煤灰，其质量指标划分为三个等级，应符合表10-35的规定。

粉煤灰质量指标的分级（%）　　表10-35

粉煤灰等级	质量指标			
	细度（45mm方孔筛筛余）	烧失量	含水量	三氧化硫含量
Ⅰ	≤12	≤5	≤1	≤3
Ⅱ	≤20	≤8	≤1	≤3
Ⅲ	≤45	≤15	不规定	≤3

（2）火山灰质材料作混合材料的技术条件（GB/T 2847）

① 人工的火山灰质混合材料烧失量不得超过10%；

② 三氧化硫含量不得超过3%；

③ 火山灰性试验必须合格；

④ 水泥胶砂28d抗压强度比：不得低于62%（m/m）；

⑤ 放射性物质：人工的火山灰质混合材料应符合GB 673的规定，具体数值由水泥厂根据掺合火山灰质混合材料量确定。

三、混凝土监理要点

配置混凝土时，应根据结构情况和施工条件确定混凝土拌合物的坍落度，浇筑时的坍落度可按表 10-36 中规定选用。

混凝土浇筑入模时的坍落度　　　　表 10-36

结构类别	坍落度（mm）（振动器振动）
小型预制块及振动浇筑的结构	0～20
桥涵基础墩台等无筋或少筋的结构	10～30
普通配筋率的钢筋混凝土结构	30～50
配筋较密、断面较小的钢筋混凝土结构	50～70
配筋极密、断面高而狭的钢筋混凝土结构	70～90

注：1. 水下混凝土的坍落度为 18～22mm；泵送混凝土的坍落度为 80～18mm；
2. 用人工捣实时，坍落度宜增加 20～30mm。

1. 最大水灰比与最小用水量

混凝土的最大水灰比和最小水泥用量，应符合表 10-37 中的规定。混凝土的最大水泥用量（包括代替部分水泥的混合材料），一般不超过 500kg/m^3，大体积混凝土不宜超过 350kg/m^3。

混凝土最大水灰比和最小水泥用量　　　　表 10-37

混凝土所处的环境件	最大水灰比	最小水泥用量（kg/m^3）			
		普通混凝土		轻骨料混凝土	
		配筋	无筋	配筋	无筋
不受雨雪影响的混土	不作规定	250	200	250	225
（1）受雨雪影响的露天混凝土 （2）位于水中或水位升降范围内的混凝土 （3）在潮湿环境中的混凝土	0.70	250	225	275	250

续表

混凝土所处的环境件	最大水灰比	最小水泥用量（kg/m³）			
		普通混凝土		轻骨料混凝土	
		配筋	无筋	配筋	无筋
（1）寒冷地区水位升降范围的混凝土 （2）受水压作用的混凝土	0.65	275	250	300	275
严寒地区水位升降范围内的混凝土	0.60	300	275	325	300

注：1. 本表中的水灰比，系指水与水泥（包括外掺混合材料）用量比值；

2. 本表中的最小水泥用量，包括外掺混合材料；当采用人工捣实混凝土时，水泥用量应增加25kg/m³；当掺用外加剂且能有效地改善混凝土的和易性时，水泥用量可减少25kg/m³；3. 严寒地区系指最冷月份平均气温≤10℃，且日平均气温≤5℃的天数≥145 天的地区。

2. 混凝土中的外加剂

为节约水泥和改善混凝土的技术性能，在混凝土中掺入外加剂时，其渗入量应参照产品说明和试配情况确定，亦应符合下列规定：

（1）在钢筋混凝土中不得掺用氯化钙，氯化钠等氯盐；

（2）位于温暖或严寒地区，无侵蚀性物质影响及与土直接接触的钢筋混凝土构件，混凝土中的氯离子含量不宜超过水泥用量的0.30%；从各种组成材料引入的氯离子含量（折合氯盐含量），如大于上述数值时，应采取有效的防锈措施（如掺入阻锈剂，增加保护层厚度，提高混凝土密实性等）。当采用洁净水和无氯骨料时，氯离子含量可主要以外加剂或混合材料的氯离子含量控制；

（3）无筋混凝土的氯化钙或氯化钠掺量，以干质量计不得超过混合材料的3%；

（4）掺入加气剂混凝土的含气量宜为3.5% ~5.5%；

（5）对由外加剂带入混凝土的碱含量应进行控制。每立方米混凝土的总含碱量，对一般桥涵不宜大于 3.0kg/m^3；对特殊大桥，大桥和主要桥梁不宜大于 1.8kg/m^3；当处于受严重侵蚀的环境，不得使用有碱活性的骨料。

3．混凝土垫块

钢筋混凝土结构混凝土保护层垫块质量应符合下列规定：

（1）垫块的强度、密实性应高于构件本体混凝土，垫块宜采用水灰比不大于 0.4 的砂浆或细石混凝土制作；

（2）垫块厚度尺寸不允许负偏差，正偏差不得大于 5mm。

4．混凝土抗冻性要求

有抗冻性要求的混凝土，应符合如下规定：

（1）位于水位变动区有抗冻要求的混凝土，其抗冻等级不应低于表 10-38 的规定。

水位变动区混凝土抗冻等级选定标准　　表 10-38

建筑物所在地区	海水环境		淡水环境	
	钢筋混凝土及预应力混凝土	无筋混凝土	钢筋混凝土及预应力混凝土	无筋混凝土
严重受冻地区（最低月平均气温低于 -8℃）	F350	F300	F250	F200
严重受冻地区（最低月平均气温在 -4～8℃之间）	F300	F250	F200	F150
严重受冻地区（最低月平均气温在 0～4℃之间）	F250	F200	F150	F100

注：1．试验过程中试件所接触的介质应与建筑物实际接触的介质相近；

2．墩、台身和防护堤等建筑物混凝土应选用比同一地区高一级的抗冻等级；

3．面层应选用比水位变动区抗冻等级低 2～3 级的混凝土。

（2）有抗冻性要求的混凝土必须掺入适量引气剂，其拌合物的含气量应在表10-39范围内选择。

（3）当要求的含气量为某一定值时，其检查结果与要求值的允许偏差范围应为±1.0%。当含气量要求值为某一范围时，检测结果应满足规定范围的要求。

（4）混凝土抗冻性试验方法应符合现行行业标准《公路工程水泥及水泥混凝土试验规程》（JTG E30—2005）的规定。

有抗冻要求的混凝土拌合物含气量控制范围　　表10-39

骨料最大粒径（mm）	含气量（%）	骨料最大粒径（mm）	含气量范围（%）
10.0	5.0～8.0	40.0	3.0～6.0
20.0	4.0～7.0	63.0	3.0～5.0
31.5	3.5～6.5		

四、混凝土热期施工监理要点

热期混凝土施工，应制订在高温条件下保证工程质量的技术措施，并应符合如下要求：

1. 混凝土配制和搅拌：

（1）材料要求：

① 拌合水使用冷却装置，对水管及水箱加遮荫和隔热设施；在拌合水中加碎冰作为拌合水的一部分；

② 水泥，砂，石料应遮荫防晒，以降低骨料温度；可在砂石料堆上喷水降温。

（2）配合比设计应考虑坍落度损失。

（3）可掺加减水剂以减少水泥用量和提高混凝土的早期强度。

（4）掺用活性材料粉煤灰，取代部分水泥，减少水泥用量。

（5）拌合站料斗，储水器，皮带运输机，拌合楼都要尽可能遮荫；尽量缩短拌合时间。经常测混凝土坍落度，以调整混凝土的配合比，满足施工所必需的坍落度。

2. 混凝土的运输及浇筑

（1）运输时尽量缩短时间，宜采用混凝土运输搅拌机，运输中应慢速搅拌。

（2）不准在运输过程中加水搅拌。

（3）热期施工混凝土、钢筋混凝土、预应力混凝土应有全面的组织计划，准备工作充分，施工设备有足够的备件，保证连续进行；从拌合机到入仓的传递时间及浇筑时间要尽量缩短，并尽快开始养护。

（4）混凝土的浇筑温度，应控制在32℃以下，宜选在一天温度较低的时间内进行。

（5）浇筑场地应遮荫，以降低模板，钢筋的温度和改善工作条件；也可在模板、钢筋和地基上喷水以降温，但在浇筑时不能有附着水。

（6）应加快混凝土的修整速度，修整时可用喷雾器洒少量水，防止表面裂纹，但不准直接往混凝土表面洒水。

3. 混凝土的养护

（1）不宜单独使用专用养护膜覆盖法养护高强度混凝土，除非当地无足够的清洁水用于养护混凝土。

（2）洒水养护宜用自动喷水系统和喷雾器，湿养护应不间断，不得成干湿循环。

（3）混凝土浇筑完，表面应立即覆盖清洁的塑料膜，在浇筑和压光工序之间的间歇也要覆盖；初凝后撤去塑料膜，用浸湿的粗麻布覆盖，经常洒水，保持潮湿状态最少7d。如有可能湿养期间采取遮光和挡风措施，以控制温度和干热风的影响。构造物的竖直面拆模后，宜立即用湿粗麻布把构件缠起来，麻布处整个并用塑料膜包紧，粗麻布至少7d保持潮湿状态，随后可用树脂类养生化合物喷涂。

4．热期施工应检查下列项目

（1）砂，石料的含水量，每台班不少于1次。

（2）混凝土浇筑与养护时，环境温度每日检查4次，并作好检查记录；当温度超过热期规定的要求时，混凝土拌合时应采取有效降温，防晒措施，以保证混凝土的浇筑质量，否则应停止施工。

（3）混凝土热期施工，除应留标准条件下养护的试件外，还应制取相同数量的试件与结构在相同环境条件下养护，检查28d的试件强度，以指导施工。

（4）在混凝土浇筑前，应通过试验确定在最高气温条件下，混凝土分层浇筑的覆盖时间，施工时应严格控制，不得超过。

（5）在混凝土的浇筑过程中，应严格控制缓凝剂的掺量，并检查混凝土的凝固时间，以防因缓凝剂掺量不准造成伤害。

五、冬季混凝土施工监理要点

1．应提前对各项设施和材料采取防雪、防冻措施，用硅酸盐水泥或普通硅酸盐水泥配置的混凝土，在抗压强度达到设计强度的50%及5MPa前，不得受冻。

2．混凝土配制和搅拌的技术要求：

（1）配制混凝土时，应优先选用硅酸盐水泥、普通硅酸盐水泥，水泥的强度等级不宜低于42.5，水灰比不宜大于0.5。

（2）浇注混凝土宜掺用引气剂、引气型减水剂等外掺剂，以提高混凝土的抗冻性。钢筋混凝土不得掺用氯盐类防冻剂；素混凝土氯盐掺量不得大于水泥质量的3%；预应力混凝土不得掺用引气剂、引气型减水剂及氯盐防冻剂。

（3）拌制混凝土的各项材料的温度，应满足混凝土拌合物搅拌合成后所需要的温度。当材料原有温度不能满足需要时，应首先考虑对拌合用水加热，当用强度等级小于52.5的普通硅酸盐水泥、矿渣硅酸盐水泥时最高温度不得大于80℃，仍不能满足需要时，再考虑对集料加热，最高温度不得大于60℃。水泥只保温，不得加热。

（4）搅拌混凝土时，骨料不得带有冰雪和冻结团块。严格控制混凝土的配合比和坍落度；投料前，应先用热水冲洗搅拌机，投料顺序为骨料、水，搅拌，再加水泥搅拌，时间较常温时延长50%。混凝土拌合物的出机温度不宜低于10℃，入模温度不得低于5℃。

3. 混凝土运输和浇筑的技术要求：

（1）尽可能缩短混凝土运输时间并覆盖保温；

（2）浇筑前应清除模板、钢筋上的冰雪和污垢，成型开始养护时的温度，用蓄热法养护时不得低于10℃；用蒸汽法养护时不得低于5℃，细薄结构不得低于8℃。

（3）冬季施工接缝混凝土时，在新混凝土浇筑前应加热使接合面有5℃以上的温度，浇筑完成后，应采取措施使混凝土接合面继续保持正温，直至新浇筑混凝土具有规定的抗冻强度。

（4）浇筑预应力混凝土构件的湿接缝时，宜采用热混凝土或热水泥砂浆，并应适当降低水灰比。浇筑完成后应加热或连续保温养护，直至接缝混凝土或水泥砂浆抗压强度达到设计强度的75%。

4. 混凝土的养护：

根据本工程时间、地理位置及施工条件一般采用蓄热法、暖棚加热。

（1）蓄热法：

① 蓄热法应根据环境条件，经过计算在能确保结构物不受冻害的条件下采用；

② 应采取加速混凝土硬化和降低混凝土冻结温度的措施；

③ 混凝土应采用较小的水灰比；

④ 对容易冷却的部位，应特别加强保温，不应往混凝土和覆盖物上洒水。

（2）暖棚法：

① 暖棚应坚固、不透风，靠内墙宜采用非易燃性材料；

② 在暖棚中用明火加热时，须特别加强防火、防煤气中毒措施；

③ 暖棚内气温不得低于5℃，且保持一定的湿度，湿度不足时，应向混凝土面及模板上洒水。

5. 模板的拆除：

（1）根据与结构同条件养护试件的试验，证明混凝土已达到要求的抗冻强度及拆模强度后，模板方可拆除。

（2）加热养护结构的模板和保温层，在混凝土冷却至5℃以后方可拆除。当混凝土与外界气温相差大于20℃时，拆除模板后的混凝土表面应加以覆盖，使其缓慢冷却。

6. 掺用防冻剂的混凝土的养护：

（1）在负温条件下严禁浇水，外露表面必须覆盖养护。

（2）养护温度不得低于防冻剂规定的温度，当达不到规定温度，且混凝土强度小于3.5MPa时应采取加热保温措施。

（3）当拆模后混凝土的表面温度与环境温度差大于15℃时，混凝土表面应覆盖保温养护。

六、混凝土质量评定

混凝土的检测项目和最小频数，如表10-40所示。

混凝土试验频数 **表 10-40**

名称	试验项目	频数
水泥	抗压强度、安定性、凝结时间、细度、氧化镁、二氧化硫、烧失量	每种、每批、每月 1 次/2000t、每月 1 次
细集料	筛分析、细度模量、松密度、视相对密度、含泥量、含水量、三氧化硫、有机质含量	1 次/500m³ 或 1 次/周 每次开盘 1 次/料源
粗集料	筛分析、松密度、视相对密度、针片状软粒含量、石粉、含泥量、压碎值石料抗压强度、洛杉矶磨耗值	1 次/1000m³ 或 1 次/周 1 次/料源
水	水质化学分析	1 次/料源或 1 次/半年
外加剂	减水率、坍落度损失	1 次/批、种或监理工程师指令
混凝土（拌合物）	抗压强度、坍落度、温度、凝结时间、弹性模量	1 次/台班 1 次/种

1. 混凝土的抗压强度评定

混凝土抗压强度应以标准条件下养护 28d 龄期试件抗压强度进行评定，其合格条件如下：

（1）应以强度等级相同、龄期相同以及生产工艺条件和配合比相同的混凝土组成同一验收批；同一验收批的混凝土强度应以同批内所有各组标准尺寸试件的强度测定值（当为非标准尺寸试件时应进行强度换算）为代表值。

（2）大桥等重要工程及中小桥、涵洞工程的试件大于或等于 10 组时，应以数理统计方法按下述条件评定：

$$R_n - K_1 S_n \geqslant 0.9R \tag{10-11}$$

$$R_{min} \geqslant K_2 R \tag{10-12}$$

式中 n——同批混凝土试件试件组数；

R_n——同批组试件强度的平均值，MPa；

S_n——同批组试件强度的标准差，MPa，当 $S_n < 0.06R$ 时，

取 $S_n = 0.06R$；

R——设计混凝土强度等级，MPa；

R_{min}——组试件中强度最低一组的值，MPa。

K_1、K_2 的值　　　　表 10-41

n	10 ~ 14	15 ~ 24	≥25
K_1	1.70	1.65	1.6
K_2	0.9	0.85	

（3）中小桥及涵洞等工程，同批混凝土试件少于 10 组时，可用非统计方法按下述条件进行评定：

$$R_n \geqslant 1.15R \tag{10-13}$$

$$R_{min} \geqslant 0.95R \tag{10-14}$$

2．重要工程的混凝土强度的评定

大桥等重要工程，当施工用混凝土为集中搅拌时，除应按上条规定进行混凝土抗压强度评定外，尚应对一个统计周期内的相同等级和龄期的混凝土强度进行统计分析，统计计算强度平均值、标准差及强度不低于要求强度等级值的百分率，以确定企业的生产管理水平，其中就符合公式（10-11）的规定，和应满足表 10-42 的要求。

混凝土生产管理水平　　　　表 10-42

生产质量水平		混凝土强度等级			
		优良		一般	
		< C20	≥C20	< C20	≥C20
评定指标	混凝土强度标准差 σ（MPa）	≤3.5	≤4.0	≤4.5	≤5.5
	强度不低于规定等级值的百分率 P（%）	≥95		≥85	

注：对在现场集中搅拌混凝土的施工单位，其统计周期可根据实际情况确定。

3．混凝土强度的标准差及强度规定

混凝土强度标准差（σ）和强度不低于规定强度等级值的百分率（P），可按下列公式计算：

$$\text{标准差：}\sigma = \sqrt{\sum R_i^2 - NR_n^2/N - 1} \quad (10\text{-}15)$$

$$\text{百分率：}P = No/N \quad (10\text{-}16)$$

式中　R_i——统计周期内第 i 组混凝土试件的立方体抗压强度值，MPa；

N——统计周期内相同强度等级的混凝土试件组数，该值不得少于 25 组；

R_n——统计周期内 n 组混凝土试件立方体抗压强度的平均值，MPa；

No——统计周期内试件强度不低于要求强度等级值的组数。

4．重要工程混凝土统计强度

大桥等重要工程，当混凝土采取集中搅拌施工时，按月或季统计计算的强度平均值（R_n），应满足下式要求：

$$R + 1.4\sigma \leqslant R_n \leqslant R + 2.5\sigma \quad (10\text{-}17)$$

式中　R_n——按月或季统计的强度平均值，MPa；

R——混凝土立方体抗压强度标准值，MPa；

σ——按月或季计的强度标准差，MPa，确定标准差的试件组数不得少于 25 组。

注：对有早龄期强度和特殊要求的混凝土，其强度平均值可不受该上限限制。

第八节　预应力混凝土工程

一、材料及机具检查

预应力钢材进场后，应分批组织验收，现场检查厂家质量合格证书，包装情况，标志内容，材料规格及外观质量。按合同，硅粉或监理要求的项目和频率，检查承包人材料性能自检报告。

监理复核项目及频率，应由试验工程师和桥梁工程师视进场预应力钢材情况，结合承包人自检报告情况研究决定，监理试验室执行验证试验。

1．钢绞线：

（1）预应力混凝土用钢绞线应符合《预应力混凝土用钢绞线》（GB/T 5224）的要求，其力学性能见表 10-43；

预应力钢绞线力学性能　　　　表 10-43

钢绞线结构	钢绞线公称直径（mm）	强度级别（MPa）	整根钢绞线的最大负荷（kN）	屈服负荷（kN）	伸长率（%）	1000 松弛率（%），不大于			
						Ⅰ级松弛		Ⅱ级松弛	
						初始负荷			
			不小于			70%公称最大负荷	80%公称最大负荷	70%公称最大负荷	80%公称最大负荷
1＊2	10.00	1720	67.9	57.7	3.5	8.0	12	2.5	4.5
	12.00		97.9	83.2					
1＊3	10.8		102	86.7					
	12.9		147	125					

续表

钢绞线结构	钢绞线公称直径（mm）	强度级别（MPa）	整根钢绞线的最大负荷（kN）	屈服负荷（kN）	伸长率（%）	1000 松弛率（%），不大于			
						Ⅰ级松弛		Ⅱ级松弛	
						初始负荷			
			不小于			70%公称最大负荷	80%公称最大负荷	70%公称最大负荷	80%公称最大负荷
1＊7 标准型 模拔型	9.50	1860	102	86.6					
	11.10	1860	138	117					
	12.70	1860	184	156					
	15.20	1720	239	203					
		1860	259	220					
	12.70	1860	209	178					
	15.20	1820	300	255					

（2）钢绞线的表面质量：

钢绞线表面不得带有降低钢绞线与混凝土黏结力的润滑剂。油渍等物质，允许有轻微的浮锈，但不得锈蚀成肉眼可见的麻坑。

（3）钢绞线的检验：

钢绞线进场时应分批验收。验收时，除应对其质量证明、包装、标志和规格等进行检查外，尚须按下列规定进行检验：

1）钢绞线从每批钢绞线中任取 3 盘，并从每盘所选的钢绞线端部正常部位截取一根进行表面质量，直径偏差和力学性能试验。试验结果如有一项不合格时，则应逐盘取样进行上述试验。试验结果如有一项不合格时，则不合格盘报废，并再从该批未试验过的钢绞线中取双倍数量的试样进行该不合格项的复验，如仍有一项不合格，则该批钢绞线为不合格。

2）每盘钢绞线的质量应不大于60t。

3）钢绞线的实际强度，不得低于现行国家标准的规定。预应力钢材的试验方法应按现行国家标准的规定执行。

2. 金属螺旋管

（1）金属螺旋管质量要求

外观要求：外观应清洁，内外表面无油污，无引起锈蚀附着物，无孔洞和不规则的折皱，咬口无开裂，无脱扣。

抗渗漏性能：经在规定的集中荷载作用后，或在弯曲情况下，不得渗出水泥浆，但允许渗水。

（2）金属螺旋管的检验

1）金属螺旋管进场时，除应按出厂合格证和质量保证书核对其类别型号、规格及数量外，还应对其外观，尺寸，集中荷载下径向刚度，荷载作用后抗渗漏及抗弯曲渗漏等进行检验。工地自行加工制作的管道亦应进行上述检验。取样数量、检验内容及质量要求检验内容及取样数量见表10-44。

金属螺旋管检验内容及取样数量　　　　表10-44

检验顺序	检验内容	取样数量
1	外观	全部
2	尺寸	6
3	集中荷载下径向刚度	3
4	荷载作用后抗渗漏	不另取样
5	抗弯曲渗漏	3

2）金属螺旋管应按批进行检验。每批应由同一带钢生产厂的同一批带钢所制造的金属螺旋管组成，累计半年或50000m生产量为一批，不足半年产量或50000m也作为一批的，则取产量最多的规格。

3）当按本条1）规定的项目检验结果有不合格项目时，应以双倍数量的试件对该不合格项目进行复验，复验仍不合格时，则该批产品为不合格。

3. 锚具、夹具和连接器

预应力筋锚具、夹具和连接器，应具有可靠的锚固性能。足够的承载能力和良好的适用性，能保证充分发挥预应力的强度，安全地实现预应力张拉作业，并应符合现行国家标准GB/T 14370的要求。

进场验收规定：

（1）锚具、夹具和连接器进场时，除应按出厂合格证和质量证明书核查其锚固性能类别、型号规格及数量外，还应按下列规定进行验收：

1）外观检查：应从每批中抽取10%的锚具且不少于10套，检查其外观和尺寸，如有一套表面有裂纹或超过产品标准及设计图纸规定尺寸的允许偏差，则应另取双倍数量的锚具重做检查；如仍有一套不符合要求，则应逐套检查，合格者方可使用。

2）硬度检验：应从每批中抽取5%的锚具且不少于5套，对其中有硬度要求的零件做硬度试验，对多孔夹片式锚具的夹片，每套至少抽取5片。每个零件测试3点，其硬度应在设计要求范围内。如有一个零件不合格，则应另取双倍数量的零件重做试验；如仍有一个零件不合格，则应逐个检查，合格者方可使用。

3）静载锚固性能试验：对搭桥等重要工程，当质量证明书不齐全，不正确或质量有疑点时，经上述两项试验合格后，应从同批中抽取6套锚具（夹具或连接器）组成3个预应力筋锚具组装件，进行静载锚固性能试验，如有一个试件不符合要求，则应另取双倍数量的该批锚具（夹具或连接器）重做试验，如仍有一个试件不符合要求，则该批锚具（夹具或连接器）为不合格品。

对用于其他桥梁的锚具（夹具或连接器）进场验收，其静载锚固性能，可由锚具生产厂提供试验报告。

（2）预应力筋锚具、夹具和连接器验收批的划分：在同种材料和同一生产工艺条件下，锚具，夹具应以不超过1000套组为一个验收批；连接器以不超过500套为一个验收批。

二、后张法

后张预应力筋的张拉应符合设计要求，设计无规定时，其张拉程序可参照表10-45进行。

后张法预应力筋张拉程序　　表10-45

预应力筋		张拉程序
钢筋、钢筋束		0→初应力→1.05σ_{con}（持荷2min）→σ_{con}（锚固）
钢绞线束	对于夹片式等具有自锚性能的锚具	普通松弛力筋0→初应力→1.03σ_{con}（锚固） 低松弛力筋0→初应力→σ_{con}（持荷2min锚固）
	其他锚具	0→初应力→1.05σ_{con}（持荷2min）→σ_{con}（锚固）
钢丝束	对于夹片式等具有自锚性能的锚具	普通松弛力筋0→初应力→1.03σ_{con}（锚固） 低松弛力筋0→初应力→σ_{con}（持荷2min锚固）
	其他锚具	0→初应力→1.05σ_{con}（持荷2min）→0→σ_{con}（锚固）
精轧螺纹钢筋	直线配筋时	0→初应力→σ_{con}（持荷2min锚固）
	曲线配筋时	0→初应力→σ_{con}（持荷2min）→0（上述程序可反复几次）→初应力→σ_{con}（持荷2min锚固）

三、预应力混凝土质量检查

对工程质量的检验，除一般混凝土，钢筋混凝土工程的应有检验项目外，尚应进行钢筋冷拉，预应力钢材编束，孔道预留，施加预应力，孔道压浆等项目的施工检验，以及预应力筋，张拉机具，锚夹具的质量检验。

预应力筋制作安装的允许偏差列于表10-46。

预应力筋制作安装的允许偏差　　表10-46

项　目		允许偏差（mm）
管道坐标	梁长方向	30
	梁高方向	10
管道间距	同排	10
	上下层	10

梁体质量应符合下列规定：

1. 混凝土强度应符合有关规定；

2. 混凝土表面应平整，密实，预应力部位不得有蜂窝，露筋现象。

第九节　桥面及其他附属工程

一、桥面及附属工程主要监理事项

支座的品种、规格、强度等是否符合规范要求。

伸缩装置是否符合规范要求，其安装位置、质量是否符合设计要求；安装时的温度及对伸缩装置部位的清理是否符合要求。

沥青混凝土桥面铺装的施工，应符合现行《公路沥青路面施工技术规范》（JTG F40—2004）的要求。

桥面防护设施的施工，应符合现行《公路交通安全设施施工技术规范》（JTG F71—2006）的要求。

二、支座施工监理

1．板式橡胶支座安装审核事项：

（1）安装前应全面检查产品合格证书；

（2）支座下设置的支承垫石，顶面标高及表面平整情况，同一片梁两端支承垫石水平面是否符合技术要求；

（3）安装前墩台支座垫石处及梁底面的清理及抹平；

（4）支座中心位置的标注；

（5）坡桥的支座安装；

（6）吊装梁板前及安放时的施工要求。

2．球形支座审核事项：

（1）支座出厂时，应由生产厂家将支座调平，并拧紧连接螺栓，以防止支座在安装过程中发生转动和倾覆；支座可根据设计需要预设转角及位移，但施工单位应在订货前提出预设转角及位移量的要求，由生产厂家在装配时预先调整好。

（2）支座安装前方可开箱，并检查装箱清单，包括配件清单、检查报告复印件、支座产品合格证书及支座安装养护细则；施工单位开箱后，不得任意转动连接螺栓，并不得任意拆卸支座。

（3）支座安装高度应符合设计要求，保证支座平面的水平及平整；支座支承面四角高差不得大于2mm。

（4）支座安装注意事项：

1）支座开箱并检查清单及合格证；

2）安装支座板及地脚螺栓：在下支座板周用钢楔块调整支座水平，并使下支座板底标高符合设计要求，找出支座纵、横向中线位置，使之符合设计要求。用环氧砂浆灌注地脚螺栓孔及支座底面垫层。

3）环氧砂浆硬化后，拆除支座四角临时钢楔块，并用环氧砂浆填满抽出楔块的位置。

4）在梁体安装完毕后，或现浇混凝土梁体形成整体并达到设计强度后，在张拉梁体预应力之前，拆除上，下支座连接板，以防止约束梁体正常转动。

5）拆除上、下支座连接板后，检查支座外观，并及时安装支座外防尘罩。

6）当支座与梁体及墩台采用焊接连接时，应先将支座准确定位后，用对称间断焊接，将下支座板与墩台上预埋钢板焊接，焊接时应防止烧伤支座及混凝土。

（5）支座在试运营期一年后应进行检查，清除支座附近的杂物及灰尘，并用棉丝仔细擦除不锈钢表面的灰尘。

3．其他特殊型式支座：聚四氟乙烯滑板式支座等。

聚四氟乙烯滑板式橡胶支座，四氟板表面应设置油槽，支座四周设置防尘设施，在安装时注意以下各点：

（1）墩台上设置的支承垫石，其标高应考虑预埋的支座下钢板厚度，或在支承垫石上预留一定深度的凹槽，将支座下钢板用环氧树脂砂浆粘结于凹槽内。

（2）在支座下钢板上及四氟滑板式支座上标出支座位置中心线，两者中心线相重合放置，为防止施工时位移，应设置临时固定措施。安装时宜在与年平均气温相差不大时进行。

（3）梁底预埋有支座上钢板，与四氟滑板式支座密贴接触的不锈钢板嵌入梁底上钢板内，或用不锈钢沉头钉固定在上钢板上，并标出不锈钢板中心线位置。安装支座时，不锈钢板、四氟板表面均应清洁、干净，在四氟滑板表面涂上硅脂油，落梁时要求平稳、准确，无振动，梁与支座密贴，不得脱空。

（4）支座正确就位后，拆除临时固定装置，采取安装防尘围裙措施。

4. 支座安装的质量标准见表10-47。

支座安装规定值或允许偏差 **表10-47**

<table>
<tr><th colspan="2">检查项目</th><th>规定值或允许偏差（mm）</th></tr>
<tr><td colspan="2">支座中心与主线中心（mm）</td><td>应重合，最大偏差<2</td></tr>
<tr><td colspan="2">高程</td><td>符合设计要求</td></tr>
<tr><td rowspan="2">支座四角高差（mm）</td><td>承压力≤5000kN</td><td><1</td></tr>
<tr><td>承压力>5000kN</td><td><2</td></tr>
<tr><td colspan="2">支座上下各部件纵轴线</td><td>必须对正</td></tr>
<tr><td rowspan="4">活动支座</td><td>顺桥向最大位移（mm）</td><td>±250</td></tr>
<tr><td>双向活动支座横桥向最大位移（mm）</td><td>±25</td></tr>
<tr><td>横轴线错位距离（mm）</td><td>根据安装时的温度和年平均最高、最低温差计算确定</td></tr>
<tr><td>支座上下挡块最大偏差的交叉角</td><td>必须平行<5′</td></tr>
</table>

三、伸缩缝施工检查事项

1. 伸缩装置中所用异形钢梁沿长度方向的直线度应满足1.5mm/m，全长应满足10mm/10m的要求。伸缩装置钢构件外观应光洁、平整，不允许变形扭曲。

2. 伸缩装置必须在工厂进行组装。组装钢构件应进行有效的防护处理。吊装位置应用明显的颜色标明。出厂时应附有效的产品质量合格证明文件。

3. 伸缩装置在运输中应避免阳光直接暴晒，雨淋雪浸，并应保持清洁，防止变形，且不能与其他物质相接触，注意防火。

4. 伸缩装置施工安装时应注意事项：

（1）要按照设计核对预留槽尺寸，预埋锚固筋若不符合设计要求，必须首先处理，满足设计要求后方可安装伸缩装置。

（2）伸缩装置安装之前，应按照安装时的气温调整安装时的定位值，用专用卡具将其固定。

（3）安装时，伸缩装置的中心线与桥梁中心线重合，并使其顶面标高与设计标高相吻合，按桥面横坡定位、焊接。

（4）浇注混凝土前将间隙填塞，防止浇注混凝土把间隙堵死，影响伸缩，并防止混凝土渗入模数式伸缩装置位移控制箱内，也不允许将混凝土溅填在密封橡胶带缝中及表面上，如果发生此类现象，应立即清除，然后进行正常养护。

（5）待伸缩装置两侧混凝土强度满足设计要求后，方可开放交通。

5. 伸缩缝安装允许偏差见表10-48。

伸缩缝安装允许偏差　　表10-48

项　目		允 许 偏 差
缝宽		符合设计要求
与桥面高差（mm）		2
纵坡	大型	±0.2%
	一般	±0.3%
横向平整度		用3m直尺，不大于3mm

四、桥面防水注意事项

应注意对防水材料的技术要求，铺贴沥青卷材施工工艺，乳液或溶液防水材料配合比，防水层类别的选取，通过伸缩缝及沉降缝的处理。防水层应横向闭合铺放，对气候的要求，水泥混凝土桥面铺装层当采用油毛毡类防水层时，应设置隔断缝。

五、泄水管

检查泄水管伸出结构物底面长度，设置的数量，位置及材料的要求，泄水管的引排水管道的检查。

六、桥面铺装

在沥青混凝土桥面铺装前，应检查桥面，桥面横坡是否符合要求，粘层沥青的洒布，配合比设计，铺筑碾压等，施工程度及工艺等是否符合要求。对于水泥混凝土桥面铺装，应检查横向联结钢板焊接情况，预制桥面板粗糙要求。在防水混凝土的施工时，应检查防滑措施及工艺，钢纤维水泥混凝土的施工工艺及复合式桥面的施工工艺是否符合要求。

七、桥面防护监理事项

检查桥面安全带和路缘石、人行道梁、人行道板、栏杆、扶手、灯柱等安装的竖向线形或坡度。

钢筋混凝土墙式护栏的高度、断缝或伸缩缝在纵坡变化处调整。

轮廓标的安装高度及连结。

悬臂式安全带构件及人行道构件必须与主梁横向连接或拱上建筑完成后才可安装。

安全带及人行道梁形成横面排水坡。

缘石的现浇与预制的施工安装工艺。

防撞护栏的施工工艺及材料是否符合要求。

轮廓标反射器的安装角度，反光分流，合流诱导标的安装位置及材料是否符合要求。

反光路灯的材质及安装是否符合要求。

第十节　砌体工程

一、砌体工程监理要点

1. 施工准备

（1）块石、加工后的料石，应成层码放，便于检查使用。

1）片石、块石、料石、角隅石、镶面石、拱石的尺寸和制作要求；

2）注意料石的节理、裂缝发育程度、风化情况、石锈清除情况；

3）确定抗压强度抽样检查频率。

（2）基底整平、夯实或垫层验收是否合格。

（3）测量放样：承包人自检报告的批复及安排监理复核测量。

（4）砂浆配合比：拟使用强度级别的砂浆配合比，以及试件强度报告。每种强度级别应分别提供1组以上试件。已经审核批准的砂浆配合比可直接使用。

（5）砌筑工艺：相邻砌段应分层搭接。

2. 施工

（1）砌筑

审定砌筑方法，如采取座浆挤浆法，砌筑前底层砌石或基底应湿润，料石应充分湿润。砌筑时灰浆应饱满，砌缝宽度一致，按规定丁顺压缝，砌筑料石应互相咬结，不准摆放后灌浆，不准料石直立贴皮使用。

（2）砂浆宜机拌，除正常砂浆取样频率外，视现场情况增加试样。

（3）确定勾缝方式，勾缝应结实美观。

（4）砌体应及时养生。

（5）按设计要求设置泄水孔，泄水管；泄水孔应设置反滤层。

（6）养生的方式和时间。

二、砌体质量标准

1. 质量检验及质量标准

（1）对砂浆及小石子混凝土的抗压强度，应按不同强度等级，不同配合比分别制取试件，重要及主体砌筑物，每工作班应制取试件 2 组；一般及次要砌筑物，每工作班可制取试件 1 组。拱圈砂浆应同时制取与气体同条件养护试件，以检查各施工阶段强度。

（2）小石子混凝土抗压强度评定方法同一般混凝土，砂浆抗压强度合格条件如下：

1）同等级试件的平均强度不低于设计强度等级；

2）任意一组试件最低值不低于设计强度等级的 75%。

（3）砌体质量应符合下列规定：

1）砌体所用各项材料类别、规格及质量符合要求；

2）砌缝砂浆或小石子混凝土铺填饱满，强度符合要求；

3）砌缝宽度、错缝距离符合规定，勾缝坚固、整齐、深度和型式符合要求；

4）砌筑方法正确。

2. 锥坡允许偏差（见表10-49）。

锥坡允许偏差　　　　**表10-49**

检查项目	允许偏差	检查方法和频率
砂浆强度（MPa）	在合格标准内	按规范附表F检查
顶面高程（mm）	±50	水准仪：3点/50m，不足50m至少2点
表面平整度（mm）	30	2m直尺：3处
坡度	不陡于设计	坡度尺量：3处/50m
厚度（mm）	不小于设计	尺量：3处/100m
地面高程（mm）	±50	水准仪：3点/50m

第十一节　涵　　洞

一、涵洞监理工作要点

1. 一般监理事项

开工前，应核对设计资料，地形复杂处涵洞施工样图；测定中线和墩台位置；审查沉降缝处的防水层的材料，回填时间，回填顺序，回填土的压实度，涵洞进出水口及其沟床等。

2. 盖板涵须查事项

预制盖板施工时应注意：检查盖板上，下面的方向，斜交角，安装时强度，成品及墩台尺寸，吊装孔的处理。

3. 箱涵须查事项

浇注工艺、沉降缝的设置、翼墙模板的拆除，翼墙、侧墙背的填土施工。

二、涵洞质量标准

1. 盖板涵施工质量标准

（1）各部尺寸允许偏差，参见表10-50～表10-54；

（2）涵身顺直，涵底铺砌紧密平整；

（3）进出水口与上下游沟槽连接圆顺，流水畅通。

涵洞总体实测项目　　表10-50

检查项目	规定值或允许偏差	检查方法和频率
轴线偏位（mm）	明涵20，暗涵50	经纬仪：检查2处
流水面高程（mm）	±20	水准仪、尺量：检查洞口2处，拉线检查中间1～2处
涵底铺砌厚度（mm）	+40，－10	尺量：3～5处
长度（mm）	+100，－50	尺量：检查中心线
孔径（mm）	±20	尺量：检查3～5处
净高（mm）	明涵±20，暗涵±50	尺量：检查3～5处

涵台实测项目　　表10-51

检查项目		规定值或允许偏差	检查方法和频率
混凝土强度（MPa）		在合格标准内	按附录D检查
涵台断面尺寸（mm）	片石砌体	±20	尺量：检查3～5处
	混凝土	±15	
竖直度或斜度（mm）		0.3%台高	吊垂线或经纬仪：测量2处
顶面高程（mm）		±10	水准仪：检查3处

盖板安装实测项目　　　　**表 10-52**

检 查 项 目	规定值或允许偏差	检查方法和频率
支承面中心偏位（mm）	10	尺量：每孔抽查 4 ~6 个
相邻板最大高差（mm）	10	尺量：抽查 20%

一字墙和八字墙实测项目　　　　**表 10-53**

检 查 项 目	规定值或允许偏差	检查方法和频率
混凝土或砂浆强度（MPa）	在合格标准内	按附录 F 或 D 检查
平面位置（mm）	50	经纬仪：检查墙两端
顶面高程（mm）	±20	水准仪：检查墙两端
底面高程（mm）	±50	
竖直度或坡度（%）	0.5	吊垂线：每墙检查 2 处
断面尺寸（mm）	不小于设计	尺量：各墙两端断面

2．箱涵施工质量标准

箱涵实测项目　　　　**表 10-54**

检 查 项 目		规定值或允许偏差	检查方法和频率
混凝土强度（MPa）		在合格标准内	按附录 D 检查
高度（mm）		+5，－10	尺量：检查 3 个断面
宽度（mm）		±30	
顶板厚（mm）	明涵	+10，－0	尺量：检查 3 ~5 处
	暗涵	不小于设计值	
侧墙和底板厚（mm）		不小于设计值	尺量：检查 3 ~5 处
平整度（mm）		5	2m 直尺：每 10m 检查 2 处 ×3 尺

第十二节　桥　　梁

一、梁式桥

1. 在支架上浇筑梁式桥

（1）在移动模架上浇筑预应力混凝土连续梁：

1）支架长度必须满足施工要求；

2）支架应利用专用设备组拼，在施工时能确保质量和安全；

3）浇筑分段工作缝，必须设在弯矩零点附近；

4）箱梁外、内模板在滑动就位时，模板平面尺寸、高程、预拱度的误差必须在容许范围内；

5）混凝土内预应力筋管道、钢筋、预埋件设置应符合有关规定。

（2）在支架上现浇混凝土梁的技术要求和注意事项：

1）支架应稳定，强度、刚度、预埋件设置应符合有关规定；

2）支架的弹性、非弹性变形及基础的允许下沉量应满足施工后梁体设计要求；

3）整体浇筑是应采取措施，防止梁体不均匀下沉产生裂缝，若地基下沉可能造成梁体混凝土产生裂缝时，应分段浇筑。

2. 悬壁浇筑

（1）挂篮、模板、钢筋及预应力筋：

1）挂篮的设计要求：挂篮质量与梁段混凝土的质量比值宜控制在0.3~0.5之间，特殊情况下也不应超过0.7。

主要设计参数：

① 挂篮总种控制在设计现种之内；

② 允许最大变形（包括吊带变形的总和）：20mm；

③ 施工时、行走时的抗倾覆安全系数：2；

④ 自锚固系统安全系数：2；

⑤ 斜拉水平限位安全系数：2；

⑥ 上水平限位安全系数：2。

2）挂篮加工试拼及加载试验：挂篮所使用的材料必须是可靠的，有疑问时应进行材料力学性质试验。挂篮试拼后，必须进行荷载试验。

3）挂篮支承平台除要有足够的强度外，还应有足够的平面尺寸，以满足梁段的现场做业需要。

4）现浇梁模板的制做与安装必须正确、牢靠，安装误差应符合有关规定。后吊杆和下限位拉杆孔道应严格按计划尺寸准确预留。

5）钢筋制作及安装，除应符合有关规定外，还应注意以下几点：

① 在进行腹板和底板安装时，应将底板钢筋和腹板钢筋连接牢固，最好采用焊接；

② 底板上、下两层钢筋网应形成一个整体；

③ 顶板底层横向钢筋最好采用通长筋；

④ 钢筋与管道相碰时，只能移动，不得切断钢筋；

⑤ 若下限位器、下锚带、斜拉杆等部位影响下一步操作必须切断钢筋时，应待该工序完工后，将割断的钢筋连好再补孔。

6）梁断的与应力筋、管道、钢筋、预埋件的加工及安装应符合有关规定。

（2）混凝土悬臂浇筑

1）桥墩顶梁段及桥墩顶附近梁的施工，按有关规定执行。

2）在梁段混凝土浇筑前，应对挂篮（托架或膺架）、模板、预应力筋管道、钢筋、预埋件、混凝土材料、配合比、机械设备、混凝土接缝处理情况进行全面检查，经签认后方准浇筑。

3）连续梁悬臂浇筑施工时，要有保证梁体施工稳定的措施。

4）桥墩两侧梁段悬臂施工进度应对称、平衡，实际不平衡偏差不得超过设计要求值。

5）悬臂浇筑段前端底板和桥面的标高，应根据挂篮前端的垂直变形及预拱度设置，施工过程中要对实际高程进行监测，如与设计值有较大出入时，应会同有关部门检查原因进行调整。

6）箱行截面混凝土浇筑顺序应按设计要求办理，当采用两次浇筑时，各梁断的施工应错开。箱体分层浇筑时，底板可一次浇筑完成，腹板可分层浇筑，分层间隔时间宜控制在混凝土初凝前且使层与层覆盖住。

7）梁段混凝土达到要求的强度后，方可按有关规定进行预应力筋的张拉、压浆。

8）梁段混凝土的拆模时间，应根据混凝土强度及施工安排确定。混凝土应尽量采用早强措施，使混凝土的强度及早达到预施应力的强度要求，缩短施工周期，加快施工进度。

9）混凝土养护应覆盖洒水，如冬期施工应按冬期施工的规定执行。

（3）穿束、张拉和压浆

1）穿束的前端必须认真处理。

2）预应力张拉：

① 挂篮移动前，顶、腹板纵向束的张拉应安设计要求的张拉顺序张拉，如设计无要求时，应注意上下、左右对称张拉。张拉时注意梁体和锚具的变化。

② 张拉按有关规定及设计要求执行。

③ 纵向预应力在采用锚张拉时宜测定锚口、管道摩阻损失值。

3）压浆有关规定执行。

（4）连续梁的合龙、体系转换和支座反力调整

1）测量箱梁顶面标高及轴线，连续测试温度影响偏移值，观测合龙段在温度影响下梁体长度的变化。

2）合龙顺序：按设计要求办理，设计无要求时，一般先边跨，后次中跨，再中跨。多跨一次合龙时，必须同时均横、对称地合龙。合龙时，一切临时荷载均要与设计单位商量决定。

3）连续梁合龙段长度及体系转换应按设计规定，将两悬臂段的合龙口予以临时连接，连接注意事项如下：

① 复查、调整两悬臂端合龙施工荷载，使其对称相等，如不相等时，应用压正调整。

② 检查梁内预应力刚束是否张拉完成。

③ 复侧、调整中跨、边跨悬臂的挠度及两端的高差。

④ 观测了解合龙前的温度变化与梁段高程及合龙段长度变化的关系。

⑤ 合龙前应在两端悬臂预加压重，并与浇筑混凝土过程中逐步撤除，使悬臂挠度保持稳定。合龙宜在一天中最低气温时完成。合龙段的混凝土强度等级可提高一级，以尽早张拉。合龙段混凝土浇筑完成后，应加强养护，悬臂端应覆盖，防止日晒。

4）体系转换及支座反力调整，按设计程序要求施工。

（5）支座安装

其注意事项参照有关规定执行。

（6）悬臂梁挂孔梁架设安装的其他技术要求

1）悬臂挂孔的预制挂梁通过悬臂梁段架设时，应验算悬臂梁段的强度及稳定性，并应对悬臂端预埋件及支座位置进行校核。

2）墩顶梁段及附近箱梁段施工：墩顶梁段及附近梁段可采

用托架或膺架为支座就地浇筑混凝土。托架或膺架要经过设计，计算弹性或非弹性变形。模板、预应力管道、钢筋、预埋件安装、混凝土浇筑应符合设计要求及有关规定。

3）边跨现浇段：现浇段的浇筑顺序是靠近边墩（台）的先浇，逐段向合龙段靠拢，逐渐调整现浇梁段的标高，使合龙高差控制在允许误差内。浇筑混凝土前确保支架与梁底之间能相对滑动，使边跨合龙时现浇段能随原浇筑T构自由伸缩，避免混凝土拉应力过大。

4）合龙及体系转换：合龙顺序按有关施工。合龙后拆除临时支座，并将支座限位，按有关要求进行体系转换。

3．简支梁、板的安装

（1）一般要求

1）除应验算构件在起吊过程中所产生的应力是否符合要求外，应按有关规定执行。

2）支座的安装应参照有关规定执行。

（2）安装施工

1）简支梁和板可根据现场情况、梁和板的重力及所用设备制订安装方案，各受力部分的设备、杆件应经过验算。

2）斜桥、弯桥安装时，应按照设计要求办理，如设计无规定时，可按本章规定办理。

（3）梁、板就位

每根大梁就位后，应及时设置保险垛或支撑，将梁固定并用钢筋与先安装好的大梁预埋横向连接钢板焊接，防止倾倒，待全孔大梁安装完毕后，再按设计规定使全孔大梁整体化。梁、板就位后按设计要求及时浇筑接缝混凝土。

4．施工观测及控制

（1）在支架上浇筑梁式桥的观测内容

施工时应对支架的变形、位移、节点和卸架设备的压缩和支架基础的沉陷等进形观测，如发现超过允许值的变形、变位，应及时采取措施予以调整。

悬臂浇筑混凝土过程中对桥梁的中轴线、高程进行测量观测，误差应在允许范围内：

高程：±10mm；

中轴线偏差：5mm。

（2）应力跟踪测量：对梁体主要断面应力观测值与理论值比较，研究体系转换过程中的应力变化，分析其他因素对箱梁的影响。

（3）装配式桥安装施工过程中，应经常对构件混凝土进行裂缝观测，若发现裂缝超过规定或有继续发展的趋势时，应及时分析研究，找出原因，采取有效措施。

5．质量检查和质量标准

（1）质量检测

各种材料、各工程项目和各个工序应经常进行检验，保证符合设计和施工技术规范的要求。检验项目和次数按有关规定执行。

（2）质量标准

1）现浇混凝土梁式桥的质量标准见表10-55。

现浇混凝土梁式桥的质量标准　　　　表 10-55

项　目		规定值或允许偏差
混凝土强度（MPa）		符合设计要求
轴线偏位（mm）	$L \leq 100$m	10
	$L > 100$m	$L/10000$
顶面高程（mm）	$L \leq 100$m	±20
	$L > 100$m	$L/5000$
	相邻节段高差	10

续表

项　目		规定值或允许偏差
断面尺寸（mm）	高度	+5，-10
	顶宽	±30
	顶底腹板厚	+10，-0
合龙后同跨对称点高程差（mm）	$L \leqslant 100$m	20
	$L > 100$m	$L/5000$

2）预制梁、板的允许偏差见表10-56。

预制梁、板的允许偏差　　表10-56

检查项目		规定值或允许偏差（mm）
梁（板）长度		+5，-10
宽度	干接缝（梁翼缘、板）	±10
	湿接缝（梁翼缘、板）	±20
	箱梁顶宽	±30
	腹板或梁肋	+10，0
高度	梁、板	±5
	箱梁	+0，-5
跨径（支座中心至支座中心）		±20
支座平面平整度		2
平整度		5
横系梁及预埋件位置		5

3）简支梁、板就位后与支座须密和，否则应重新安装，安装的允许偏差见表10-57。

简支梁、板安装允许偏差　　表 10-57

检查项目		允许偏差
支座中心偏位（mm）	梁	5
	板	10
竖直度		1.2%
梁、板顶面纵向高程（mm）		+8，-5

二、钢筋混凝土拱桥

1. 在拱架上浇筑混凝土拱圈

（1）拱圈应沿拱跨方向分段浇筑。分段位置应以能使拱架受力对称、均匀和变形小为原则，拱式拱架宜设置在拱架受力反弯点、拱架节点、拱顶及拱脚处；满布式拱架宜设置在拱顶。*L*/4 部位、拱脚或拱架接点等处。各段的接缝面应与拱轴线垂直，各分段点应预留间隔槽，其宽度一般为 0.5 ~ 0.1m，但安排有钢筋接头时，其宽度尚应满足钢筋接头的需要。如预计拱架变形较小，可减少或不设间隔槽，而采取分段间隔浇筑。

（2）分段浇筑程序应符合设计要求，应对称于拱顶进行，使拱架变形保持均匀和尽可能的最小，并应预先做出设计。分段浇筑时，各分段内的混凝土应一次连续浇筑完毕，因故中断时，应浇筑垂直于拱轴线的施工缝；如浇筑成斜面，应凿成垂直于拱轴线的平面或台阶式接合面。

（3）间隔槽混凝土，应带拱圈分段浇筑完成后且其强度达到 75% 设计强度和接合面施工处理后，由拱脚向拱顶对称进行浇筑。拱顶及两拱脚间隔槽混凝土应在最后封拱时浇筑。封拱合龙温度应符合设计要求，如设计无规定时，宜在接近当地年平均温度或5～15℃时进行，封拱合龙前用千斤顶施加压力的方法调整拱圈应力时，拱圈（包括以浇间隔槽）的混凝土强度应达到设计强度。

（4）浇筑拱圈混凝土时，纵向钢筋接头应安排在设计规定的最后浇筑的几个间隔槽内，并应在这些间隔槽浇筑时再连接。

（5）浇筑拱圈混凝土时，宜采用分环（层）分段法浇筑，也可沿纵向分成若干条幅，中间条幅先行浇筑合龙，达到设计要求后，再按纵向对称、分次浇筑其他合龙。其浇筑顺序和养护时间应根据拱架荷载和各环负荷条件通过计算确定，并应符合设计要求。

2. 施工观测和控制

（1）就地浇筑钢筋混凝土拱圈及卸落拱架的过程中，应设专人用仪器配合施工进度随时观测拱圈、拱架的挠度和横向位移以及墩台的变化情况，并详细记录，如发现异常，应及时分析，采取措施，必要时可调整加载或卸架程序。

（2）拱桥施工过程中，应配合施工进度对拱圈混凝土、拱肋接头、吊杆、系杆等关键受力部位进行应力监测，并与控制计算值相比较，一旦偏差超出设计允许范围，应立即进行调整。

（3）拱桥的施工观测和控制宜在每天气温、日照变化不大的时候进行，尽量减少温度变化等不利因素的影响。

3. 质量检查和质量标准

（1）钢筋混凝土拱圈外形轮廓清晰顺直，表面平整，施工缝修饰光洁，一般不应有蜂窝麻面，无表面受力裂缝或缝宽不应超过0.15mm。钢筋混凝土拱圈的质量检测标准见表10-58。

现浇拱圈的质量检测标准 表 10-58

检查项目		规定值或允许偏差（mm）
混凝土强度（MPa）		在合格标准内
轴线偏位	板拱	10
	肋拱	5
内弧线偏离设计弧线	跨径 $L \leqslant 30m$	±20
	跨径 $L > 30m$	$\pm L/1500$
断面尺寸	高度	±5
	顶底腹板厚	±10，0
拱肋间距		5

（2）中、下承式吊杆安装应顺直，无扭转，防护层完整，无破损。其质量检测标准见表10-59。

中、下承式拱桥吊杆安装质量检测标准 表 10-59

检查项目		规定值或允许偏差
吊杆的拉力（kN）		符合设计要求
吊点位置（mm）		10
吊点高程（mm）	高程	±10
	两侧高差	20
吊杆锚固处防护		符合设计要求

第十三节 桥涵施工监理注意事项

一、桥梁施工注意事项

1．桥梁施工前，应首先对桩位坐标、结构各部尺寸及标高等进行全面复核，无误后方可施工放样，如有异议，应及时和设计单位联系。

2. 基桩钻孔施工及其验收过程中，应核实地质资料。当实际地质状况与设计图纸所用的钻孔资料不符时，应变更桩基设计；并应注意每根基桩均设有3根ϕ57mm超声波检测管，施工时应保证其位置准确、牢固，并在两端密封以防止杂物堵塞管道。

3. 上部构造施工时应注意预埋钢筋的埋设，如挡块预埋筋、支座下钢筋网等。

4. 应注意交通工程及沿线设施的有关图纸要求所需的预埋件。

5. 本项目所采用的空心板为先张法空心板，空心板存在一定的上挠预拱度，而桥梁标高计算时没考虑其上挠预拱度，为保证桥面铺装最薄处的厚度，施工时采取调整柱顶标高方式消除空心板上挠预拱度的影响。

6. 钢筋混凝土拱桥

（1）拱圈施工时应沿拱跨方向分段浇注。分段位置应以能使拱架受立对称、均匀和变形为原则，拱式拱架宜设置在拱架受力反弯点、拱架节点、拱顶及拱脚处；满布式拱架宜设置在拱顶、1/4部位、拱脚及拱架节点等处。各分段点应预留间隔槽，其宽度一般为0.5～1m。必须保证安全，避免过大或不均匀下沉。拱架需设置预拱度。

（2）拱圈分段浇注程序应符合设计要求，应从拱脚、拱顶和1/4点开始或交叉进行，使拱架变形保持均匀和尽可能小最小。分段浇注时，各分段内的混凝土应一次连续浇注完毕，因故中断时，应浇注成垂直于拱轴线的施工缝；如浇注成斜面，应凿成垂直于拱轴线的平面或台阶式接合面。

（3）间隔槽混凝土，应待拱圈分段浇注完成后且其强度达到75%设计强度和接合面按施工缝处理后，由拱脚向拱顶对称进行浇注。拱顶及两拱脚间隔槽混凝土应在最后封拱时浇注。封拱合拢温度应在 10 ~ 15℃时进行，封拱合拢前用千斤顶施加压力的方法调整拱圈应力，拱圈（包括已浇注间隔槽）的混凝土强度应达到设计强度。

（4）卸落拱架时间应在拱圈合拢后至少两星期进行，同时在卸拱前，桥台全部工程及台背填土必须基本完成。卸落拱架的次序，应自拱顶至拱脚分多次逐渐对称进行。

7. 变截面连续箱梁桥

（1）箱梁预制支模时，模板定位由施工单位根据施工组织设计要求自行设计，同时须进行施工验算，支架须进行预压。

（2）浇注箱梁时，须密切注意护栏、支座所需预埋件的设置和预埋，有关护栏预埋件位置尺寸详见有关图纸。

（3）焊接钢筋时，要根据《公路钢筋混凝土及预应力混凝土桥梁设计规范》（JTG D62—2004）、《公路桥涵施工技术规范》（JTJ 041—2000）严格检查焊接质量和几何尺寸。

（4）预应力钢束张拉应严格按照设计提供的张拉顺序和张拉控制应力进行。施加预应力应在混凝土强度达到设计强度的 90% 以后进行。预应力钢束在同一截面上的断丝率不得大于 1%，在任何情况下，一根钢绞丝不得断丝 2 根。

（5）施加预应力必须采用张拉墩位时，实际引伸量不得低于理论引伸值的 5%，同时也不易高于理论引伸量值的 10%。实际引伸量值应扣除刚束的非弹性变形影响。钢束实际引伸量值根据实测引伸量值按下式推测：

$$\Delta = \Delta_0 P/(P - P_0) - \oint \qquad (10-18)$$

式中　Δ——实际引伸量；

P——设计张拉吨位；

P_0——初始张拉吨位，一般为 15% P，具体视引伸量是否线形变化而定；

Δ_0——由 $P_0 \to P$ 的实测引伸量；

$\oint$——夹片回缩值，由实测决定。

(6) 钢绞线在现场后，必须对其强度、引伸量、弹性模量、外行尺寸及初始应力严格检查。测试。锚头应逐个进行裂缝检查，夹片应进行硬度检查。

(7) 预应力管道必须按给定的坐标定位，直线段一般应0.5m设一道定位架，曲线段一般应0.3m设一道。预应力管道的连接必须保证质量，应杜绝因漏浆造成的预应力管道堵塞。

(8) 预应力刚束张拉完后，孔道内应尽早压浆，并保证压浆质量。

(9) 箱梁顶面平整度应满足±0.7cm，浇筑桥面混凝土前，为保证与桥面垫层混凝土的粘接质量，箱梁顶面严禁被油污，浮浆等污染，且必须用刚刷清楚结合面上的浮皮，用水冲洗，然后浇筑桥面混凝土，并严格保持桥面钢筋及护栏、护栏座。伸缩缝等预埋件的位置准确和捣实养护工作。

(10) 箱梁在绑扎钢筋。浇注混凝土过程中，避免踏压波纹管，防止其变形影响穿束及张拉。

(11) 浇注混凝土时，锚下混凝土一定要捣实，另外波纹管正下方混凝土一定要采取措施捣实，防止出现蜂窝状。

(12) 压浆材料，掺和材料及配比没有什么特殊要求，灰浆配合比的确定应根据孔道形成，灌浆方法，材料性能及设备条件由试验确定，原则是以减少灰浆收缩与构件混凝土结合良好为准，水灰比可控制在0.4~0.5之间，仅供参考。

(13) 连接器严格按坐标方式固定，锚固细节由供货方提供，不另出图纸。

(14) 预应力刚束与钢筋和伸缩缝的伸缩箱以及其他构件发

生冲突，都应适当位移位置避让预应力刚束。

(15) 盖梁摸板可支撑在已达设计强度的立柱上。浇注盖梁的混凝土骨料最大粒径不应大于3cm，浇注盖梁混凝土时除保证质量和外型美观外，还须注意防震挡块的位置正确。

二、涵洞施工注意事项

1. 通道施工前应首先对平面位置、各部尺寸和标高等进行全面复核，无误后方可施工放样。如有异议，应及时与设计单位联系。

2. 通道设计图以斜交5°为一级进行设计，通道的进口可能与原路、沟有所偏差，施工时，应予以顺接。

3. 对改路该沟方案应按设计图纸施工。施工时若发现设计方案与实地地形出入较大时，应及时和设计代表联系，必要时做现场变更设计，保证与原道路的顺接。

4. 通道一般布置图中均对基底应力提出要求。通道基坑开挖至高于通道底标高10cm时，采取有效的原位测试方法（如静力触探、轻型触探、环刀法土工试验或承载板）测出基地应力，若基底应力经检测达不到设计要求，应及时提出变更设计。对于原设计布置图有基底换填处理的通道，通道基坑开挖至高于换填碎石垫层底面标高以上10cm时，采取有效的原位测试方法测出基底应力，若基底应力经检测小于施工图地质勘察资料中的通道基底应力值时，应及时提出变更设计。在未进行处理前，基底应采取有效的防止措施。

5. 凡是设计布置图中对基底进行换填处理的通道基坑开挖尺寸要按换填基坑尺寸开挖，并按图纸要求进行回填处理。

6. 每道箱型通道均需在箱身中部（中央分隔带下）连同基础设变形缝一道，若通道很长时可时具体情况在设断缝，分段长度宜在6m左右。

7. 箱型通道采用就地浇筑工艺。全箱可采用两次浇筑，第一次浇至底板内壁以上30cm，第二次浇筑剩余部分。两次浇筑的接缝处应保证有良好的衔接面（粗糙、干净并不得有堆落的混凝土、砂浆等）。

8. 拆除翼墙模板时应避免产生较大的震动。翼墙、侧墙背后填土，应在箱身混凝土强度达到100%时方可进行，要求分层夯实，不得采用大型机械推土超厚压实法，并须在箱通两侧对称进行。

9. 为了减少箱身两侧填土的沉降量，以改善通道顶与两侧路面的平顺性，从侧墙底向外2.5m处以1:1的坡度向上，此范围内以砂砾石回填。

第十一章　路面工程施工监理

第一节　底　基　层

1．审批原材料

承包人在根据业主的推荐选定底基层材料厂（场）家后，需首先进行材料自检试验，检查原材料是否符合技术规范要求，然后将试验结果连同出厂合格证或证明和材料样品一起报驻地办审核，由总监办审批。

2．审批混合料配比

承包人在开工前应采用批准的原材料进行混合料的配比设计，确定各种材料配比，并通过室内试验确定混合料的最大干密度、最佳含水量和无侧限抗压强度。试验全部合格后，承包人应将混合料设计的配合比及试验结果报驻地办，由总监办审批。

3．审查承包人主要机械设备的配置及调试情况

在正式开工和试验段开工之前，驻地办对承包人为底基层施工配置的主要机械设备（特别是混合料拌合设备）应按照技术规范的要求进行审查。机械设备及调试经审查合格后，予以批准使用。不能保证达到技术规范规定的技术要求或功能的机械设备，不允许使用。

4．检查试验段的准备情况，审批承包人关于试验段的开工报告

承包人在得到驻地办对原材料和混合料配合比的批准后，应积极做好试验段的各种准备工作。在试验段开工前，需向驻地办

提交开工报告，由驻地办审批。

5．旁站监理试验段施工

试验段开工后，监理人员通过旁站，检查各种原材料、混合料、拌合方法、施工工艺、施工组织和施工过程的质控系统等是否与承包人在试验段开工报告中所报一致，存在哪些问题。同时，监理人员通过使用试验、测量等手段，检查材料和工程的质量能否满足技术规范的要求。

6．审批试验段总结报告及正式工程的开工报告

在试验段修筑完毕，承包人自检各项技术指标全部合格后，向驻地办提交《试验段总结报告》。总结报告应包括以下主要内容：

（1）所使用材料的技术性能；

（2）试验段的各种检测资料；

（3）工艺工序流程及试验段取得的经验总结；

（4）失败的教训及问题分析；

（5）正式施工时应注意的问题；

（6）提出底基层正式开工报告。

驻地办对试验段工程质量进行各项检测、试验，并审查试验段的总结报告，全部合格后批准。

7．驻地办还应检查承包人为正式工程所做的各项准备工作。承包人正式路段施工的开工报告应具备以下内容：

（1）拟定的施工路段；

（2）测量放样资料；

（3）主要机械设备配备的规格、型号、数量；

（4）施工组织计划与施工方法；

（5）本项工程中主要施工、技术负责人。

以上内容经审查符合要求后，由驻地办批准后开始底基层施工。

8. 旁站监理底基层施工

在底基层的施工过程中，现场监理人员主要采取旁站和巡视的方法来检查承包人是否按照批准的混合料配比、施工工艺、施工组织和施工计划进行施工，同时了解承包人的质控系统的运转情况。

旁站、巡视主要分为：

（1）施工现场的旁站；

（2）对承包人工地试验室的旁站和巡视；

（3）对拌合场的旁站和巡视；

（4）养生期间的巡视和检查。养生后何时可开放施工车辆的通行及交通，要由驻地办确定。

9. 单项工程的验收

在一个路段的底基层完工后，承包人按技术规范和检验项目、频率、标准进行自检，合格后，应填写质量验收通知单送驻地办、总监办。由驻地办组织对承包人所报路段底基层进行验收。

10. 审查、签认中间交工证书

单项工程验收完工后，由承包人填写中间交工证书，连同相应的开工申请单及质量检验单一并报驻地办审核，予以签认中间交工证书，以作为中间计量和支付的依据。

第二节　基　　层

路面基层的监理程序与底基层基本相同。基层监理程序只需在底基层监理程序中将“底基层”换成基层即可。

除此之外，在基层成型，经驻地办检验合格并签发路面基层质量检验单后，要在批准的基层上喷洒透层油。因此在监理程序

第一条中，原材料的审批应包括对沥青透层油的审批。在底基层中的第3、4、5、6条中均应加进喷洒沥青透层油的有关内容；在程序7之后加第8条“旁站喷洒透层油”程序，即：

（1）对拟喷洒透层油的基层表面进行检验，以保证设计要求的高程、纵横坡度等；

（2）检查基层表面是否清扫清洁、紧密、干燥、无尘埃和泥浆；

（3）在喷洒透层前1.5小时，检查基层表面是否用水微湿、达到接受透层油的合适程度；

（4）确定喷洒路段长度，检查喷洒设备，测定喷洒透层油用量；

（5）检查对邻近建筑物的保护情况；

（6）根据气候情况及对工程可能造成的影响，及时决定可否进行喷洒透层油作业；

（7）对已浇洒透层油的路面养护工作进行监督。

程序第9、10条分别与底基层监理程序的第8、9条相同。

第三节　面　层

一、沥青混凝土面层

1. 审批原材料

承包人在沥青混凝土面层所用的原材料，包括粗、细骨料、填料和沥青结合料必须有出厂合格证，承包人在通过自检证明各种材料均达到技术规范的要求后，报驻地办，由总监办审批。

总监办接到报告后，由其总监办中心试验室检查原材料的出厂证明材料和承包人的自检资料，并对承包人所报材料样品进行抽检。如果全部合格，则批准承包人使用这些材料。这个批准只是对来样的批准，若施工中材料发生变化时，仍须按以上程序重新报批。

如乳化沥青检验的项目是：

① 蒸发残留物含量试验；

② 筛上剩余量试验；

③ 微粒离子电荷试验；

④ 与矿料拌合试验；

⑤ 储存稳定性试验；

⑥ 低温储存稳定性试验；

⑦ 与水泥拌合试验；

⑧ 破乳速度试验；

⑨ 与矿料粘附性试验；

⑩ 黏度试验；

⑪ 乳液的 pH 值测定。

2. 审批沥青混合料配比

承包人在混合料正式生产一个月之前，应向驻地办、总监办呈报沥青混合料的配比设计及在拌合场生产的混合料试样。

总监办在批准该设计配比之前，应按承包人的配比重新抽检各项技术指标。如不合格，将配比设计退回承包人重新设计、报批；如合格，则批准使用。

3. 审查承包人路面施工机械的配置和调试情况

承包人应按照技术规范和施工组织设计的要求，配置足够数量且品种齐全的拌合、运送、摊铺、压实沥青混合料的机械设备及工具，并应在试验路段开工之前安装调试，合格后报驻地办审批。

所有工程使用的设备应保持良好的操作条件。不符合技术规范要求的设备，监理人员有权要求承包人从工作中撤除或更换。

4. 检查试验段准备情况，审批承包人的试验段开工报告

承包人在配比设计方案得到批准及施工所用机械设备安装调试就绪以后，即可提交《试验段开工报告》。报告中应包括：

(1) 试验地点、桩号、长度、面积；

(2) 现场基层准备情况；

(3) 混合料拌合设备调试、运转情况；

(4) 施工机械设备的数量、技术性能及状况；

(5) 施工工艺、技术措施、质控手段；

(6) 施工组织、生产技术管理人员的配备及组织；

(7) 已经批准的混合料配合比设计方案。

驻地办接到报告后，逐项进行审查，由总监办审批。

5. 旁站试验路段的施工

承包人按批准的开工报告进行试验路段施工。驻地办要进行旁站监理。

6. 检测、验收试验段，审批试验段总结报告及正式工程的开工报告

试验段成型后由承包人自检，若质量合格则通知驻地办进行检测、验收。试验全部合格后，驻地办予以签字验收。承包人写出试验段总结报告，报总监办审批，同时提出面层施工的开工申请报告。

驻地办经审查试验段总结合格及检查承包人正式工程开工的各项准备工作齐备后，报总监办批准正式开工。

试验段可设在永久工程内，也可在永久工程外。在永久工程内且质量验收合格的，可作为永久工程予以计量、支付；质量不合格时，应予清除。在永久工程之外施工的试验段，即便质量验收合格，也不予计量、支付。

7. 旁站沥青混凝土面层施工

沥青路面铺筑时，监理人员应坚持全过程的旁站。同时，应

加强对沥青混合料拌合场的旁站和巡视。

在旁站中要密切注意混合料的变化，检查承包人施工机械配备、施工组织、施工工艺等是否与所批开工报告中的计划一致，监督承包人按技术规范要求的试验项目和试验频率进行试验。施工中发现原材料或混合料有变化或不合格时，应停止使用。同时，驻地办要按照规范要求的项目进行抽检。

混合料拌合中若发现质量问题，应及时向承包人指出，若问题得不到解决应采取停工。

8．工程质量验收

每层路面成型后，由驻地办进行各项技术指标的质量验收。各项检验项目均应按质量检验单中规定的频率和允许偏差进行检验，检验结果和平均值填入面层质量检验单。全部检验合格者，驻地办予以签字验收。

9．审查、签认中间交工证书。

二、水泥混凝土面层

1．审批原材料

承包人在混凝土面层中所用的原材料，包括粗细骨料、钢材和水泥必须有合格证明或检验质量单。承包人通过自检证明各种材料均达到技术规范的要求后，报总监办审批。

总监办接到报告后，由其总监办中心试验室检查原材料的证明材料和承包人的自检资料，并对承包人及所报材料样品进行抽查。如果全部合格，则批准承包人使用这些材料。这个批准只是对来样的批准，若施工中材料发生变化时，仍须按以上程序上报重新报批。

2．审批水泥混凝土混合料配比

承包人混合料正式生产一个月之前，应向驻地办呈报混凝土混合料配合比设计，及在拌合场生产的混合料试样。

总监办在批准该设计配比之前，应按承包人的配比重做有关试验，抽查各项技术指标。如不合格，将配比设计退回承包人重新设计、报批；如合格，则批准使用。

3. 审查承包人路面施工机械的配置和调试情况

承包人应按照技术规范的要求配置足够数量且品种齐全的拌合、运送、摊铺、振捣、抹光、拉毛及养生混凝土的机械设备，并应在试验路段开工之前安装调试，合格后报驻地办审查批准。

所有工程中使用的设备应保持良好的操作条件。不符合技术规范要求的设备，监理人员有权要求承包人从工作中撤除。

4. 检查试验段准备情况，审批承包人的试验段开工报告

承包人在配比设计方案得到批准及施工所用机械设备安装调试就绪以后，即可提交试验段开工报告。报告中应包括：

（1）试验地点、桩号、长度、面积；

（2）现场基层准备情况；

（3）混合料拌合设备调试、运转情况；

（4）施工机械设备的数量、技术性能及状况；

（5）施工工艺、技术措施、质控手段；

（6）施工组织、生产技术管理人员的配备及组织；

（7）已经批准的混合料配合比设计方案。

驻地办接到报告后，逐项进行审查，全部合格后审批。

5. 旁站试验路段的施工

承包人按批准的开工报告进行试验路段施工。驻地办要进行旁站监理。

6. 检测、验收试验段，审批试验段总结报告及正式工程的开工报告。

试验段养生期满后，若质量合格则通知驻地办按质量检测标准及频率进行检测、验收。全部合格后，驻地办予以签字验收。

承包人写出试验段总结报告，报驻地办审批，同时提出面层施工的开工申请报告。驻地办经审查试验段总结报告及检查承包人正式开工的各项准备工作，合格批准正式开工。

7．旁站水泥混凝土面层施工

混凝土路面铺筑时，监理人员应坚持全过程的旁站。同时，应加强对混合料拌合场的旁站和巡视。

在旁站中要密切注意混合料的变化，检查承包人施工机械配备、施工组织、施工工艺等是否与所批开工报告中的计划一致，监督承包人按技术规范要求的试验项目和试验频率进行试验。施工中发现原材料或混合料有变化或不合格时，应停止使用。同时，驻地办要按照规范要求的项目就地抽检。

混合料拌合中若发现质量问题，应及时向承包人指出，若问题得不到解决应采取停工的措施。

8．工程质量验收

路面养生期满后，同驻地办进行各项技术指标的质量验收。各项检验项目均应按质量检验单中规定的频率和允许的偏差进行检验，检验结果和平均值填入面层质量检验单。全部检验合格后，由驻地办验收。

9．审查、签认中间交工证书。

三、要点提示

1．水泥、煤灰稳定碎石底基层、基层质量控制

（1）自加水拌合到碾压完毕的延迟时间不大于2h，即一定要在此时间段内完成施工和压实度检测；

（2）养生期内或做封层前要彻底断绝交通；

（3）水泥、煤灰稳定碎石具有不可再塑性。所以施工时一定要精益求精，除洗刨外一切缺陷的修补都要在允许的延迟时间

内完成；

(4) 摊铺过程中因故停机超过2h，要按工作缝（接头）处理；

(5) 由于水泥、煤灰稳定碎石的时效性强，各项组织、准备一定要充分，衔接要紧密，施工要连续（一天只留一道工作缝，中午不间断)，最大限度地减少施工缝；

(6) 废弃料不准抛撒在边坡、路肩及中央分隔带内；

(7) 不低于200t/h拌合设备至少二台以上同时拌合，确保通车摊铺时应半幅摊铺；

(8) 配料准确，尤其是水泥剂量更要准确（至关重要)；

(9) 雨季施工时，细料要覆盖，防止着雨结团，计量失准；

(10) 处于养生期间内的路段，必须设置明显的标志牌；

(11) 各种材料进场前，及早检查其规格和品质，不符合技术要求的不得进场。材料进场时，应检查其数量，并按施工平面图堆放，而且还应按规定项目对其抽样检查，其抽样检查结果，报监理审批；

(12) 水泥、煤灰稳定碎石底基层、基层施工前应铺筑试验段，找出实验数据，指导以后施工。

2. 沥青混凝土面层质量控制

(1) 严把材料进场关，不合格的材料不进场，进场材料要以醒目标志牌分规格堆放，当材料有变化时，要及时调整配合比；

(2) 施工要准确控制施工配合比，通过每天检测数据分析及时调整施工配合比；

(3) 拌合站要做到没有配合比不得开盘，操作人员无权改变配合比，发现问题及时反映或停机；要做好冷料计量、颗粒分析验证，保证计量准确；严格掌握沥青混合料的拌合温度和拌合时间；

（4）摊铺机的摊铺速度应与拌合速度匹配，严格按照摊铺压工序施工；

（5）认真按照要求的质量检测项目、频率进行检查控制。

3．水泥混凝土面层质量控制

（1）把好材料进场质量关；

（2）优化配合比；

（3）采用性能先进的拌合设备；

（4）选用恰当的养生方法；

（5）严格验收基层；

（6）调整接线、控制板厚；

（7）随时检查板厚，及时采取措施；

（8）控制混凝土稳定的工作性；

（9）合理的机械配置；

（10）保证挂线精度；

（11）加强面板的及时检测与修整；

（12）加强胀缝板的施工控制；

（13）精心施工工作缝。

第十二章　隧道、交通安全设施及机电土建施工监理

第一节　隧道工程

隧道总体现场施工监理要求：隧道工程施工应严格按施工图纸要求、施工规范和有关技术、安全操作要求进行，在监理施工过程中对每一分项工程、分部工程都要事前加强对施工方案的审查，进行开工申请、工序检查验收、中间交工验收；施工过程中都应严格监督并及时对每一道工序检验签证和验收，才能进行下道工序的施工。

隧道工程监理内容包括隧道的施工准备洞口与明洞工程、洞身开挖、洞身衬砌、防水与排水、风水电作业及通风防尘、监控测量、特殊地质地段施工与地质预报等工程作业。

1．洞口与明洞施工

监理工程师应督促承包人严格按隧道施工组织设计的顺序安排，按图纸要求先行施工完成，以减少干扰，并保证安全，为加速隧道施工创造条件。

2．导洞和洞身

（1）承包人应在开挖前根据地质、机械设备等条件及自身的施工经验向驻地办提出符合隧道具体情况的施工方案（包括开挖顺序、爆破、照明、通风、排水、支护、出渣等），并经高驻办批准。施工方法应采用新奥法，如需改变或采取其他施工方法必须报高驻办批准；

（2）监理工程师应督促承包人对施工支护随开挖面的掘进及时进行，以控制围岩的变形和减少围岩暴露时间，可作为临时支护，也可作为永久衬砌的一部分；

（3）承包人对衬砌施工方案和安全技术措施应提前报高驻办审批，驻地办应全过程，全天候对隧道施工进行监督，对中线、标高、断面尺寸、净空等应在承包人控制测量后进行抽检复核；

（4）驻地办随隧道施工工序，督促承包人对原材料和混合料及施工工序按规定进行自检，并进行抽检；

（5）驻地办审查承包人工序自检报告，签认后才能转入下道工序，并对各工序施工质量进行检查评定。

3．洞身衬砌

（1）监理工程师应要求承包人在衬砌施工前14d内提出衬砌施工方案和安全技术措施，并进行审查；

（2）审查承包人开工报告，并按规定动作的程序报批；

（3）衬砌施工前监理工程师应检查中线、标高、断面尺寸、净空及衬砌材料的标准、规格，都必须符合设计要求；

（4）检查承包人施工机械设备的准备情况，特别是混凝土输送泵；

（5）要求承包人对衬砌施工进行处的积水、泥浆、岩屑、油污、有害附着物和松散物或风化岩块等进行清除；

（6）监理工程师对承包人浇筑的衬砌混凝土，不论什么原因引起混凝土损坏和表面蜂窝、裂缝或其他缺陷，包括表面凹凸不平均应按规范进行修补；

（7）洞身衬砌工程的模板、支架应有足够的强度、刚度和稳定性，支架的支承部分有足够的支承面积；

（8）监理工程师应对隧道施工中各环节进行全过程的监理，并对每道工序进行签认，上道工序未签认的，不得进入下道工序；

（9）签认《中间交工证书》。

第二节　机电土建工程

一、监理程序

1．审查开工报告

承包人向驻地办提交开工报告，开工报告应包括施工组织计划、施工方案、施工位置、原材料和预制件的测试报告，材料数量、机械设备、型号和人员配备，如这些均符合合同规范要求批准。

2．施工的旁站监理及验收

单项工程在承包人得到开工通知后即可开工，但所有的施工工序如放样、作基础、安装、缺陷处理等，都要逐一检查验收。

3．交工验收

单项工程完成后，由承包人、驻地办共同按照各项目对应的技术标准测试验收，合格进行交工验收。

4．签认中间交工证书

驻地办在接到承包人中间交工证书后，根据平时旁站监理资料、交工验收资料报总监办审批。

二、监理内容

施工合同中机电土建部分所涵盖的全部工作内容。

三、一般规定

1．机电工程土建部分施工质量控制的依据，应按《通信管道工程施工及验收技术规范》(YDJ 39—90)、《通信管道人孔和管块组群图集》(YDJ 101—90)、《通信电缆通道图集》(YD 5063—98)、《长途通信光缆塑料管道工程验收暂行规定》(YD 5043—97)等项技术文件执行，对于尚无现行规范的部件按设计要求执行。

2. 监理工程师在施工阶段控制工程质量，应当遵循以下工作程序：

(1) 熟悉设计文件、规范和标准；

(2) 确定工程质量控制的总体目标；

(3) 根据不同工序的特点，选取用适宜的控制方法；

(4) 编制质量控制预案或绘制质量控制图，并纳入工程监理规划，付诸实施。

3. 监理工程师在对施工质量控制中，可以采用如下措施和手段：

(1) 核查凭证：各种原材料厂家生产许可证、出厂合格证、性能报告单等原始凭证；

(2) 感观直觉：视觉、听觉、嗅觉、触觉等；

(3) 器具计量：尺、秤、规、矩、探针、拉棒等；

(4) 仪器测量：经纬仪、探测仪、地阻仪等；

(5) 试验：按试验规定取样，送政府授权的相应机构试验；

(6) 化验：按化验规定取样，送政府授权的相应机构化验；

(7) 签发指令：按监理合同的授权，签发必要的指令。

4. 监理工程师对工程中的排水、防水和安全防护等项作业也要按相关规定进行监理。

5. 监理工程师对工程施工实施质量全方位、全天候、全过程的控制。

四、质量控制要点

1. 在施工准备阶段，监理工程师要做到以下工作：

(1) 在签订施工合同之前，监理工程师必须对施工单位资质进行核查。施工单位有效证件所载的资质等级、营业范围必须与工程类别、专业相适应。

(2) 对施工现场的人员素质情况进行控制，按施工单位制订并经确认的施工组织设计进行核查，要注意与其他工程施工的协调，要坚持“持证上岗”。

(3) 对技术准备情况进行控制，施工现场所必需的技术文件、资料要齐备，施工对象的位置（坐标、高程）必须符合设计文件的要求。

(4) 对原材料的质量进行控制：监理工程师应对进入施工现场的工程材料的质量进行审核，取得认可方能使用，凡标志不清或怀疑质量有问题的材料，应由监理工程师对其从品种、规格、标志、外观等进行直观抽检（抽检品种、数量见表12-1），抽样检查不合格的材料，施工单位应将所购材料清退，对质量有争议的材料，应按通信管道工程施工及验收规范的规定要求作质量技术鉴定，或送政府授权的相应机构进行理化检验。

质量抽检表 **表12-1**

品　　种	每批抽样比例（%、次）	合格率（%）
水泥或水泥制品	10	100
塑料材料	15	100
钢材料	15	100
铁件	15	100
砂、石料	5	100

(5) 对施工组织设计所列机具的性能、状态进行核查，施工单位要提供性能检测证明文件。严禁把功能失常的机具运入现场。

2. 在施工过程中，监理工程师要随时核查施工组织设计的执行情况和质量控制点的质量情况，按设计文件表明的质量要求和相关的工艺标准及时纠正质量偏差。

3. 在重要工程部位监理要设质量控制点：

(1) 人孔部分：分为人孔坑槽、人孔坑槽地基处理、人孔浇筑、预制上伏板安装、口圈安放、人孔内装饰和铁件安放、人孔回填土和分支管道预埋八个项目，具体监理要求依据施工技术规程。

(2) 桥涵管箱部分：分为管箱材料形状、管箱托架安装、管箱安装和桥台背墙处理四个项目，具体监理要求依据施工技术规程。

(3) 通信管道部分：分为管道沟槽、管道地基处理、管道铺设、硅管过预留孔洞、预回填、管道回填土方、分隔带开口保护、过中墩管道保护八个项目，具体监理要求依据建施工技术规程。

(4) 紧急电话基础部分：分为混凝土强度、基础厚度、基础顶面高度、基础平面尺寸、预埋件位置、紧急电话地线六个项目。

4. 土建监理中应切实注意各种预留管件，应保证按设计施工，不误留，不漏留。

5. 加强工程的报检测制度，应做到质量检验不合格不能进入下道工序施工。

6. 在施工完毕后，依据设计文件规定的数量、质量要求和有关规范规定的质量标准对施工成果进行总体核验，若发现影响总体不合格的部位，要责令施工单位限期整修，工程总体质量必须优良。

7. 对竣工图纸进行全面核查，必须准确、完整；对管道或通道上、下、左、右的其他管线或构筑物的相对位置也应一并标注清楚。

8. 要监督施工单位，解决在缺陷责任期内发生的由于施工单位原因造成的工程质量问题。

第三节　交通安全设施工程

一、审查开工报告

承包人向驻地办提交开工报告，开工报告包括施工组织设计、施工方案、施工位置及具体桩号、原材料和预制件的产品检验合格证、材料数量、机械设备型号和人员配备，经审查均符合合同、规范要求，报总监办审批。

二、审查试验段开工报告

所有交通安全设施施工均应先做试验段。驻地办收到试验段开工报告后，经审查认为试验段位置、长度选定合适，工艺、材料、机械设备、试验检测、人员配备能满足规范要求，即可签发试验段开工报告。

三、审查、批准试验段总结报告

承包人按试验段报告内容进行施工，驻地办通过旁站，用各项目对应的技术规范进行检查，如达到技术规范要求，由承包人编制试验段总结报告驻地办审查、总监办审批。

四、正式施工的旁站监理及验收

单项工程试验段总结报告批准后即可正式开始施工。所有施工工序如放样、基础开挖、混凝土浇筑、安装、调试、缺陷处理等都要逐一经旁站检查并验收，坚持上一道工序未经监理签认，不得进行下一道工序施工的原则。

五、交工验收

单项工程完成后，驻地办按照各项目对应的技术标准进行检查验收，驻地办报总监办进行交工验收。

六、签认中间交工证书

驻地办在接到承包人中间交工证书后，根据旁站监理资料、交工验收资料，现场外观情况，确定是否签认中间交工证书，报总监办审批。

七、主要监理内容

1. 波形梁护栏

（1）护栏板外观尺寸、平顺及高度；

（2）立柱外观及垂度；

（3）柱帽、防阻块质量；

（4）镀锌（油漆）层厚度及光洁度；

（5）总监办要求的其他检查；

承包人和监理单位应按规定的频率对材料进行上述常规项目的检查，当监理工程师对护栏构件原材料质量有疑问时，有权要求承包人对该批护栏构件的原材料取样进行力学性能或化学分析试验和物理性能分析试验；

（6）护栏立柱施工放样；

（7）立柱现场安装质量；

（8）波形梁现场安装质量。

2. 隔离栅

隔离栅的质量由供方质检部门进行检查验收，产品经检验符合《隔离栅技术条件》（JT/T 374—1998）标准的要求后方可交货。需方有权按规定或双方协议的要求进行检查和验收。当监理工程师对隔离栅质量有疑问时，有权要求承包人对隔离栅的常规项目进行检查，必要时有权要求承包人对制造该批隔离栅构件的原材料取样进行力学性能或化学分析试验和物理性能分析试验。

（1）隔离栅应严格按施工图进行施工放样。先定中心线，然后按设计的柱距定出柱位，每个柱位均应按设计要求确定高程。

（2）柱孔深度应符合设计要求，钻挖到设计深度后，应将基底清净，经检验合格后，方准进入下道工序。

（3）隔离栅现场质量检查，包括安装的外观线型和质量。

3. 标志、标线及标牌

（1）标志板外形质量；

（2）交通标志工程基坑开挖；

（3）基坑现场质量；

（4）基础混凝土施工；

（5）基础预埋件质量；

（6）标志工程板柱安装；

（7）标志安装现场质量；

(8) 标线施工路面清扫检查；

(9) 标线施工底油喷涂；

(10) 标线施工记录；

(11) 标线油漆密度、平顺度、线型顺适度检测；

(12) 视线诱导标现场质量；

(13) 轮廓标现场质量；

(14) 标线喷涂与安装现场质量。

4. 防眩设施

防眩设施现场质量检查，包括垂直度、稳定性、防盗性等。

八、材料试验检测

1. 波形梁护栏试验检测（表12-2）

波形梁护栏试验检测　　表12-2

序号	检验项目	取样数量	取样方法	试验方法
1	化学分析	每炉号一件	按 JTJ 057—94	按 JTJ 057—94
2	拉力试验	每批一件	按 GB 13788—2000	按 GB 13788—2000
3	弯曲试验	每批一件	按 GB 13788—2000	按 GB 13788—2000
4	锌（漆）附着量	每批一件		按 JT/T 281—1995 附录 A
5	锌（漆）层均匀性	每批一件		按 JT/T 281—1995 附录 B
6	锌（漆）层附着性	每批一件		按 JT/T 281—1995 附录 C
7	外形、尺寸	逐件		采用量具、样板按常规方法进行
8	表面质量	逐件		目测及手感检查

(1) 护栏供应方应提供本批构件原材料生产厂家出具的质量证明资料。需方认为有必要时，有权要求对制造本批护栏构件

的原材料取样进行力学性能或（和）化学分析试验，试验结果应符合《高速公路波形梁钢护栏》（JT/T 281—2007）标准及相关标准要求。

（2）高强度拼接螺栓连接的试验方法和检验规则按相关标准的规定执行。

（3）波形梁板、立柱等应成批检查，每批应由同一基底材料、同一规格尺寸、同一表面处理的产品组成，每批的重量不得超过50t。

（4）护栏的质量由供方质检部门进行检查验收，产品经检验符合《高速公路波形梁钢护栏》（JT/T 281—2007）标准的要求后方可交货。需方有权按规定进行抽检和验收。任何检验如有一项试验结果不符合标准要求，则从同一批中再取出双倍数量的试样进行复验，复验结果（包括该项目试验所要求的任一指标）即使只有一个指标不合格，则整批不得交货。

2. 隔离栅

（1）隔离栅的试验方法和检验规则应符合《隔离栅技术条件》（JT/T 374—1998）中点焊网隔离栅的试验方法的规定。

（2）隔离栅供应方应提供本批构件原材料生产厂出具的质量证明书。需方认为有必要时，有权要求对制造本批隔离栅构建的原材料取样进行力学性能或（和）化学分析试验，试验结果应符合《隔离栅技术条件》（JT/T 374—1998）标准及相关标准要求。

（3）隔离栅网片、立柱等应成批检查，每批应由同时交货或同时生产的同一原材料，同一规格尺寸，同一表面处理的产品组成。一批网片数不大于2000m^2。一批钢管、型钢立柱数不大于500根。

（4）隔离栅的质量由供方质检部门进行检查验收，产品经检验符合《隔离栅技术条件》（JT/T 374—1998）标准的要求后方可交货。需方有权按规定或双方协议的要求进行检查和验收。任何检验如有一项试验结果不符合标准要求，则从同一批中再取出双倍数量的试样进行复验，复验结果（包括该项试验所要求的任一指标）即使只有一个标准不合格，则整批不得交货。

3. 标志、标线及标牌

（1）每个标志板制造厂，每购进一批制作标志板的原材料（包括标志面板或标志底板的原材料），所制成的标志板，应随机抽取足够数量的样品，做《公路交通标志板技术条件》（JT/T 279—2004）标准规定的有关该材料的全套性能试验。

（2）每项性能试验，至少取样三个，三个（或三个以上）试样测试结果的平均值为试验结果。若某一试样的试验结果不符合标准要求，则从同一批中再抽取双倍数量的试样进行该不合格项目的复验，若复验结果全部合格，则整批产品合格；若复验结果（包括该项试验所要求的任一指标）即使有一个指标不合格，则整批产品为不合格。

（3）对于边长大于1.2m的标志板，其形状、尺寸及外观要求应逐块进行检验，若有一项不符合要求，该标志板为不合格产品。

（4）供方质检部门应对标准板的质量进行检查和验收，并保证出厂产品质量符合《公路交通标志板技术条件》（JT/T 279—2004）标准的要求。需方或上级质量监督部门有权按规定，对标志板质量进行抽查或复查。

（5）标线涂料产品出厂前需经生产厂质检部门，按《路面标线涂料》（JT/T 280—2004）标准要求对除逆反射系数、耐候性外的全部检验项目进行检测，合格者须附合格标准后方能出厂。

（6）遇特殊情况，标线涂料应按标准规定的项目进行检验。

（7）标线涂料产品由国家（或部）授权的质量监督机构按

《路面标线涂料》（JT/T 280—2004）标准规定进行检验，并发给检验报告（或合格证）。必要时另附使用说明及注意事项。

（8）产品按 GB 3186（热容型）取样的样品应分两份，一份密封储存备查，另一份做检验用样品。

（9）需方有权按标准对样品进行检验，如发现产品质量不符合标准技术指标规定时，双方共同按标准重新取样进行复检，如仍不符合标准规定的技术指标时，产品即为不合格。

4．防眩设施

（1）防眩设施产品的质量由供方质检部门进行自检，经检验合格后方可出厂。

（2）防眩设施产品抽样检查应以 200 件为一单位，从各类构件中分别取出一件进行检验，如果检验的这一组构件不符合要求，则另选两组进行检验，如果这两组中也有一组不符合要求，则以该样品为代表的整批货应被拒收。

（3）防眩设施产品一般不做化学分析试验，但供货方应提供本批构件原材料生产厂出具的质量证明书。需方认为有必要时，有权对产品取样，对其材料进行化学分析试验，试验结果应符合《公路防眩设施技术条件》（JT/T 333—1997）标准及相关规定。

九、检查验收

1．波形梁护栏基本要求：

（1）波形梁护栏的端头处理满足设计要求；

（2）波形梁护栏产品必须符合《高速公路波形梁钢护栏》（JT/T 281—2007）的规定；

（3）波形梁和立柱的安装应符合《公路工程交通安全设施施工技术规范》（JTG F71—2006）的要求；

（4）采用打入法施工的立柱，其顶部应无明显塌边、变形、开裂等现象。

2．隔离栅基本要求：

（1）隔离栅安装后要求网面平整、无明显翘曲和凹凸现象；

（2）立柱弯曲度超过 8mm/m、有明显变形、卷边、划伤者不得使用；

（3）隔离栅材料的材质、规格及腐蚀处理均应满足设计要求，具有产品合格证并经工地检验合格后方可使用；

（4）立柱埋深应符合设计要求。立柱与基础、立柱与隔离栅之间的连接应稳固；

（5）隔离栅起终点应符合端头封围设计要求；

（6）基础的混凝土强度不小于设计要求。

3．标志、标线及标牌

（1）标志基本要求：

1）安装过程中应注意防止损伤标志板面；

2）地基承载力应满足设计要求；

3）标志的制作应符合现行国标《交通标志和标线》（GB 5768—1999）和部标《公路交通标志板技术条件》（JT/T 279—2004）的规定。

（2）标线基本要求：

1）材料应符合部标《路面标线涂料》（JT/T 280—2004）的规定；

2）标线喷涂或安装前应先清洗路面，不得有起灰现象；

3）标线的颜色及形状应符合现行国标《道路交通标志和标线》（GB 5768—1999）的规定和设计要求。

4．防眩设施基本要求：

（1）防眩设施整体应与路线线性一致；

（2）防眩设施的材质、镀（漆）锌量、几何尺寸应符合设计要求，具有产品合格证并经工地合格后方可使用；

（3）遮光角应符合设计要求；

（4）平面弯曲度超过板长的0.3%时，该防眩板不得使用；

（5）防眩设施安装牢固。

第十三章　施工安全监理

第一节　施工安全监理的内容

安全文明生产涉及到施工现场所有的人、物和环境。凡是与生产有关的人、单位、机械、设备、设施工具等都与安全生产有关。安全工作贯穿了施工的全过程，安全监理的任务主要是贯彻落实国家安全文明生产方针政策，督促承包人按照施工安全生产法规和标准组织施工消除施工中的冒险性、盲目性和随意性，落实各项安全技术措施，有效杜绝各类安全隐患，杜绝和减少各类伤亡事故，实现安全文明施工。

一、安全目标

规范操作、杜绝事故、预防为主、安全监理。

二、工作依据

1. 国家颁布的有关安全生产、文明施工法律；
2. 与业主签订的《高速公路安全生产目标管理责任书》；
3. 业主制订的有关安全生产、文明施工制度。

三、驻地办安全生产组织机构

组　长：×××

副组长：×××

成　员：×××、×××

四、工作制度

1. 施工监理准备阶段：

（1）监理办成立安全生产、文明施工组织机构；

（2）监理办安全生活、文明施工领导小组制订安全生产、文明施工规章制度；

（3）组织所有监理人员开展施工现场安全生产、文明施工的监理知识和能力的教育培训，熟悉掌握工程施工过程中各工种的安全技术操作规程；

（4）明确各自岗位职责，认真履行相应职责和义务。

2. 工程施工阶段：

工程开工前，监理工程师应审查施工单位编制的施工组织设计中的安全技术措施或专项施工方案是否符合强制性标准，审查合格后方可同意工程开工。审查重点是：

（1）安全管理和安全保证体系的组织机构，包括项目经理、专职安全管理人员、特种作业人员配备的数量及安全资格培训持证上岗情况。

（2）是否制订了施工安全生产责任制、安全管理规章制度、安全操作规程。

（3）施工单位的安全防护用具、机械设备、施工机具是否符合国家有关安全规定。

（4）是否制订了施工现场临时用电方案的安全技术措施和电气防火措施。

（5）施工场地布置是否符合有关安全要求。

（6）生产安全事故应急救援预案的制订情况，针对重点部位和重点环节制订的工程项目危险源监控措施和应急预案。

（7）施工人员安全教育计划、安全交底安排。

（8）安全技术措施费用的使用计划。

监理工程师应审查分包合同中是否明确了施工单位与分包单位各自在安全生产方面的责任。

监理工程师在巡视、旁站过程中应监督施工单位按专项安全施工方案组织施工，若发现施工单位未按有关安全法律、法规和工程强制性标准施工，违规作业时，应予制止。对危险性较大的工程作业等要定期巡视检查。如发现安全事故隐患，应立即书面指令施工单位整改；情况严重的应签发“工程暂停令”要求施工单位暂停施工，并及时报告建设单位。施工单位拒不整改或者不停止施工的，监理工程师应及时向有关主管部门报告。

督促施工单位进行安全生产自查工作、落实施工生产安全技术措施，参加施工现场的安全生产检查。

建立施工安全监理台账。监理机构应建立安全监理台账，并由专人负责。监理人员应将每次巡视、检查、旁站中，发现的涉及施工安全的情况、存在的问题、监理的指令及施工单位处理的措施和结果及时记入台账。总监理工程师和驻地监理工程师应定期检查施工安全监理台账记录情况。

分项、分部工程交工验收时，如安全事故的现场处理未完成，不得签发《中间交工证书》。

第二节　文明施工方面的工作

1. 施工现场应建立文明施工管理和监督管理网络，建立以项目经理为第一负责人的组织保证体系。推行现代管理办法，阻止科学施工，创造一个良好的施工环境和作业，保护职工的健康，确保施工活动正常进行。

2. 施工现场项目经理部必须实行目标管理。应将年度目标计划和管理网络制成图表上墙，并按季、月进行目标细化，根据实际进度进行动态跟踪管理，施工企业应推行计算机动态跟踪管理。

3. 施工单位应按照场地总平面图设置各项临时设施，布局合理，文明责任区划分明确，并有明显标记。同时应设置明显的标牌，标明工程项目名称、工程概况、建设单位、设计单位、监理单位、施工单位、项目经理和技术负责人的姓名，开、竣工日期。

4. 施工现场作业区道路平整、设有路标。机具材料应做到“二整”：施工机械设备应保持状况良好、停置整齐；施工材料堆放有序、存储合理规整。

5. 作业区道路和现场按工程需要须有足够的照明设施；施工电源要集中布置，统一接线，专人负责，并定期检查。

6. 工地现场外观应做到“三洁”：施工场地整洁、生活环境清洁、施工产品美观净洁。场区及施工范围内的沟道、地面无废料、垃圾和油垢，应做到工完料尽场地清。办公室、作业区、仓库等场所内部应符合卫生通风照明等要求，职工宿舍内外应保持清洁、卫生，施工产品符合规范要求，外观洁净、美观。

7. 禁烟区严禁吸烟。禁止边作业边吸烟。

8. 施工现场项目经理部应对全体施工现场人员进行文明施工教育。现场管理员应统一着装。胸前佩挂证卡，并应自觉遵守工地各项规章制度和劳动纪律，杜绝“三违”现象。

9. 必须遵守国家有关环境保护规定，避免和降低灰尘等对周围环境的污染。

第三节　安全生产罚则

1. 发生生产安全事故由业主通报批评的，由总监办安全领导组研究确定对相关监理人员进行通报批评及罚款。

2. 发生生产安全事故由政府通报批评的，由总监办安全领导组研究确定对相关监理人员进行通报批评、罚款及停职，属于外聘的监理人员立即解聘。

3. 对发生职工因公死亡、重大行车事故、重大交通事故的合同段，将根据调查的事故原因和责任，经安全领导组上报业主及有关部门按国家有关规定给予不同程度的处罚。

4. 对未按规定施工，导致施工现场存有事故隐患的施工单位，要求其限期整改，到期未作整改的，令其暂停施工，并上报业主作进一步处理。

第四节　安全监理的方法

工程开工前进行现场调查，根据施工地段的地形、地质、水文、气象、环境等，制订相应的安全技术措施。施工中应及时掌握气温、雨雪、风暴、汛情等预报，做好防范工作。

路基施工前，了解施工范围内地下埋设的各种管线、电缆、光缆等情况并与相关部门联系，制订合理的安全保护措施。施工中如发现有危险品及其他可疑物品时，应立即停止施工，报请有关部门处理。

按照国家有关规定配置消防设施和器材、设置消防安全标志。施工现场要设置醒目的安全、警示标志和安全防护措施。

路基安全施工：

1. 路基施工应制订安全预案、具备安全生产条件，确保施工安全。

2. 施工现场的临时用电，应严格执行现行《施工现场临时用电安全技术规范》（JGJ 46）。夜间施工时，现场应设有保证施工安全要求的措施。

3. 施工便道、便桥应设立警示和交通标志，必要时应设专人维护、指挥交通。施工车辆必须遵守道路交通法规。

4. 施工作业人员，必须遵守本工种的各项安全技术操作规程。作业人员、进入现场人员必须按规定佩戴和使用劳动防护用品。由人工配合机械进行辅助作业时，作业人员应注意观察，严禁在机械正在作业的范围内进行辅助作业。

5. 多台机械同时作业时，各机械之间应注意保持必要的安全距离。机械在路基边坡、边沟、基坑边缘、不稳定体（地段）上作业时，应采取必要的安全措施。

6. 在靠近结构物处挖土时，必须采取安全防护措施。对于在路基范围内暂时不能迁移的结构物，应留出土台，土台周围应设警示标志。

（1）结构物安全施工

1）结构物基坑开挖，应根据土质、水文和开挖深度等选择安全的边坡坡度或支撑防护，在施工过程中进行监测，并及时采取相应的处理措施。开挖弃土或坑边材料的堆放不得影响基坑的稳定。沟槽（基坑）开挖深度超过2m时，其边缘上面作业应按高处作业要求进行安全防护并设置警告标志。开挖沟槽（基坑）位于现场通道或居民区附近时，应设置安全护栏。

2）采用围堰法施工沿河路基防护基础时，应制订针对出现洪水、渗漏水、流砂、涌砂、围堰变形等情况的安全预案。

3）作业高度超过1.2m时，应设置脚手架，脚手架应通过专业设计，必须进行承载力、刚度及稳定性等方面的验算。施工过程中，对脚手架应经常检查，发现松动、变形或沉陷应及时加固。

4）用提升架运送石料时，应有专人指挥和操作，严禁超负荷运行。严禁使用提升机载人。临时起吊设备的制作、安装必须符合国家的相关规定。

5）砌筑作业时，脚手架下不得有人操作及停留，不得重叠作业。砌筑护坡时，严禁在坡面上行走，不得采用从上向下自由滚落的方式运输材料。

6）喷浆作业时，应密切注意压力表变化，出现异常时，应停机、断电、停风，并及时排除故障。作业区内严禁在喷浆嘴前方站人。

7）预应力张拉时，预应力张拉设备必须安装牢固。千斤顶近旁严禁站人，无关人员不得进场。

8）预制构件安装前，应根据现场条件制订详细的吊装方案，所有起重设备必须符合国家有关于特种设备的安全管理规定。

9）拆除作业应制订安全可靠的拆除方案。拆除的废弃物应运到指定地点。

（2）爆破作业安全施工

1）进行爆破工程设计时，应制订安全技术操作规程，爆破作业应严格执行现行《爆破安全规程》（GB 722），确保爆破安全。

2）爆破作业人员必须持证上岗。进行爆破器材保管、加工、运输及爆破作业的人员，不得穿戴易产生静电的衣物。

3）爆破器材应按规定要求进行检验，失效和不符合技术条件要求的不得使用。

4）选择炮位时，炮孔应避开正对的电线、路口、结构物，严禁在残眼上打孔。

5）爆破时，应清点爆炸数与装炮数量是否相符、发生哑炮时，必须按相关规定进行处理。如发现危坡、危石等，应按规定及时处理，未处理前，应在现场设立警戒或危险标志，无关人员不得接近。

6）清方过程中，发现有哑炮、残药、雷管时，必须及时请爆破人员进行处理。

7）已安装的炮孔必须当班爆破。

8）夜间不宜进行爆破作业。遇雷雨时应停止爆破作业，所有作业人员应立即撤离爆破区。

第五节　突发事件的处理

高速公路建设都是在野外作业，不可预见的事情可能时常发生，如安全生产事故、质量事故、不可抗力的洪涝灾害、由于地方矛盾而引起的人为闹事等突发事件。要加强突发事件的管理，其处理措施如下：

一、预防为主

1. 作为高速公路的监理单位和施工单位，应该都有较多的监理与施工经验，对于一些突发事件在事前都应该有一定的预见性，因此首先要建立健全完善的突发事件应对措施，制订预防突发事件的制度，尽可能地减少突发事件发生的可能性。如制订安全生产责任制、质量责任终身制、各项目经理部与各相关施工负责人签订质量责任及安全生产责任状，从制度上进行约束和预防。

2．各项目经理部和驻地监理办要建立突发事件领导小组，由项目经理、高级驻地监理工程师、驻地监理工程师任组长。

3．组织各项目经理部进行突发事件的演习，以便一旦发生突发事件后可能从容应对，做到不慌不乱。

要求各项目经理部的主要技术、管理人员保持24小时通信的畅通。

二、发生后的处理措施

1．如突发事件发生后，首先要保护人的生命安全，再进行抢救有关材料等。突发事件发生后，及时上报监理和业主单位，与医院、消防、公安等单位能及时联系，突发事件领导小组及时进行组织管理。

2．各项目经理部和驻地监理组根据现场具体情况和项目特点详细制订具体的突发事件处理措施和办法。

第十四章　环境保护监理

第一节　环境保护监理工作方案

随着我国社会主义现代化建设的逐步推进和国家经济实力的不断增强，特别是我国加入“WTO”后，国民的环保意识得到普遍提高，与环境资源相关的法规体系得到健全和发展，以《建设项目环境保护竣工验收管理规定（试行）》为标志，建设项目的环境管理已步入了“环境影响评价”与“环保措施验收”齐抓共管、双管齐下的良性轨道，进一步强化了“三同时”制度，为实施建设项目，尤其是大、中型建设项目环境监理提供了政策基础。

环境保护是我国的一项基本国策，本着“以防为主，防治结合，综合治理”的原则，贯彻“经济效益、社会效益与环境效益”统一的方针，并结合工程设计开发利用环境，尽可能地改善和提高公路环境质量，力争使工程建设对沿线自然和社会环境所带来的不利影响降到最低，做到公路建设与环境保护的协调发展。为了有效地控制和防范高速公路工程施工阶段的生态环境影响和环境污染，制订本实施细则。

一、监理工作的依据

监理工作依据主要是工程建设、环保方面的法律、法规、政策；工程建设和环境保护的各种规范、标准；项目环境影响评价报告及审批机关的批复意见；政府批准的建设文件、环境监理委托、合同文件。针对某些行业，环境保护部颁布的技术政策。

二、监理工作目标

明确指出环境影响评价报告书中有关施工期污染防治措施及生态环境保护措施的具体要求。以保证其落实作为环境监理的工作目标。

三、监理工作主要内容

1．施工准备阶段应检查设计文件及施工方案是否满足环境保护要求。如有违背应协助做好优化设计和改善设计工作。参与设计单位向施工单位的技术交底。

2．施工阶段应根据环境影响评价报告书中有关施工期污染防治措施及生态环境保护措施的具体要求，确定环境监理工作主要内容，分废水、废气、固废、噪声、生态等5个方面详细列出监控内容。

3．验收阶段督促、检查施工单位及时整理竣工文件、资料，提出监理意见，提交环境监理报告。参与业主组织的工程竣工验收和环境保护主管部门组织的环保监测验收。

4．根据业主委托和授权参加工程施工合同草案的拟订、协商、修改、审批、签署等，重点对施工期污染防治措施及生态环境保护措施严格落实到位以及建设项目“三同时”内容进行约定。

四、监理原则

1. “客观、公正”原则：以事实为依据，以法律和有关合同为准绳，在维护业主的合法权益时，不损害施工单位和公众的权益。

2. “三同时”和“及时性”原则：坚持环保措施与主体工程同时设计、同时施工、同时投入运行的原则。结合主体工程施工进度及其带来的环境影响按设计要求及时采取减免措施，对不确定性因素通过监督检查，及时发现问题，提出处理方案，避免影响和后果扩大。

3. 协调性原则：环保措施进度计划的制订和检查落实，必须与主体施工进度协调，不因环保措施实施进度滞后而影响工程形象及效益的发挥，也不能片面追求工程经济效益和进度而牺牲公众利益和环境。

第二节 环境保护监理控制制度

为了保证环境监理工作的顺利实施，必须形成一套行之有效的监理工作制度。

1. 工作记录制度

环境监理工程师应根据工作情况做出监理工作记录（文字和图像），重点描述现场环境保护工作的巡视检查情况，对于发现的主要环境问题，分析产生问题的主要原因，监理工程师对问题的处理意见等均做记录。

2. 报告制度

编制的环境监理报告包括环境监理月报、季度报告及监理总结报告，报送业主、承包人和环境保护行政主管部门。

3. 函件来往制度

监理工程师在现场检查过程中发现的环境问题，首先口头通知施工方改正，随后必须以书面函件形式予以确认。对已确认的环境问题，在征得业主的同意下，应通过下发问题通知单，通知承包人需要采取的纠正或处理措施。监理工程师对承包人某些方面的规定或要求，一定要通过书面的形式通知对方。同样，承包人对环境问题处理结果的答复以及其他方面的问题，也要书面通知监理工程师。

4. 工程例会制度

业主定期组织各施工单位、各监理单位及设计单位召开工程例会，就上一阶段的工程进度情况进行小结，所有的问题进行通报，安排解决上阶段的遗留问题，同时安排下一步的工作。施工期间发生的一切问题都可在例会上提出来，能解决的问题当场解决，需要外协的问题安排专人负责，尽快解决，确保工程顺利进行。所有参与工程建设的单位定期面对面交流情况，工作效率高，透明度好。

第三节 环境保护监理控制措施

监理工程师应审查施工组织设计是否按设计文件和环境影响评价报告的有关要求制订了施工环境保护措施，审查合格后方可同意工程开工。

监理工程师在巡视、旁站中，应随时检查施工单位制订的环境保护措施的落实情况，检查的主要内容有：

1. 是否落实了施工环境保护责任人；

2. 是否对施工人员进行了环保教育；

3．施工场地的布设是否符合相关环保要求；

4．职业危害的防护措施是否健全；

5．施工现场（含临时便道、拌合站、预制场等）和料场等是否洒水防尘；

6．是否按有关要求采取降噪措施；

7．材料堆放设置环境的合理性及采取措施减少运输漏洒情况；

8．施工废水、渣土、生活污水、垃圾的处置是否合理；

9．是否按照标准在拟定的取弃土场取弃土，取土结束后是否采取了有效的排水防护和植被恢复措施。

如发现施工中存在违反有关环保规定、未按合同要求落实环保措施的情况，监理工程师应书面指令施工单位整改；情况严重的应签发“工程暂停令”要求施工单位暂时停工，并及时报告建设单位。

施工中发现文物时，监理工程师应要求施工单位依法保护现场，并报告有关部门和建设单位。

监理工程师应要求施工单位依法取得砍伐许可证后方可按照砍伐许可的面积、株数、树种进行砍伐，并注意保护野生动物、植物。

（1）防止水土污染和流失

1）施工前，应制订相应的预防水土污染和水土流失措施，考虑土地资源的合理利用，缩短临时占地使用时间。

2）在崩塌滑坡危险区和泥石流易发区，严禁取土、挖砂、采石。

3）施工过程中，各种排水沟渠的水流不得直接排放到饮用水源、农田、鱼塘中。

4）不得随意丢弃生产及生活垃圾，垃圾的掩埋或处理，应按当地环保部门的要求进行。不得随意排放含油废水及生活污水。

5）使用工业废渣填筑路基，当废渣中含有可溶性有害物质，可能造成土质、水污染时，应采取措施，予以处理。

6）在自然保护区、森林、草原、湿地及风景名胜区进行施工时，应遵守国家环境保护的相关规定。

（2）噪声、空气污染的防治

1）在居民聚居区或其他噪声敏感建筑物附近施工时，当噪声超过规定时，应及时采取措施，减少施工活动对沿线居民的干扰。

2）对施工作业人员，在噪声较大的现场作业时，应采取有效防护措施。

3）路基施工过程中应采取相应措施控制扬尘、废气排放等。

4）路基施工堆料场、拌合站、材料加工厂等宜设于主要风向的下风处的空旷地区。当无法满足时，应采取必要的环保措施。

5）粉状材料运输应采取措施防止材料散落。

6）粉煤灰、石灰等在露天堆存时，应采取防尘、防水措施。

7）采用粉状材料作为路基填料或对路基填料进行现场改良施工时，应避免在大风天作业，施工人员应佩戴防尘口罩等劳动保护用品，并采取环境保护措施。

（3）生物保护

1）施工前，应采取相应措施对位于路基范围内的珍稀植物进行保护。

2）施工中严禁随意采摘、破坏野生植物资源及捕猎野生动物。

3）在有国家级保护野生动物出没的路段，应按规定做好相关保护工作。

4）砍伐树木必须符合相关法规的要求，不得随意砍伐。

5）在草、木比较密集的地区施工时，应遵守护林防火规定。

（4）文物保护

1）在文物保护区周围进行施工时，应制订相应的保护措施，严防损毁文物古迹。

2）施工中发现文物时，应暂停施工，保护好现场，并立即报告当地文物管理部门研究处理办法，不得隐瞒不报或私自处置。

第四节　环保工程施工监理

一、绿化工程监理

1．审查开工报告

开工前承包人应提交开工报告，报告内容包括路段的位置，设置部位、长度、绿化类型、材料的品种、采购及运输，数量和相关试验（鉴定）资料，施工方案和自检系统等，最重要的是施工组织计划及保证措施。按规定程序报批后，即可开工。

2．测量放样

测量放样由承包人进行，驻地办检查审批。

3．检查施工现场的清理工作

由驻地办检查施工现场的清理工作，如果达到了规范及招标文件的要求，即可通知承包人进行下一步工作。

4．原材料的试验鉴定

5．工序报告

驻地办按工序报告程序对以下工序进行检查验收，每道工序检查认可后，方可进入下道工序。

（1）铺设表土；

（2）撒播草种；

（3）种植乔木、灌木、攀藤植物和草皮；

（4）绿化养护。

6. 工程验收

当各工序检查完工后，承包人进行自检合格后，将自检资料及检验申请单报驻地办，驻地办组织验收合格后，由驻地办填写工程质量检验单。

7. 中间交工证书的审批

承包人填写中间交工证书，报驻地办审批。

8. 支付前的抽查验收

总监办接到中期支付报表后，根据需要进行抽查。如质量达不到规范及招标文件要求，则要求返工，返工后重新检查。

二、声屏障

1. 审查开工报告

开工前承包人应提交开工报告，报告内容包括设置地点、长度、高度、类型，材料品种及产品鉴定资料、采购数量、施工工艺及施工方案、自检系统等，尤其是施工组织计划及保证措施。按规定程序报批后，即可开工。

2. 测量放样、现场清理、原材料试验与鉴定按工程绿化第2~4条执行。

3. 工程验收，中间交工证书审批、支付前的抽查验收，按工程绿化第6~8条执行。

第十五章　工程质量监理程序框图

一、主要建筑材料质量监理

1. 基层原材料质量监理

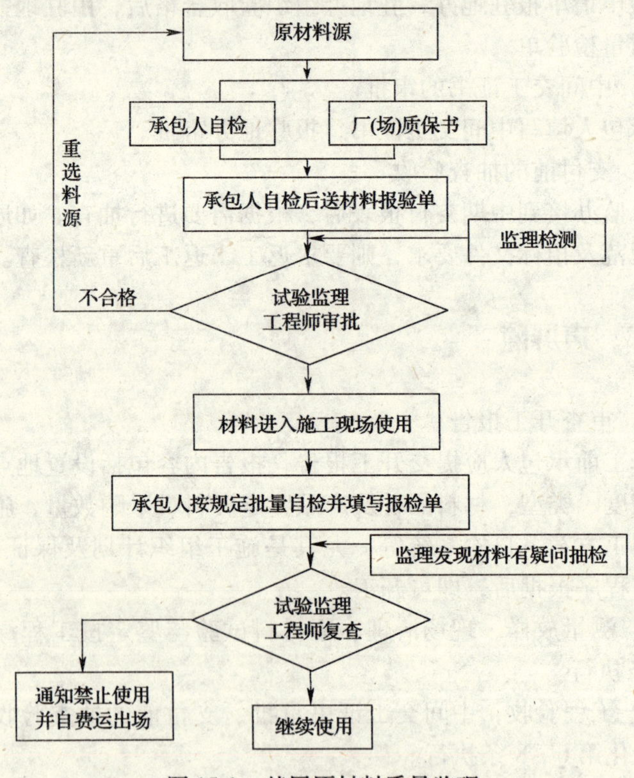

图 15-1　基层原材料质量监理

2. 混凝土原材料质量监理

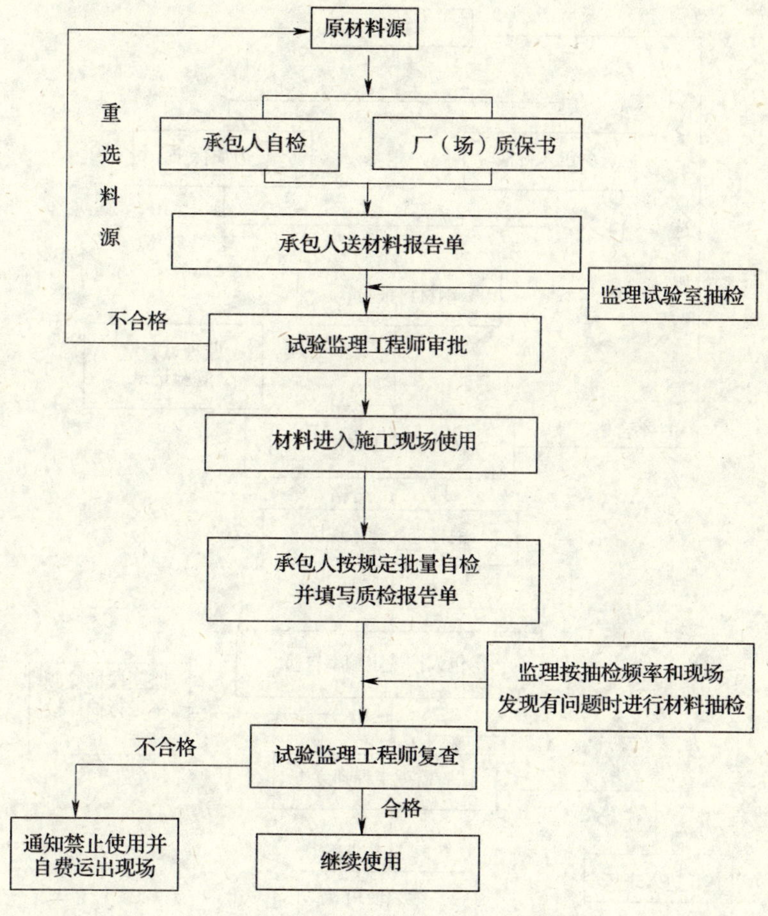

图 15-2 混凝土原材料质量监理

3．钢材质量监理

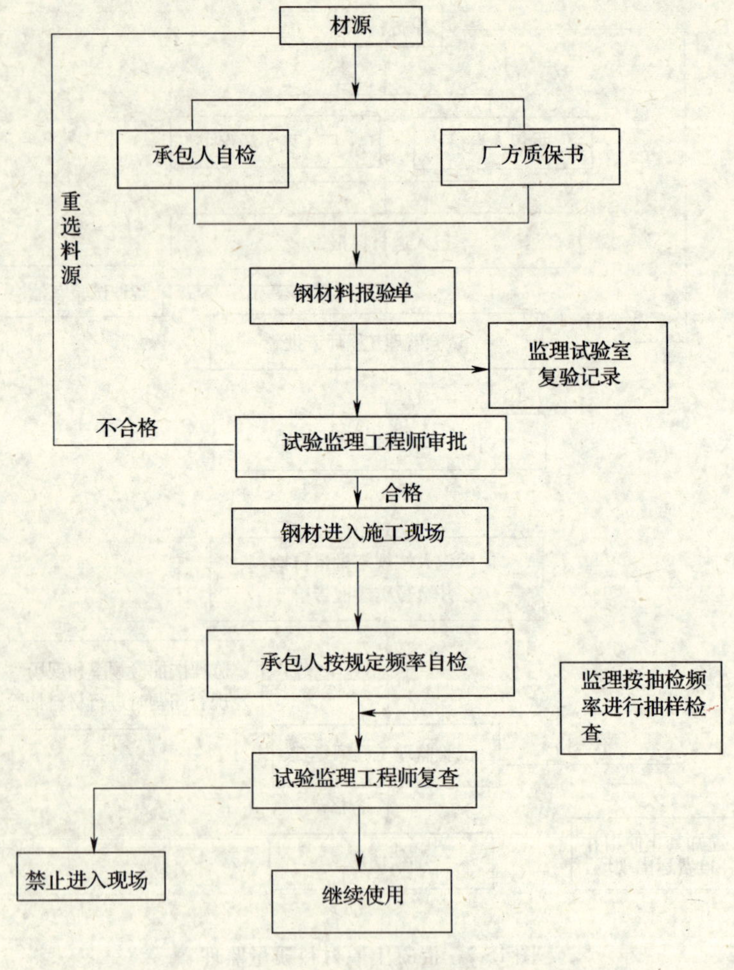

图 15-3　钢材质量监理

4. 沥青质量监理

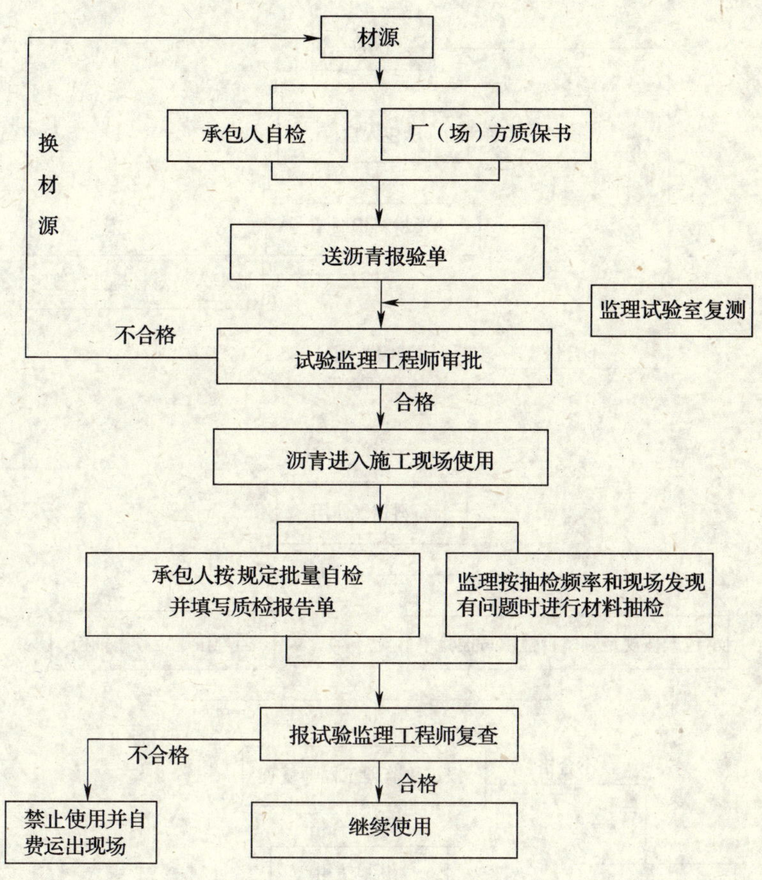

图 15-4　沥青质量监理

5. 石料质量监理

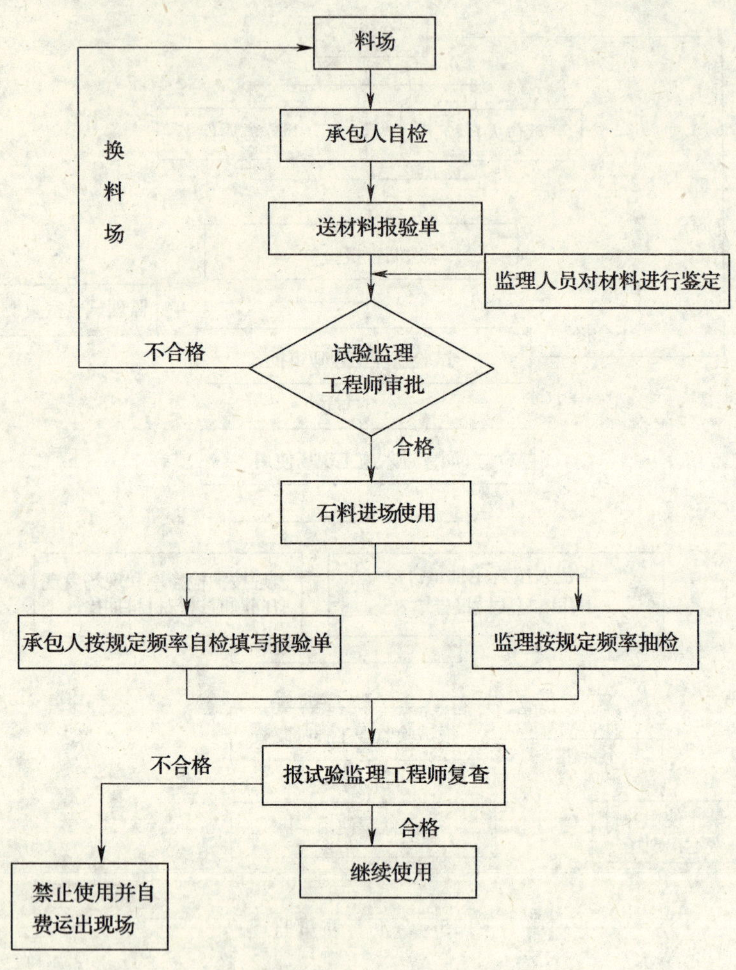

图 15-5　石料质量监理

6. 木材质量监理

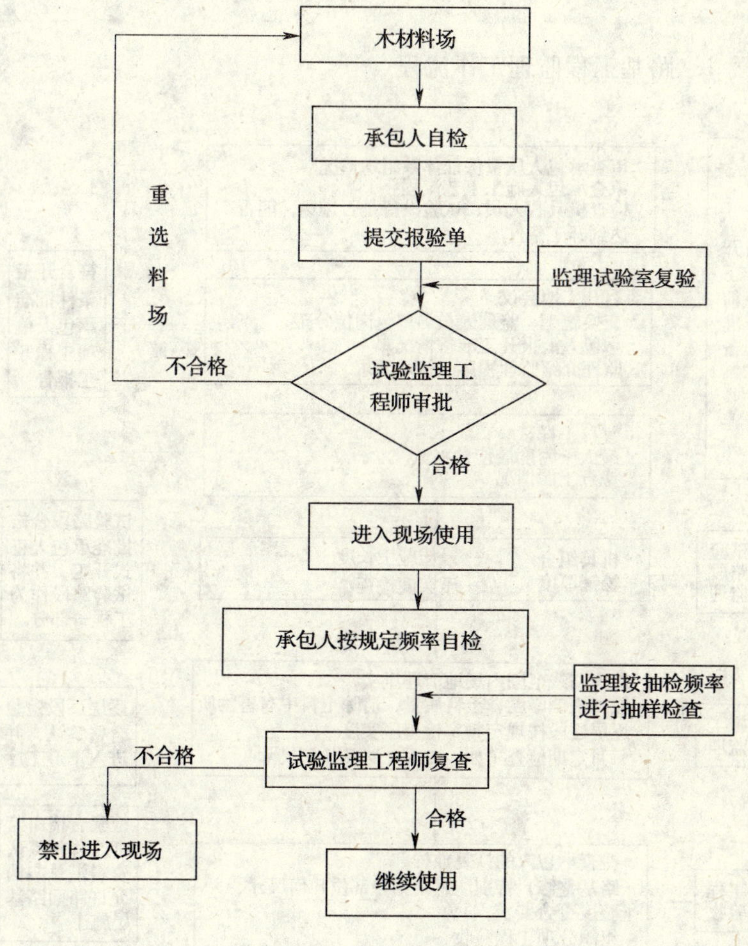

图 15-6 木材质量监理

二、路基工程质量监理

1. 路基工程监理工作流程

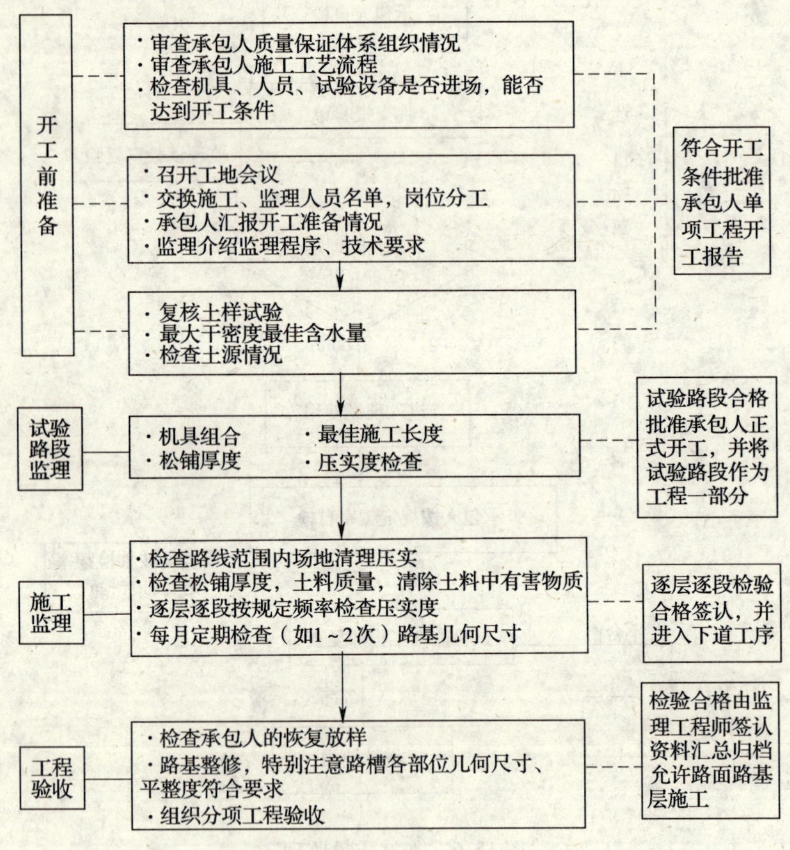

图 15-7　路基工程监理工作流程

2. 路基填料监理

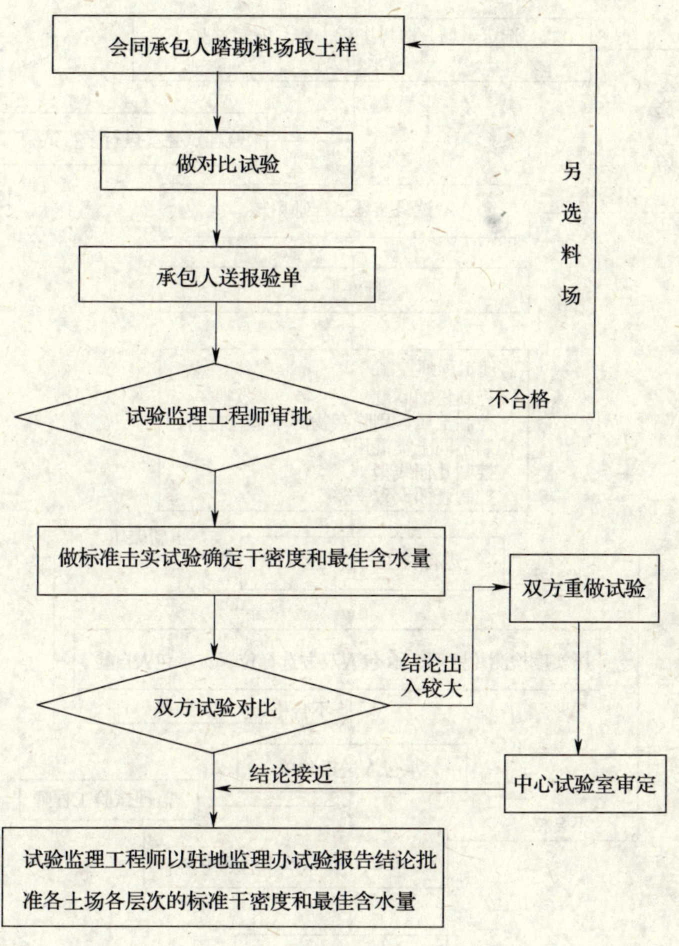

图 15-8　路基填料监理

3．路堤填筑质量监理

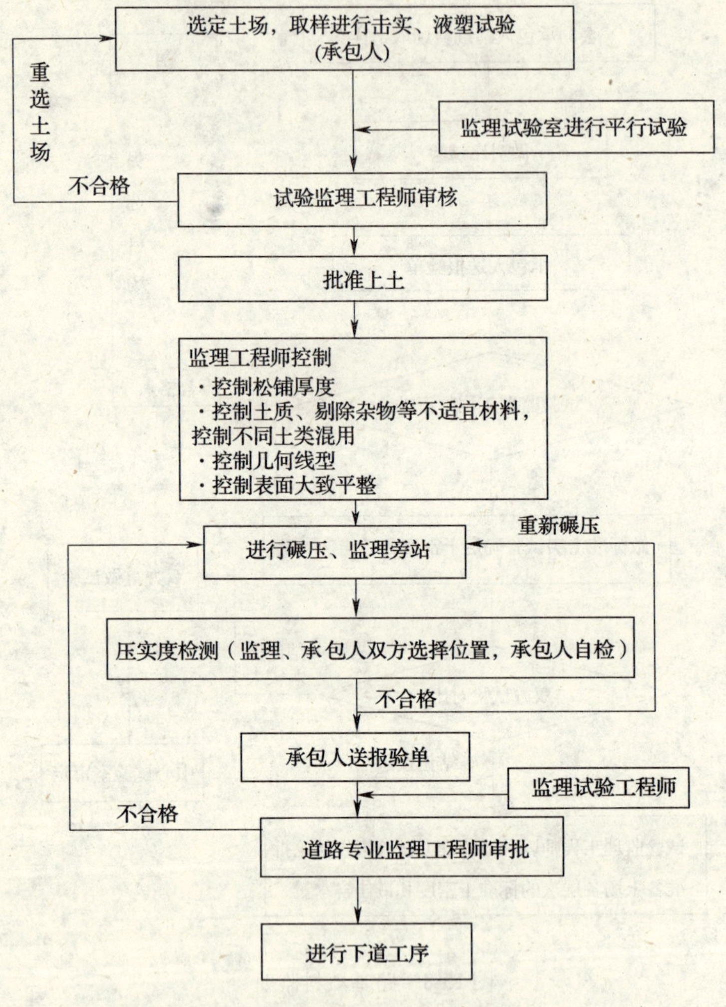

图 15-9　路堤填筑质量监理

4. 原地面清理及填前压实

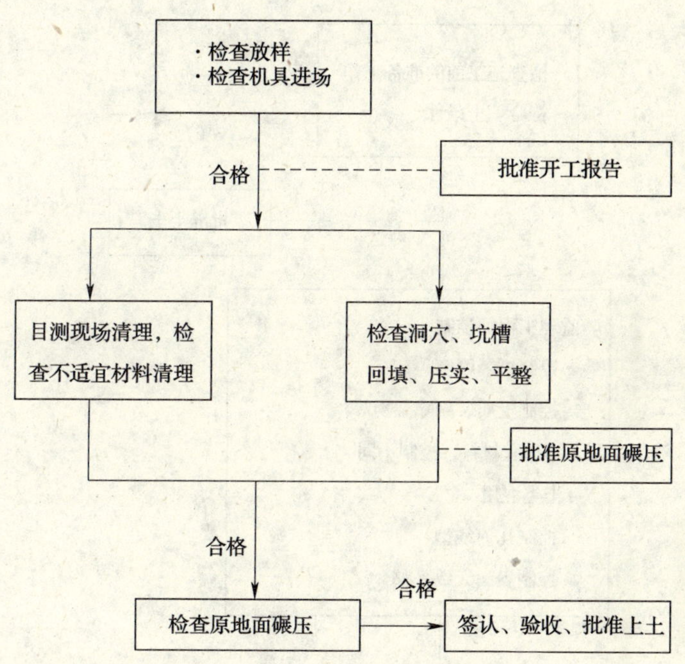

图 15-10　原地面清理及填前压实

5. 填方路基监理

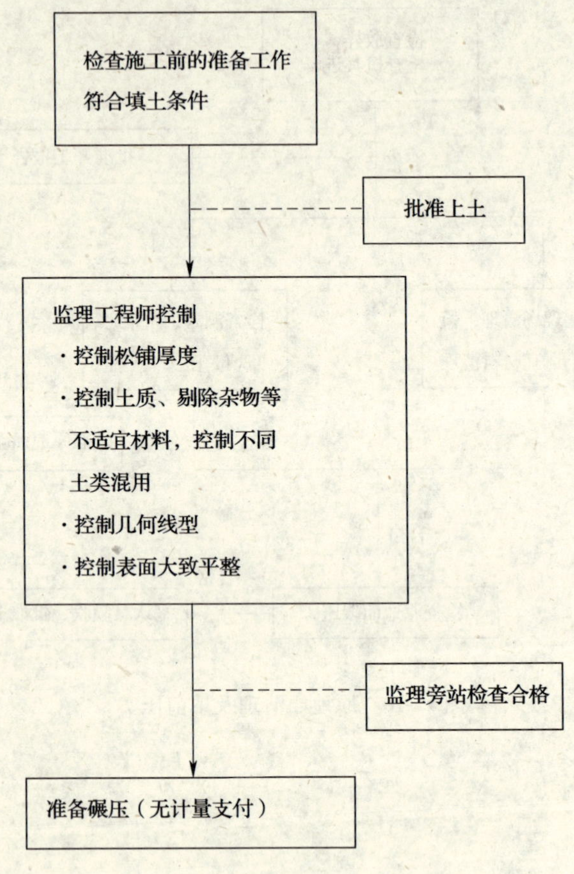

图 15-11 填方路基监理

6. 填土压实监理

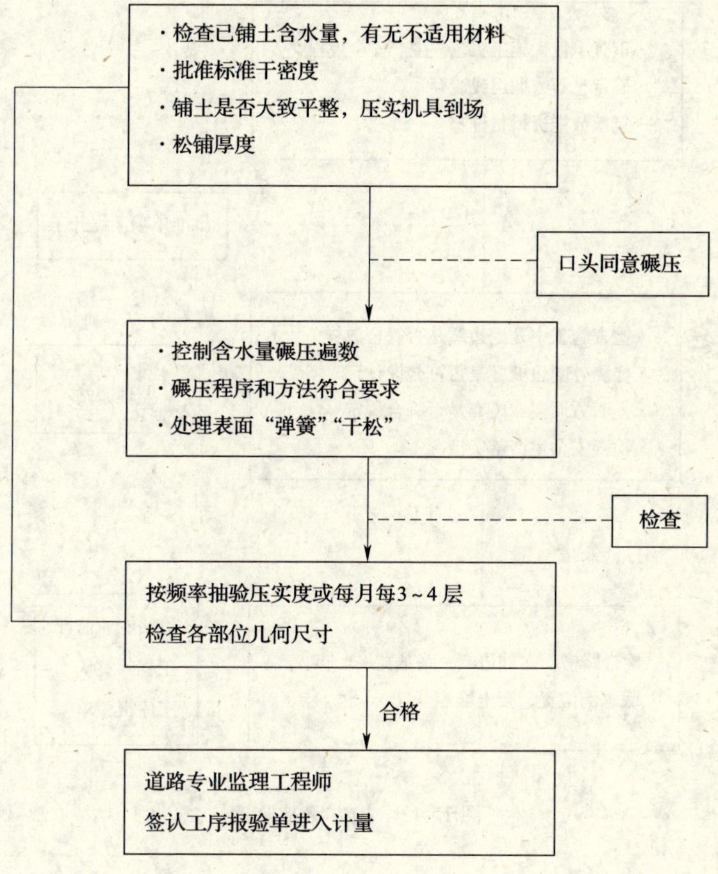

图 15-12　填土压实监理

7. 挖方路基监理

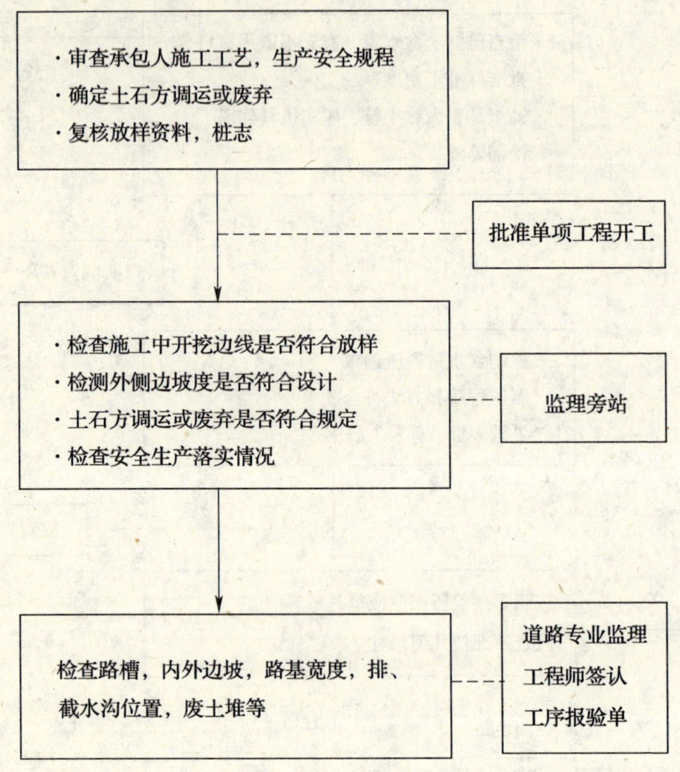

图 15-13　挖方路基监理

8. 路基整修监理

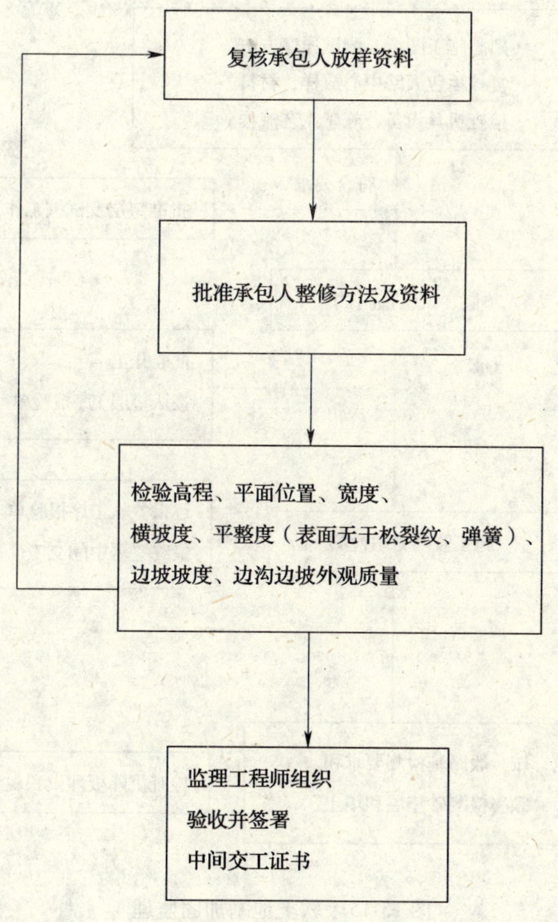

图 15-14　路基整修监理

9. 软土地基加固监理

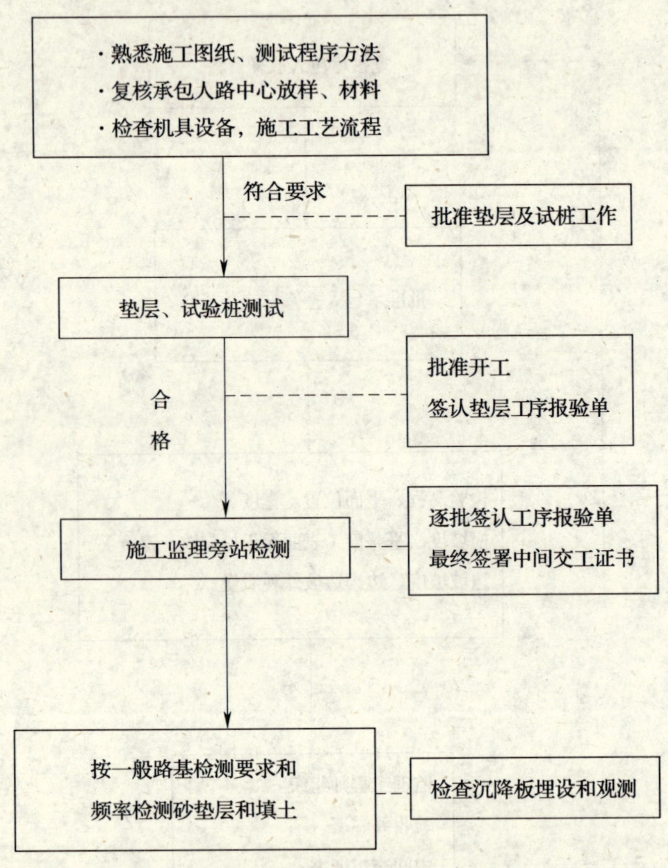

图 15-15　软土地基加固监理

10. 粉喷桩工程监理

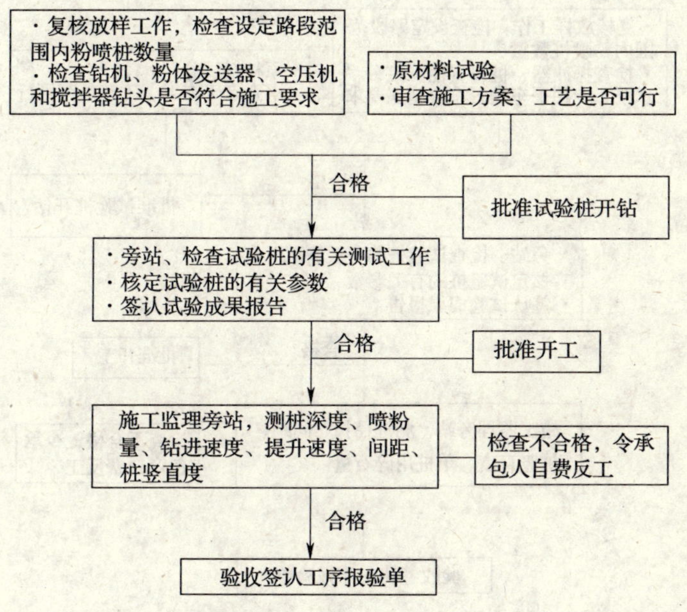

图 15-16 粉喷桩工程监理

11. 碎石桩工程监理

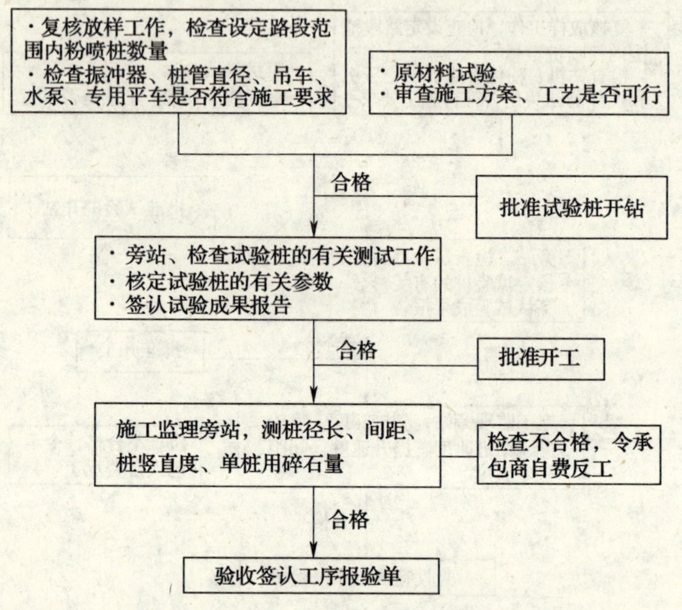

图 15-17　碎石桩工程监理

12. 填土预压监理

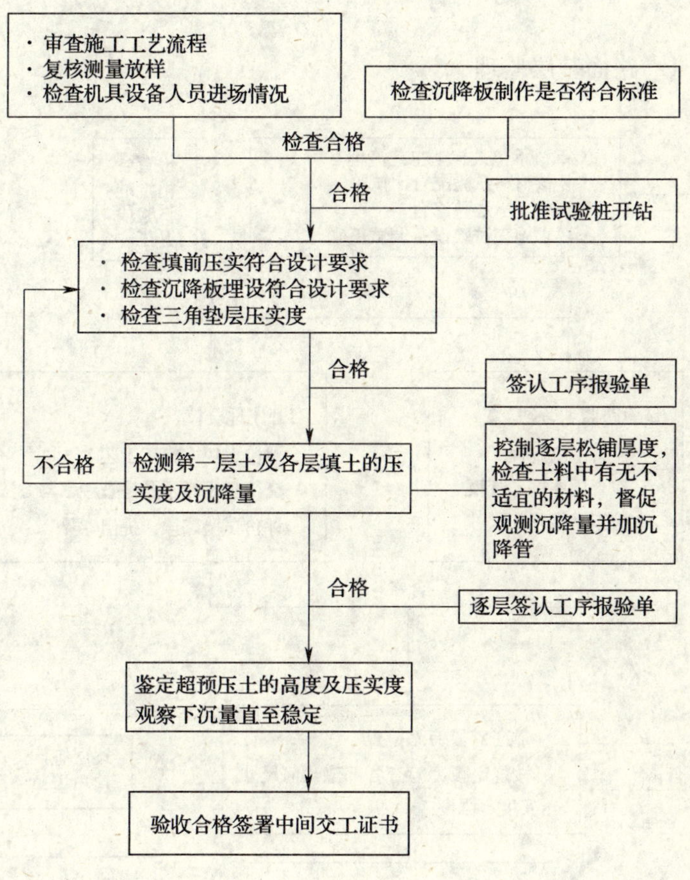

图 15-18　填土预压监理

三、路面工程质量监理

1. 路面基层监理

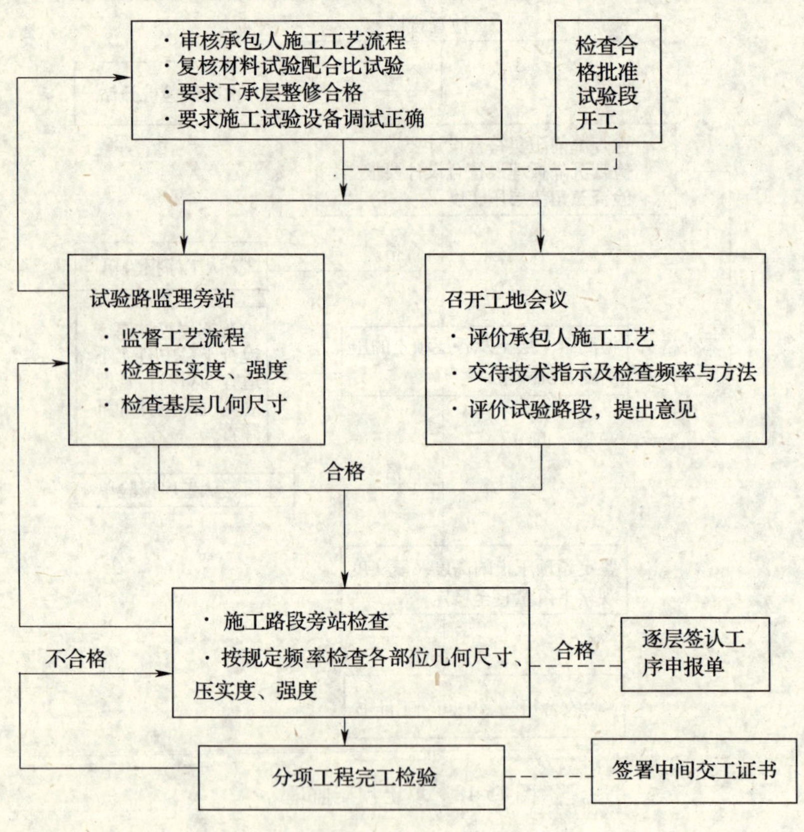

图 15-19　路面基层监理

2．基层混合料质量监理

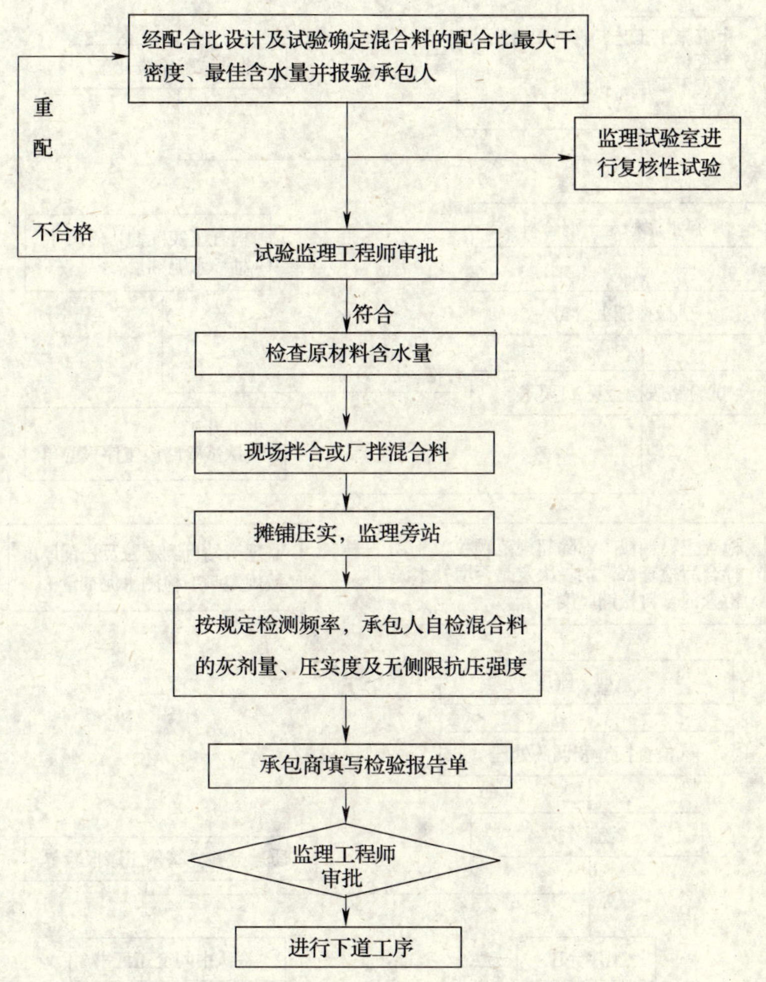

图 15-20　基层混合料质量监理

3. 水泥稳定土质量监理

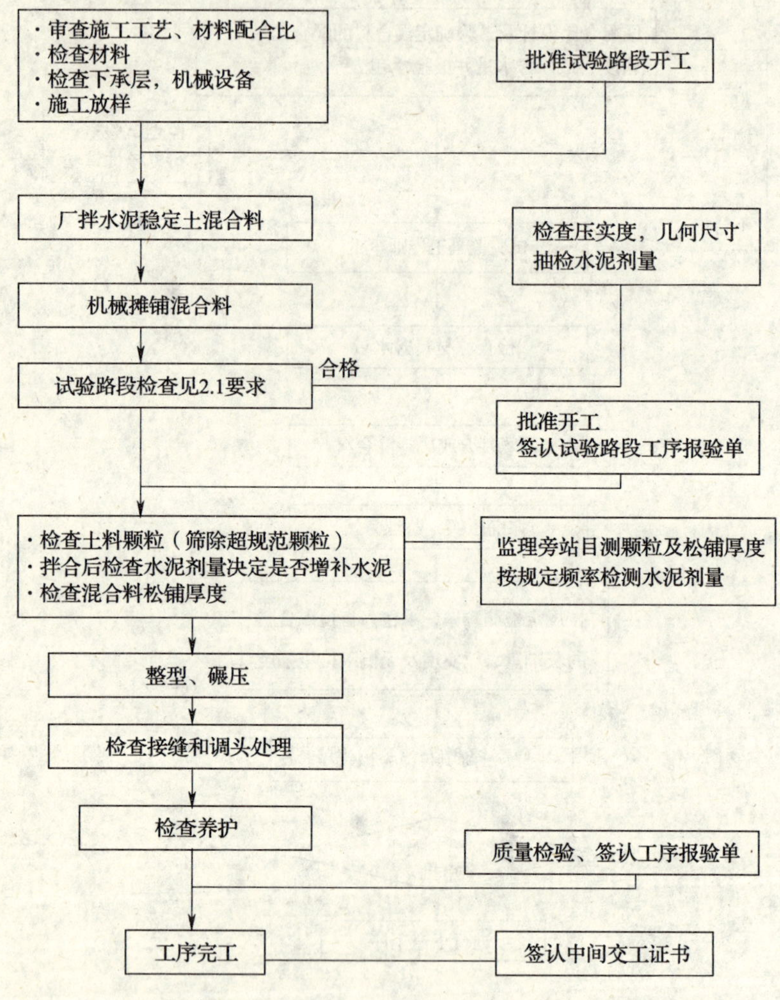

图 15-21 水泥稳定土质量监理

4．石灰稳定土质量监理

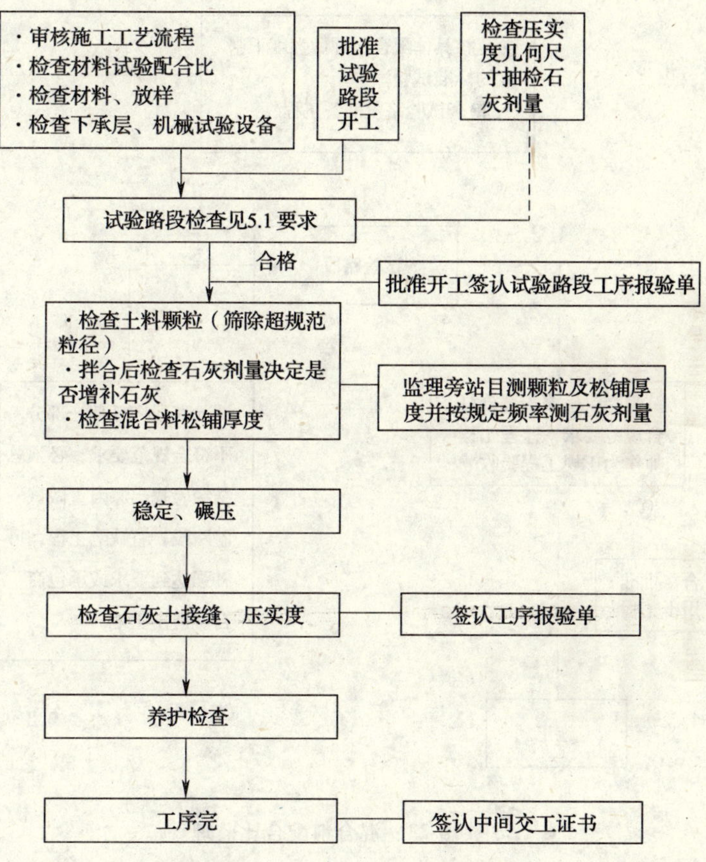

图 15-22　石灰稳定土质量监理

5．混合料配合比监理

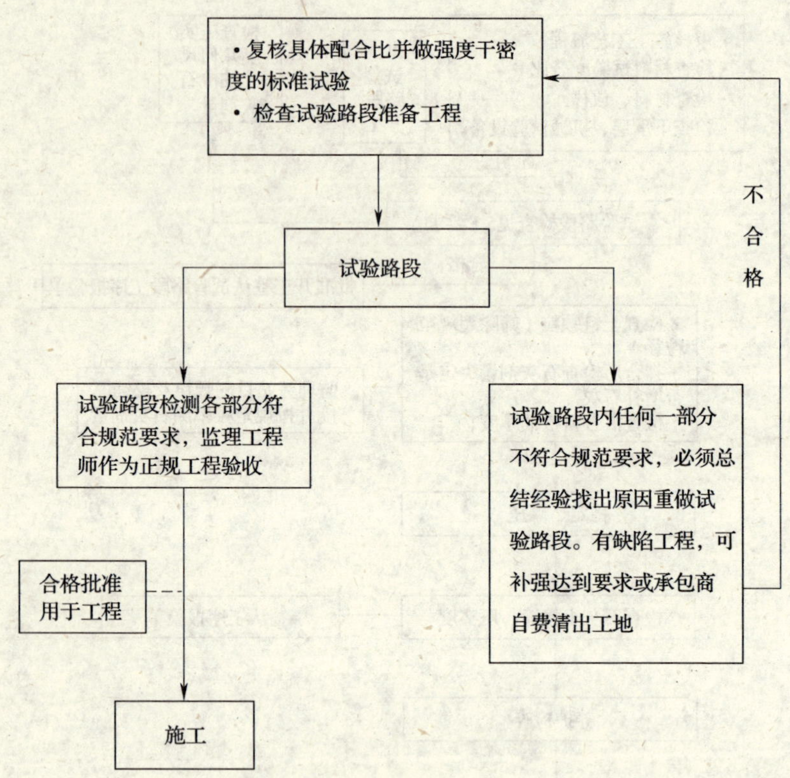

图 15-23　混合料配合比监理

6. 沥青混合料质量监理

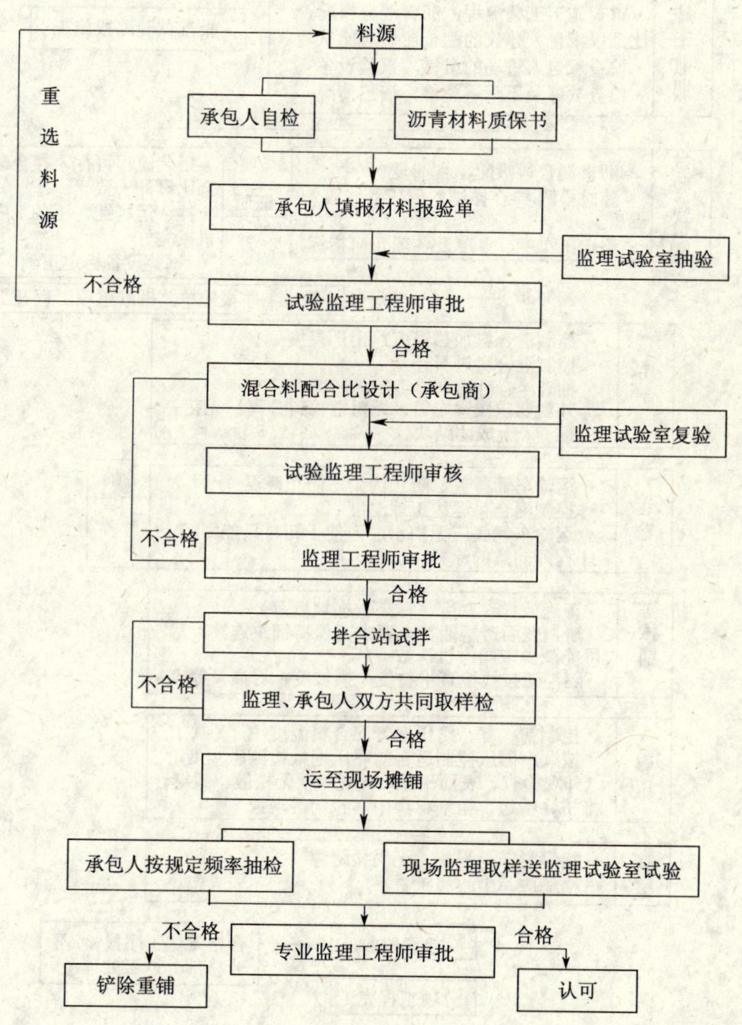

图 15-24　沥青混合料质量监理

7. 沥青面层质量监理

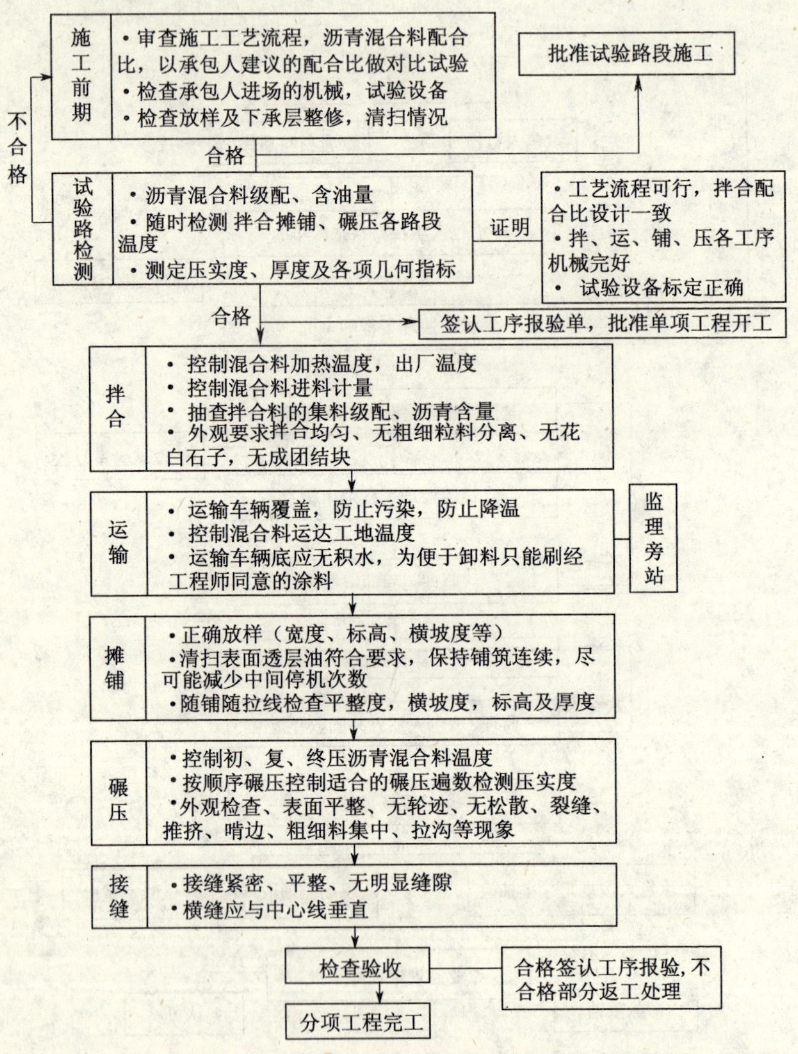

图 15-25　沥青面层质量监理

8. 水泥混凝土面层质量监理（人工摊铺）

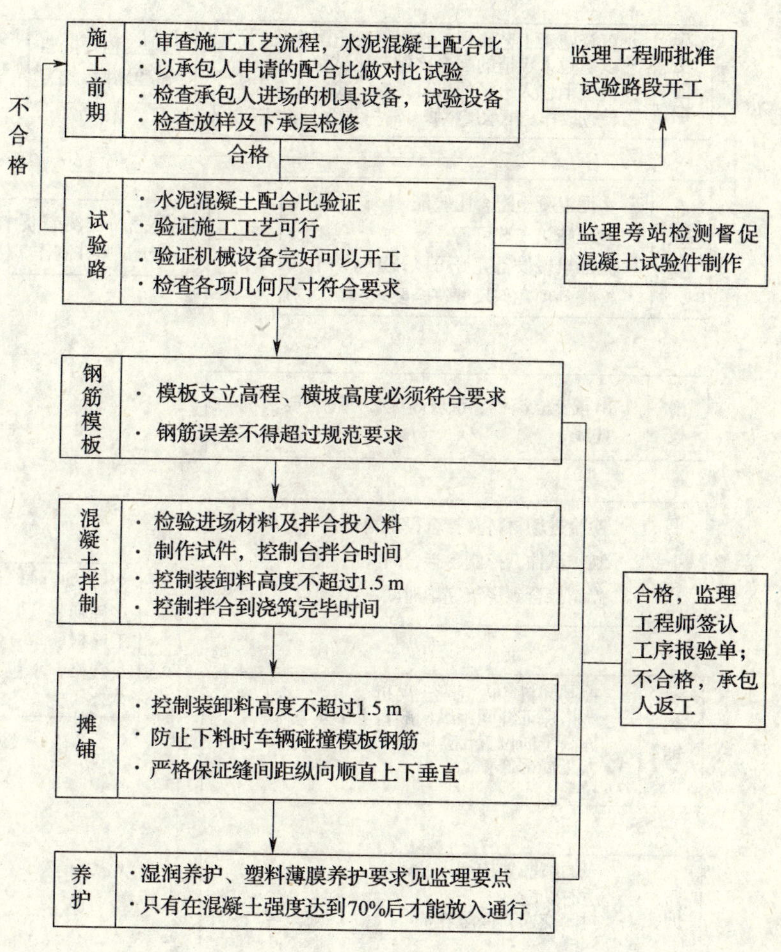

图 15-26　水泥混凝土面层质量监理（人工摊铺）

9. 水泥混凝土面层滑模摊铺质量监理

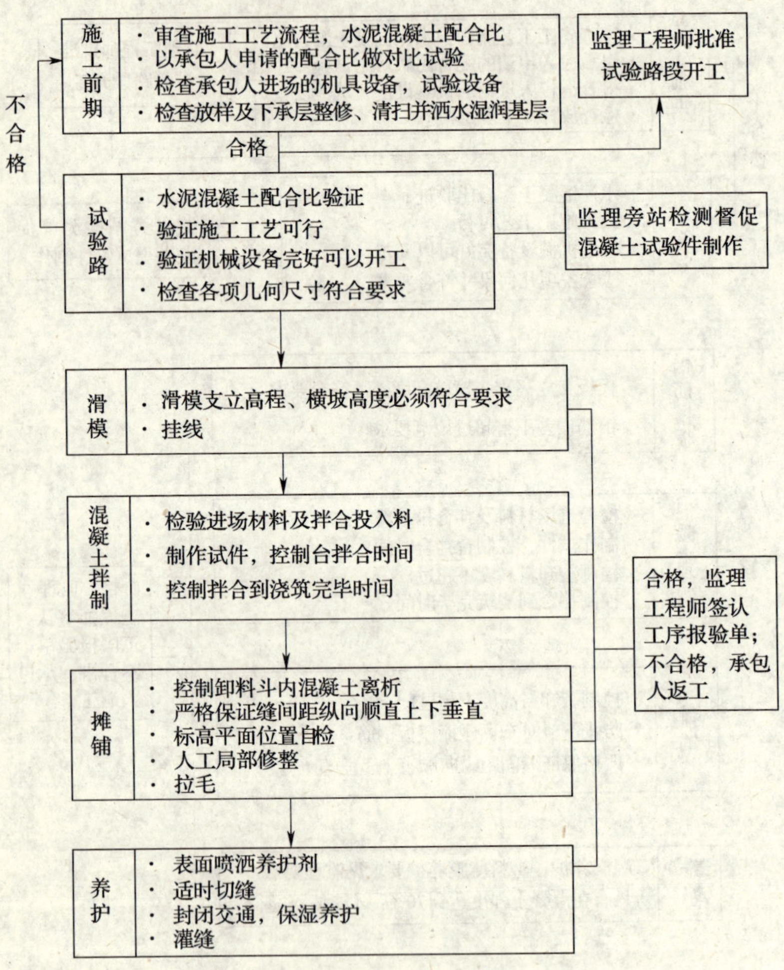

图 15-27 水泥混凝土面层滑模摊铺质量监理

四、排水及小型构造物监理

1. 支挡构造物监理

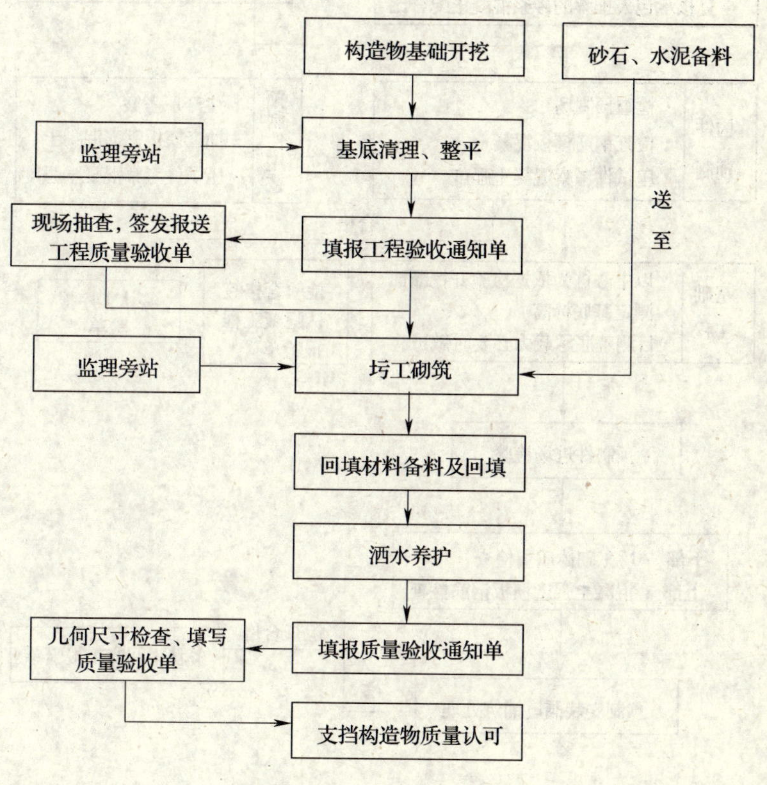

图 15-28 支挡构造物监理

2. 排水及小型构造物监理

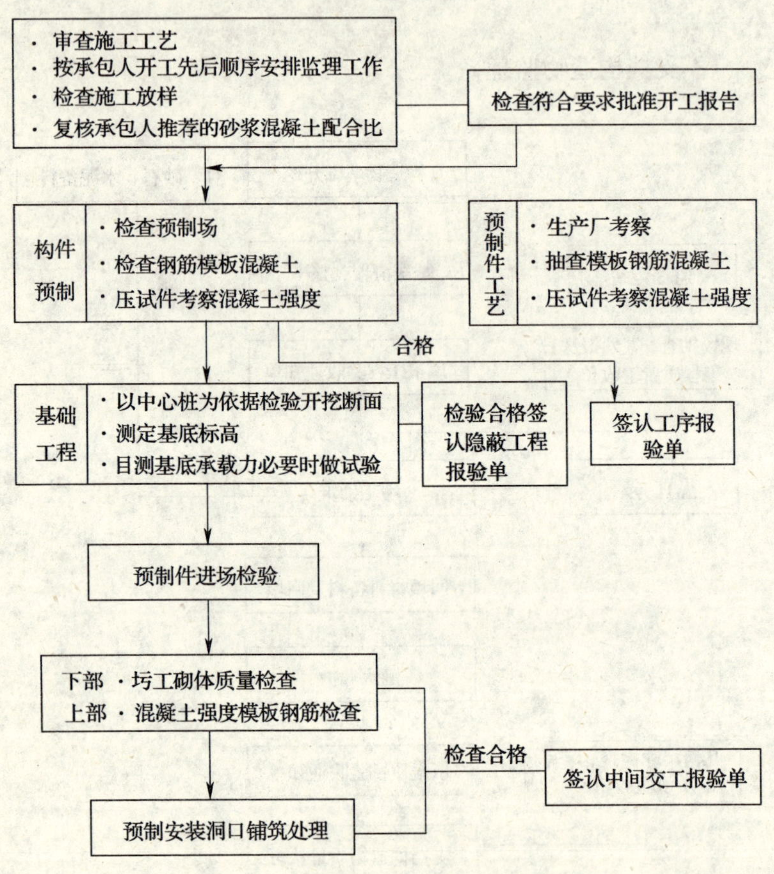

图 15-29　排水及小型构造物监理

3．预制件监理

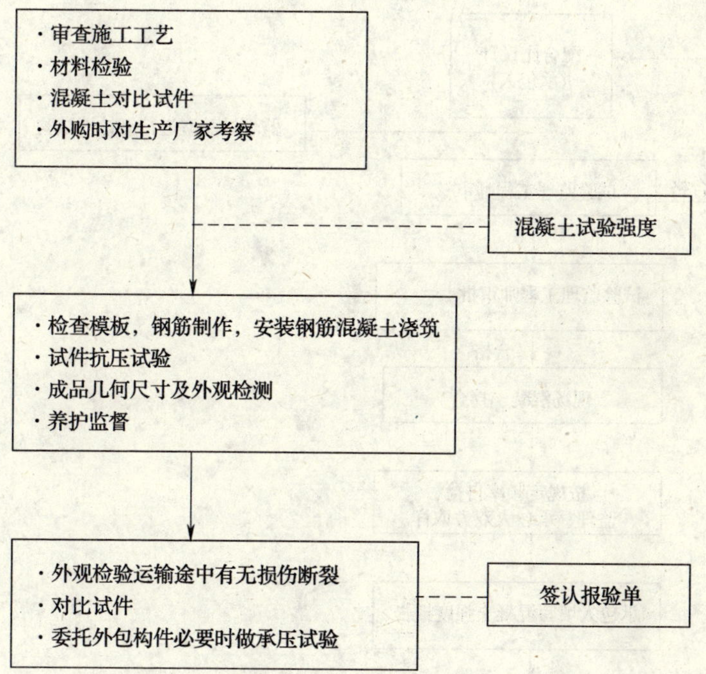

图 15-30　预制件监理

4. 混凝土质量监理

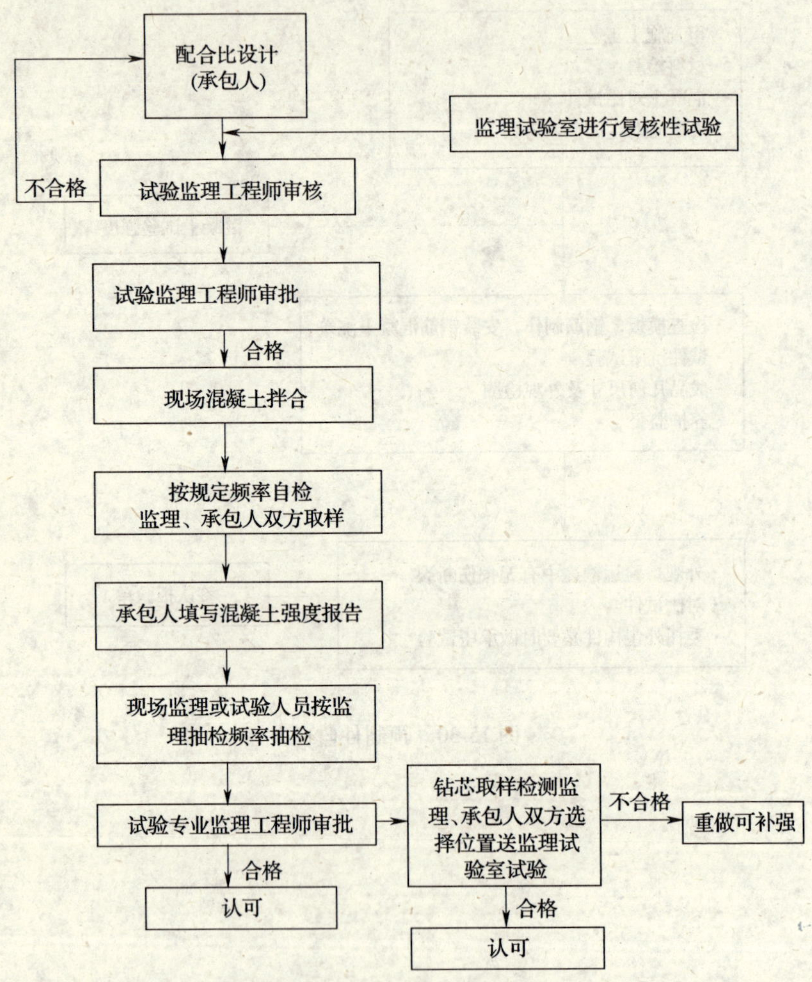

图 15-31　混凝土质量监理

5. 砂浆质量监理

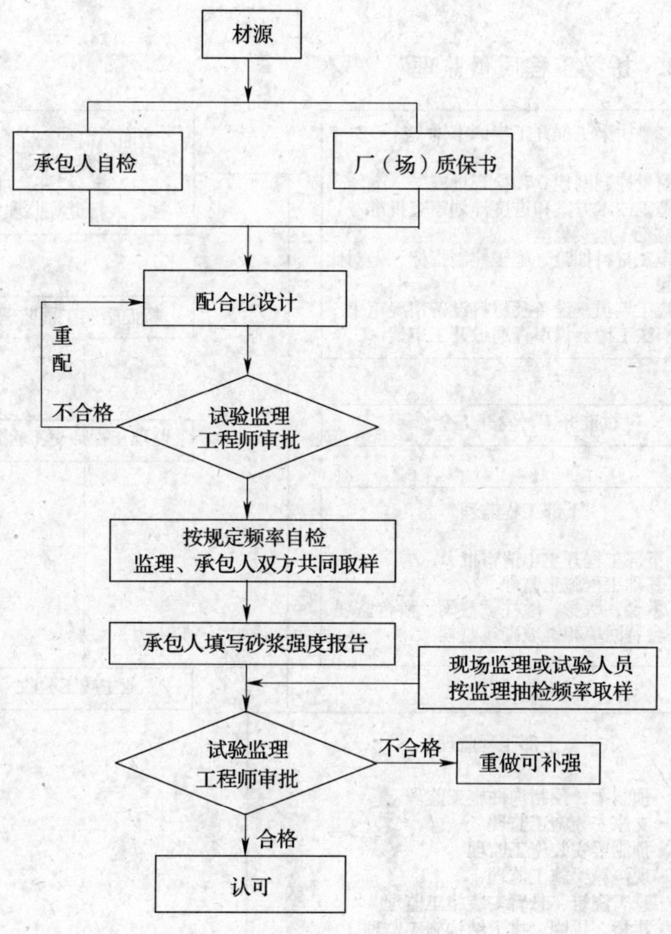

图 15-32　砂浆质量监理

五、桥梁工程质量监理

1. 桥梁工程质量监理

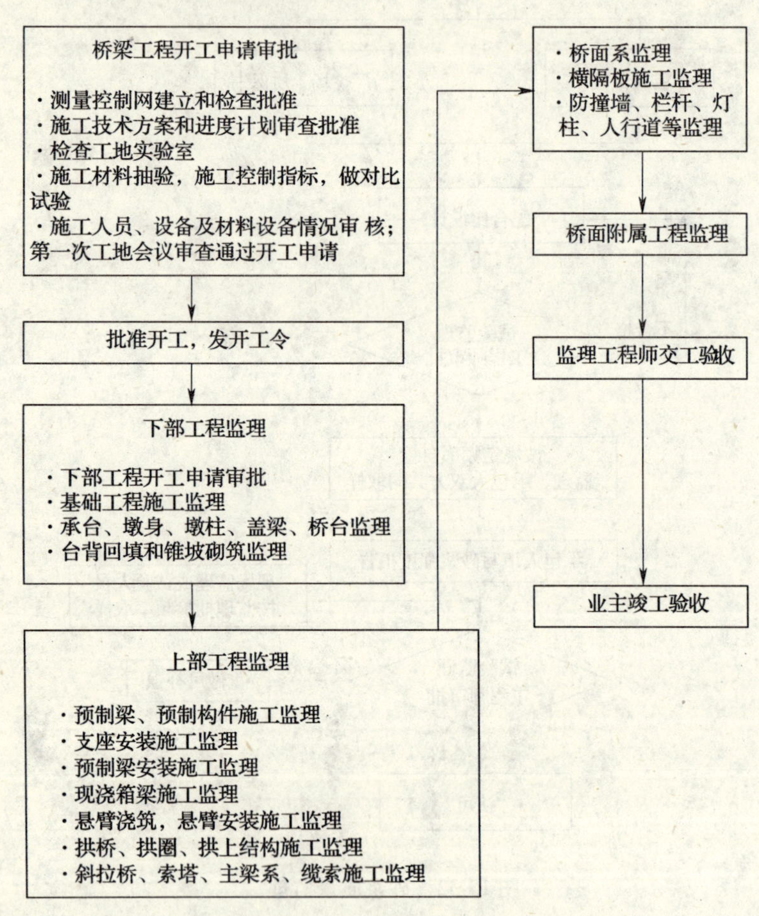

图 15-33　桥梁工程质量监理

2. 混凝土质量监理

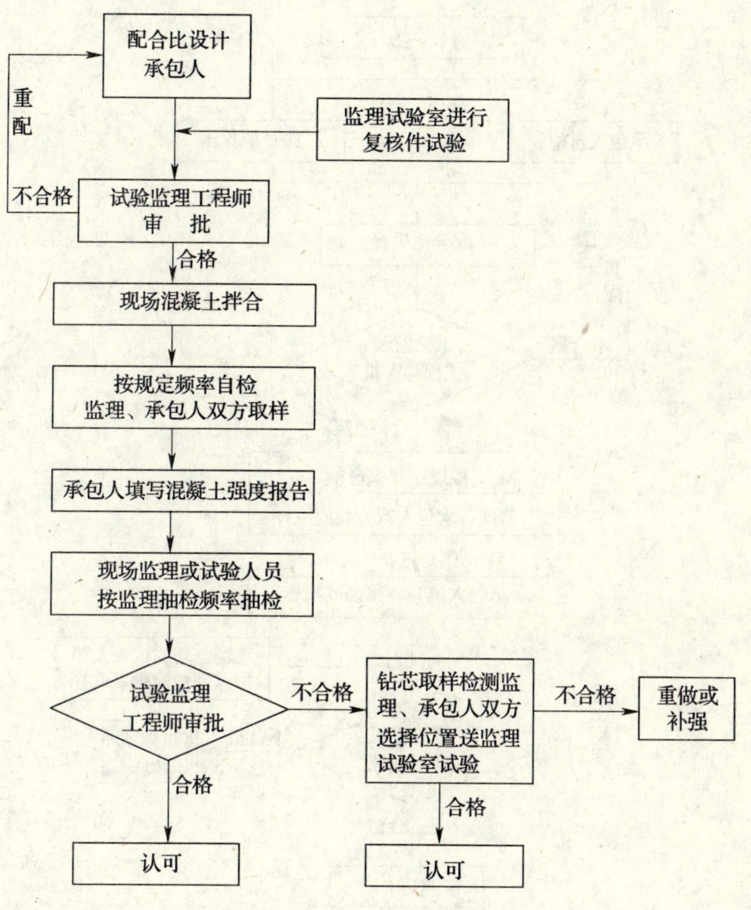

图 15-34　混凝土质量监理

3. 砂浆质量监理

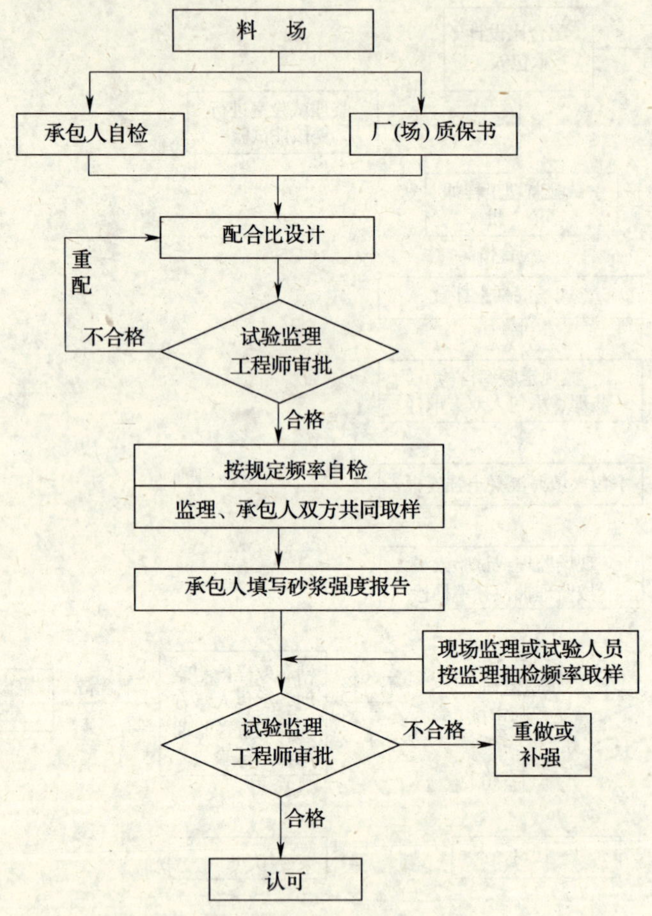

图 15-35 砂浆质量监理

4. 钢筋混凝土质量监理

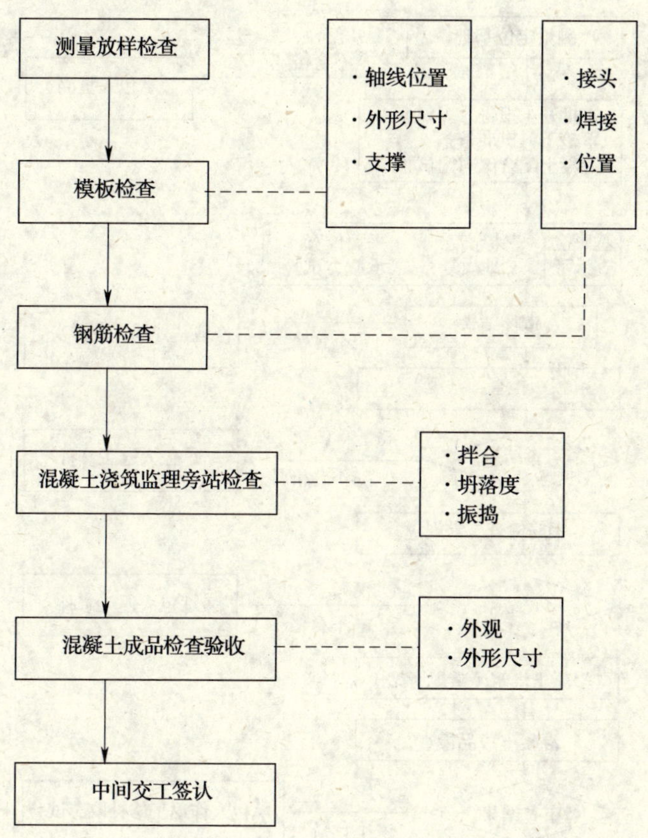

图 15-36　钢筋混凝土质量监理

5. 明挖基础监理

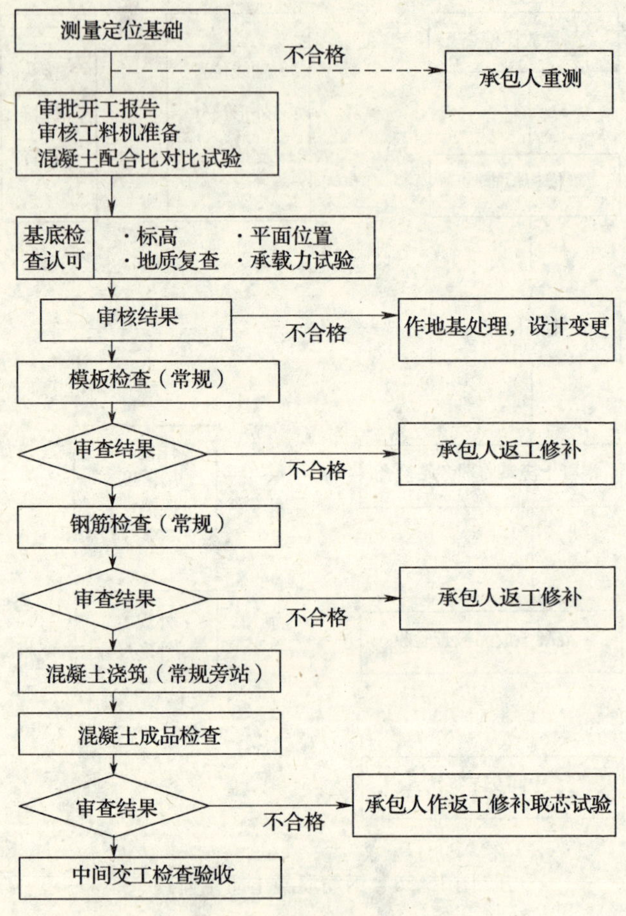

图 15-37 明挖基础监理

6. 钻孔灌注桩质量监理

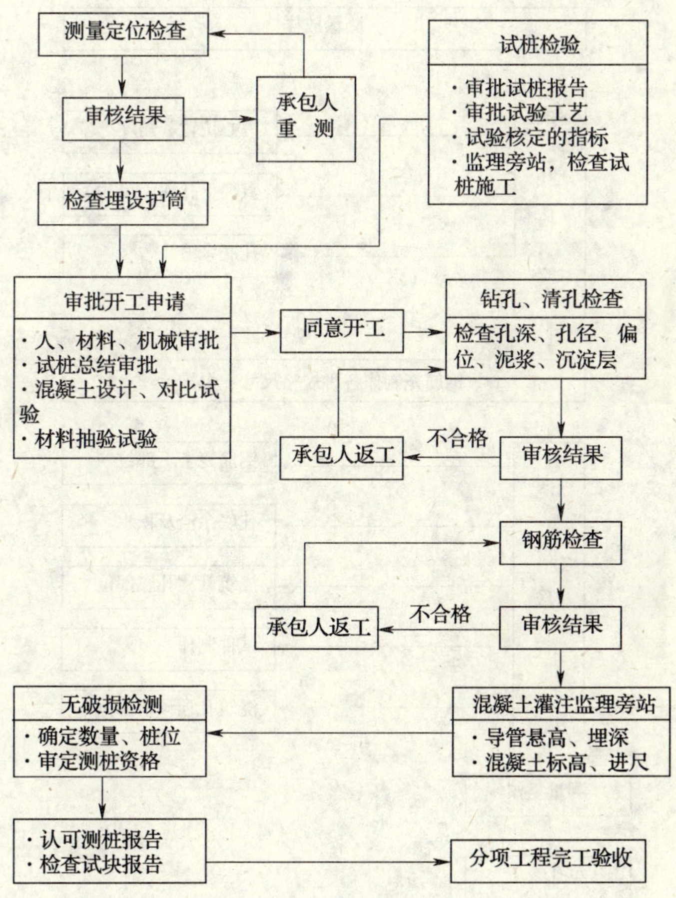

图 15-38　钻孔灌注桩质量监理

7. 人工挖孔桩质量监理

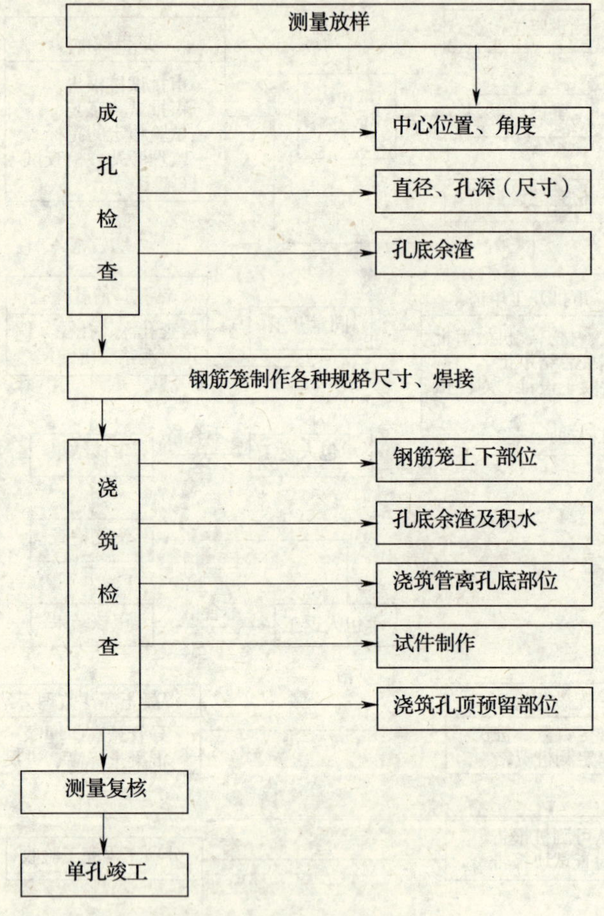

图 15-39　人工挖孔桩质量监理

8. 钢筋混凝土承台、墩台、墩柱、盖梁、桥台监理

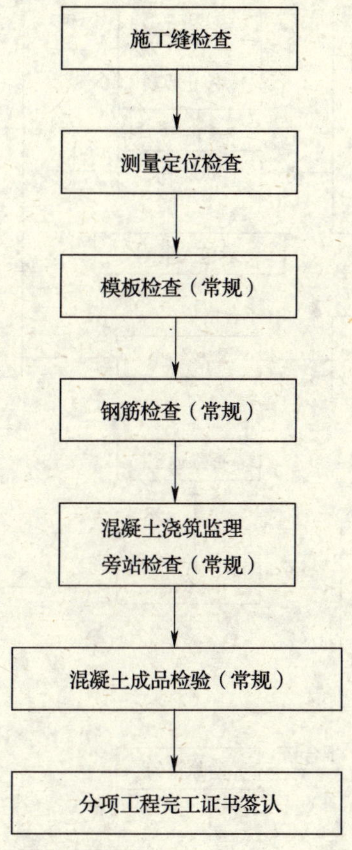

图 15-40　钢筋混凝土承台、墩台、墩柱、盖梁、桥台监理

9. 圬工砌体墩台质量监理

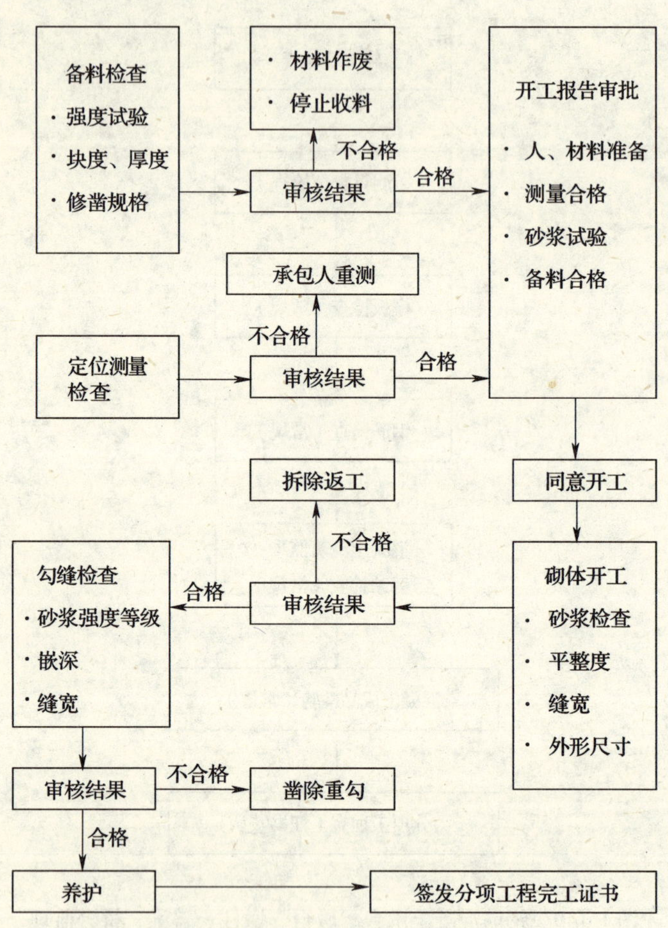

图 15-41 圬工砌体墩台质量监理

10. 桥头回填、锥坡砌筑监理

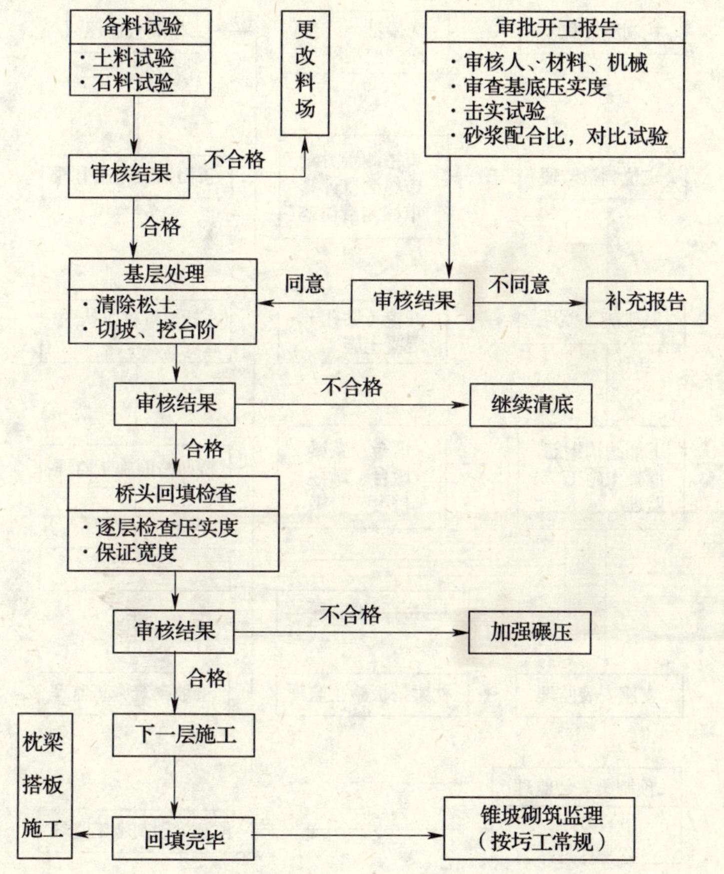

图 15-42 桥头回填、锥坡砌筑监理

11．装配式预制梁桥质量监理

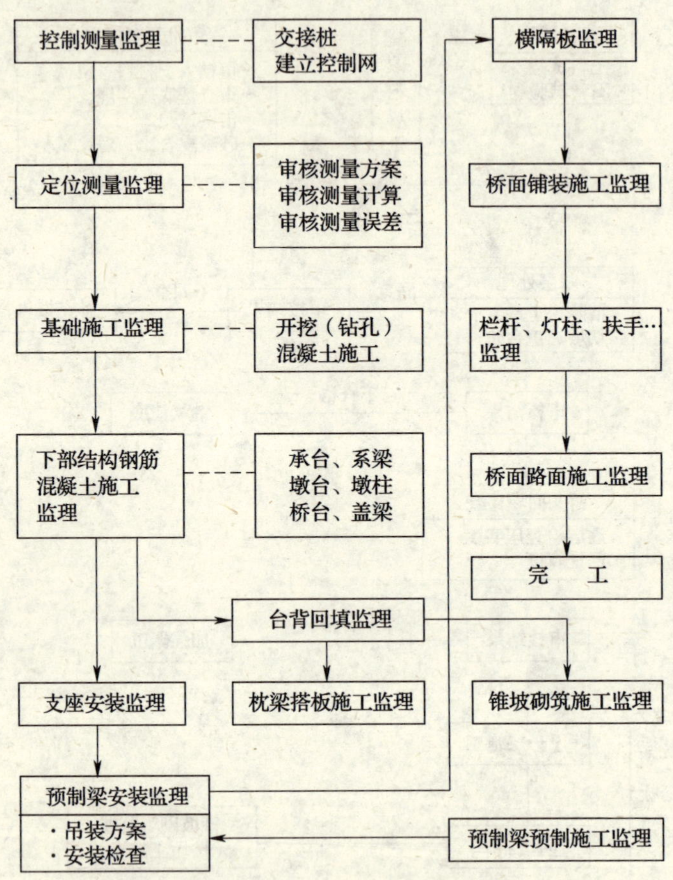

图 15-43　装配式预制梁桥质量监理

12. 后张法预应力混凝土预制梁质量监理

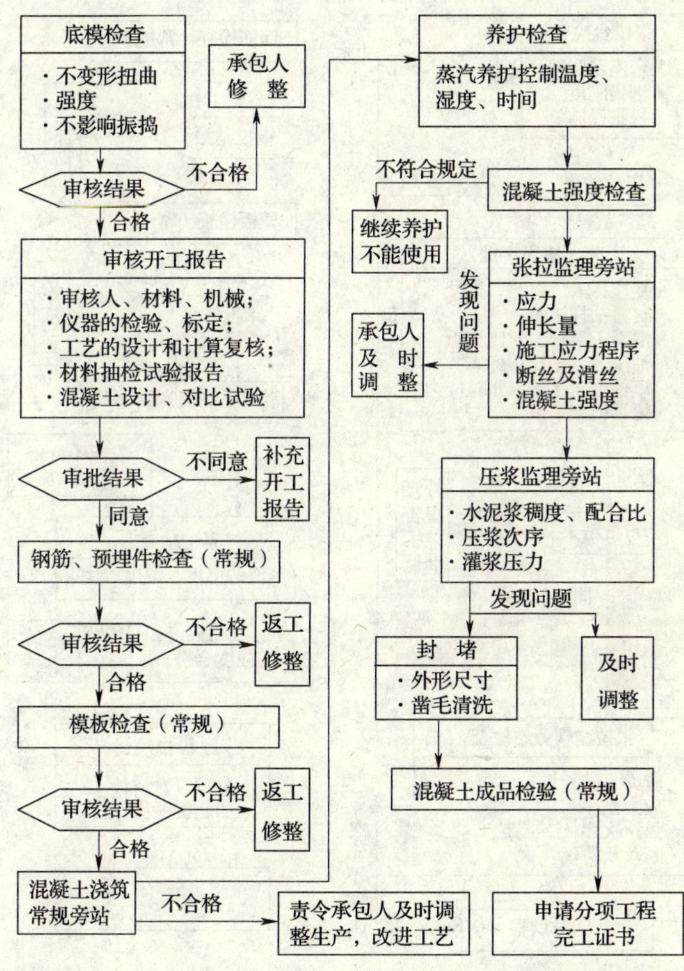

图 15-44　后张法预应力混凝土预制梁质量监理

13．先张法预应力混凝土预制梁质量监理

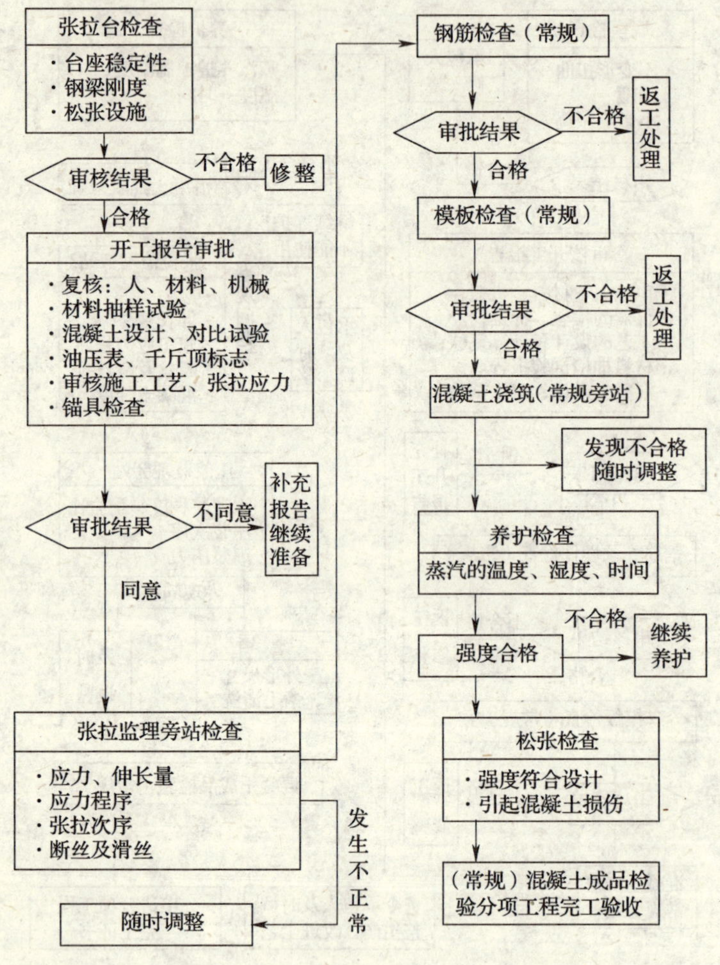

图 15-45　先张法预应力混凝土预制梁质量监理

14. 支座安装质量监理

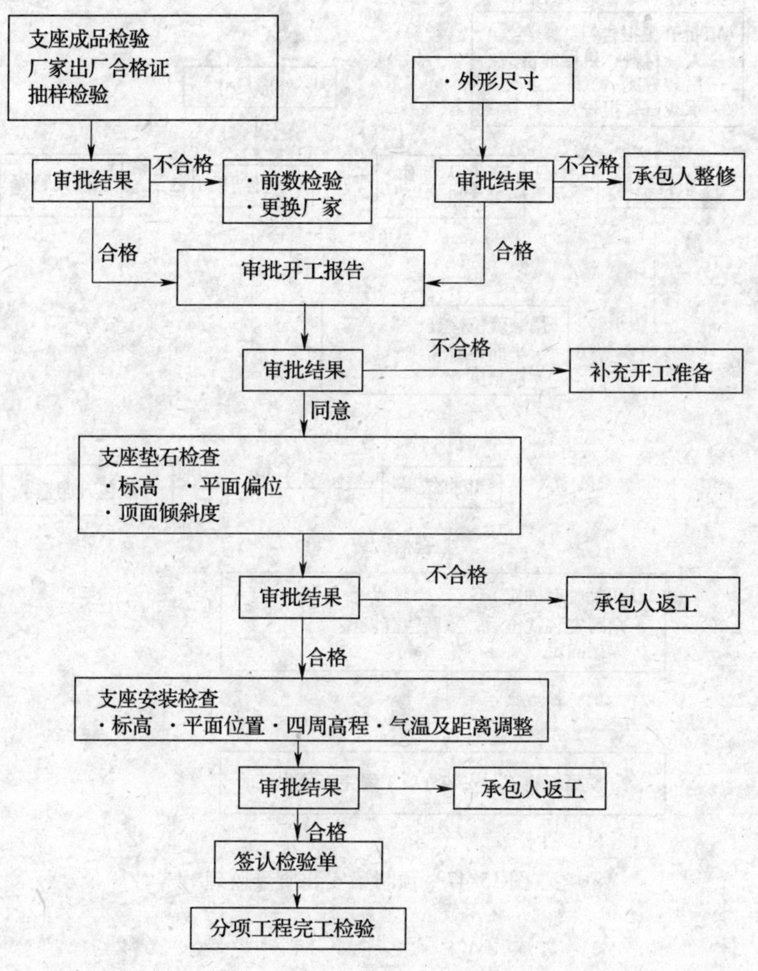

图 15-46　支座安装质量监理

15. 预制梁安装质量监理

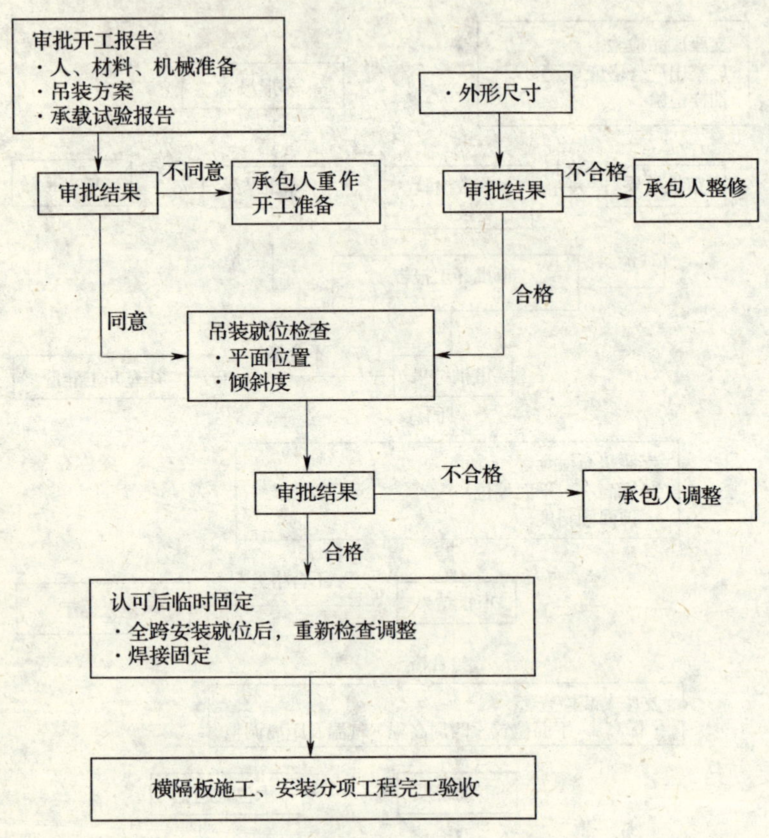

图 15-47 预制梁安装质量监理

16. 连续梁、T梁桥监理

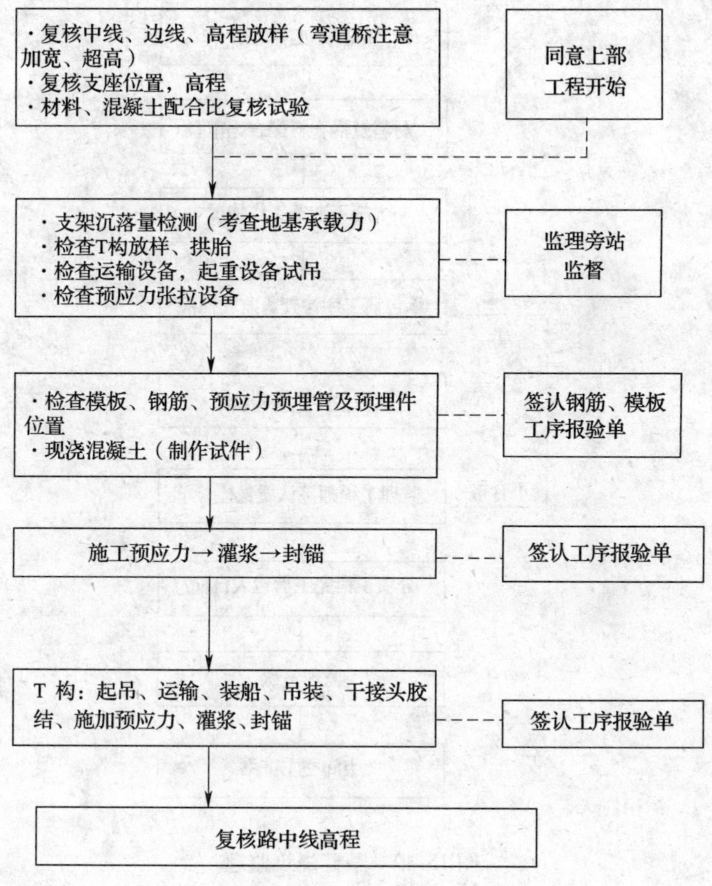

图 15-48　连续梁、T梁桥监理

17. 悬臂浇筑监理

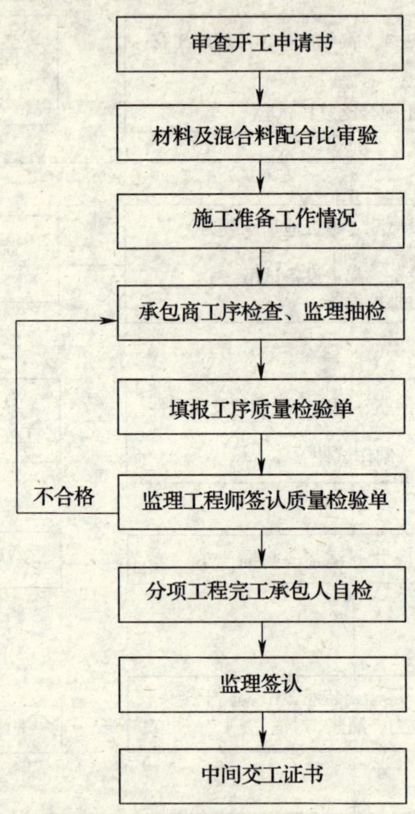

图 15-49 悬臂浇筑监理

18．桥梁结构安装质量监理

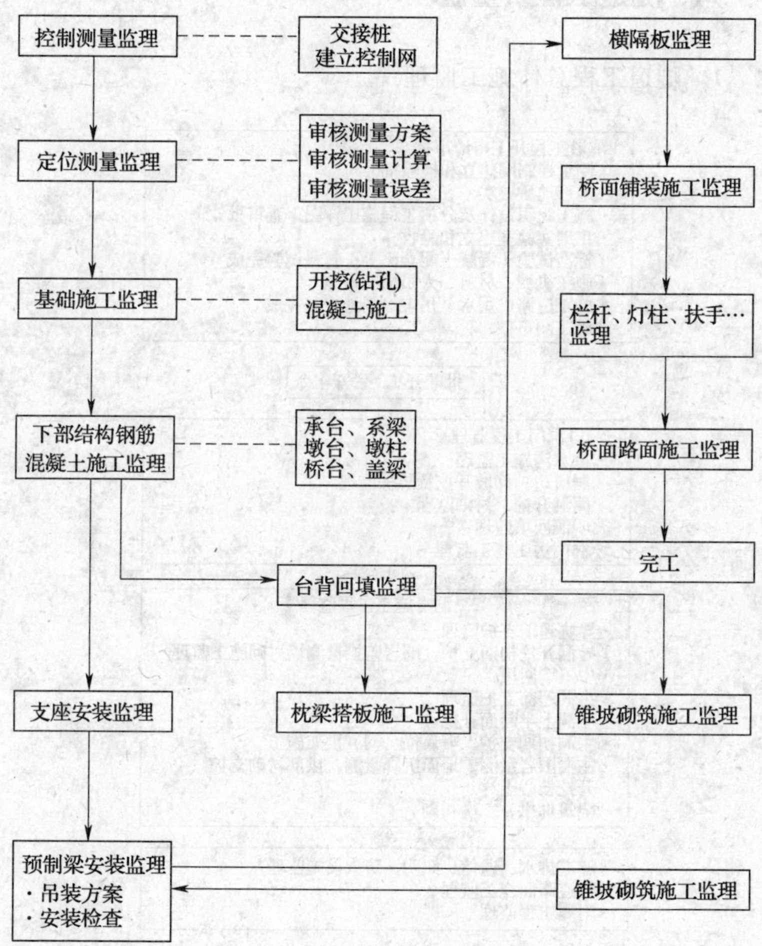

图 15-50　桥梁结构安装质量监理

六、隧道工程质量监理

1. 隧道工程总体施工监理

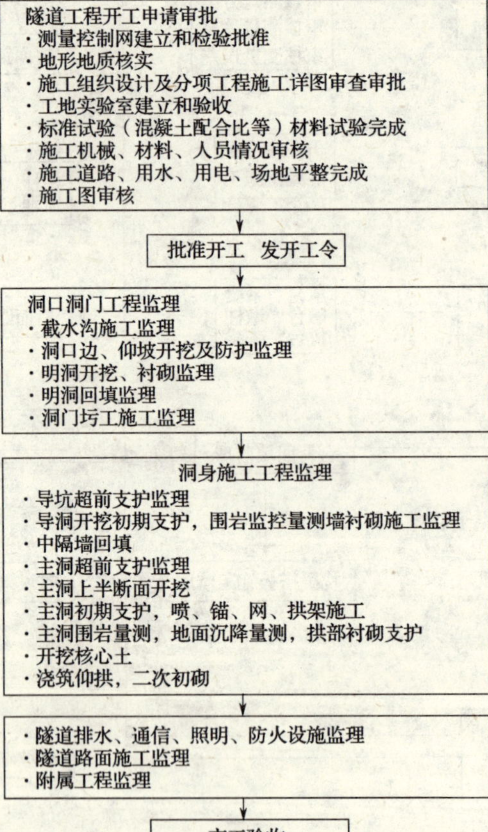

图 15-51　隧道工程总体施工监理

2. 隧道洞口施工质量监理

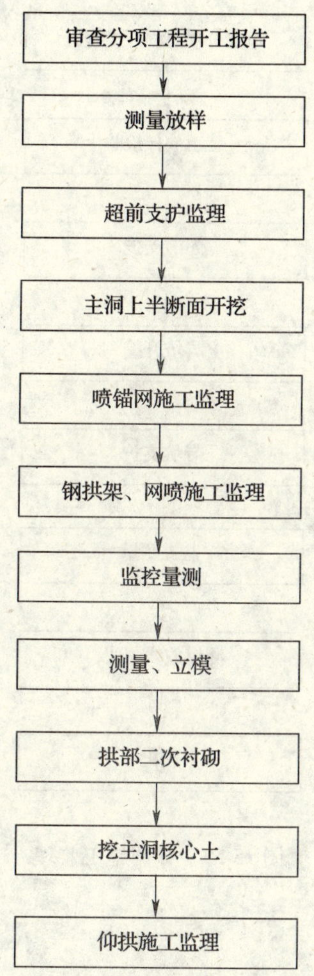

图 15-52　隧道洞口施工质量监理

3．导洞施工监理

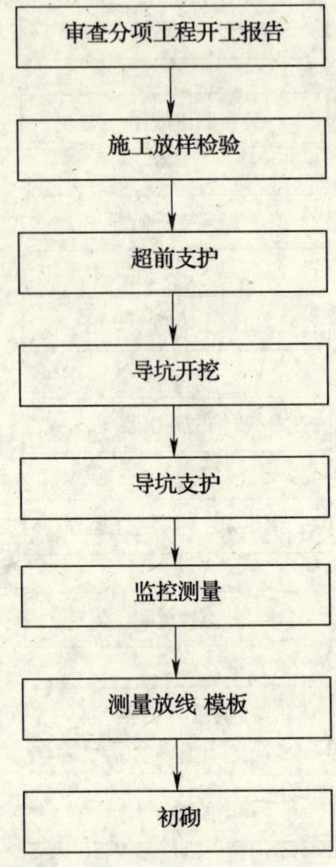

图 15-53　导洞施工监理

4. 洞身施工监理

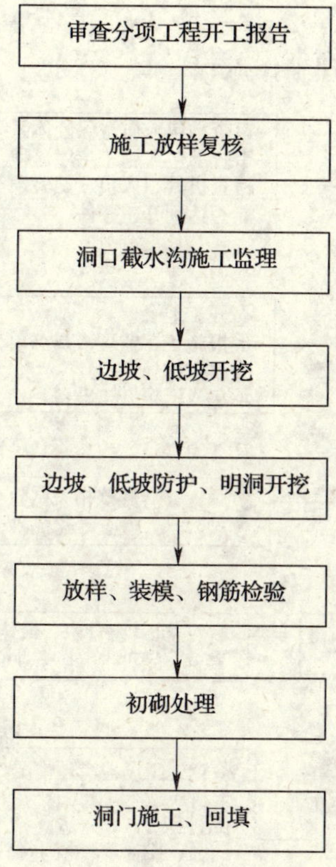

图 15-54 洞身施工监理

七、绿化工程质量监理

1. 绿化工程监理工作流程

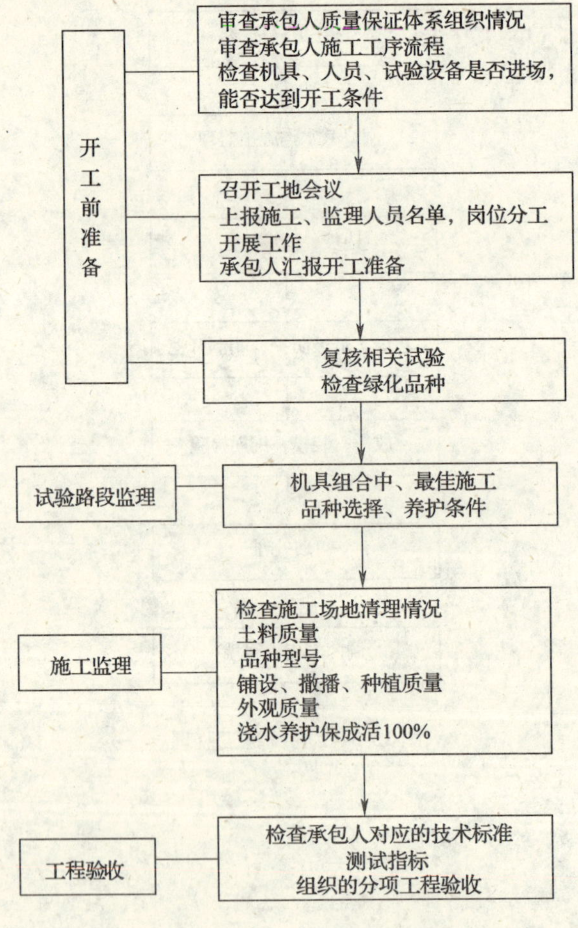

图 15-55　绿化工程监理工作流程

2. 铺设表土监理

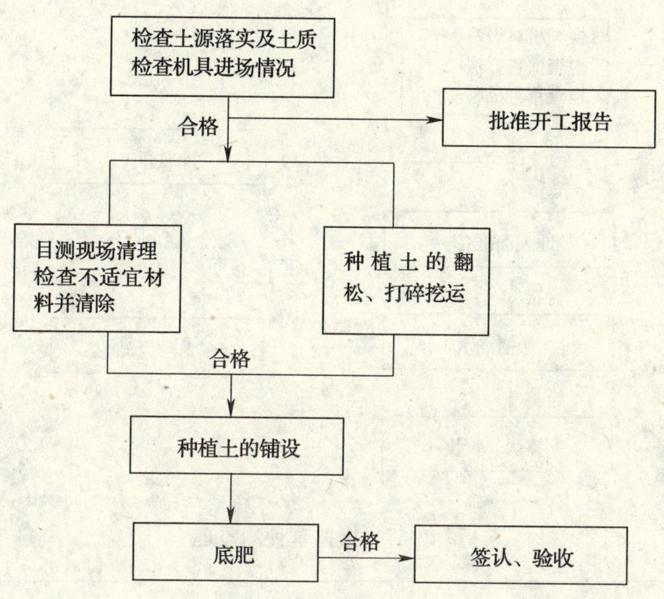

图 15-56　铺设表土监理

3. 撒播草种的监理

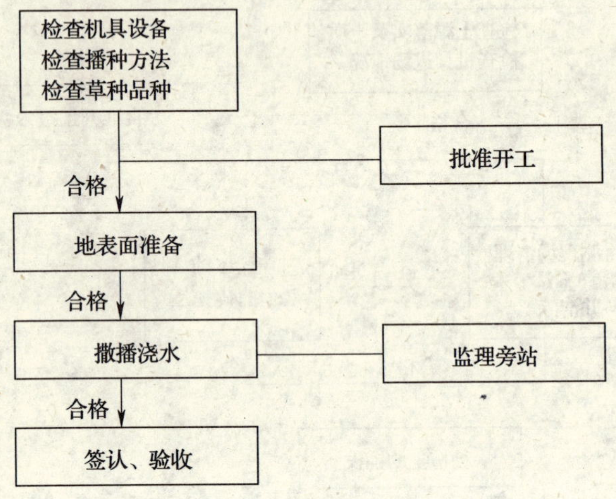

图 15-57　撒播草种的监理

4．种植乔木、灌木、攀藤植物和草皮监理

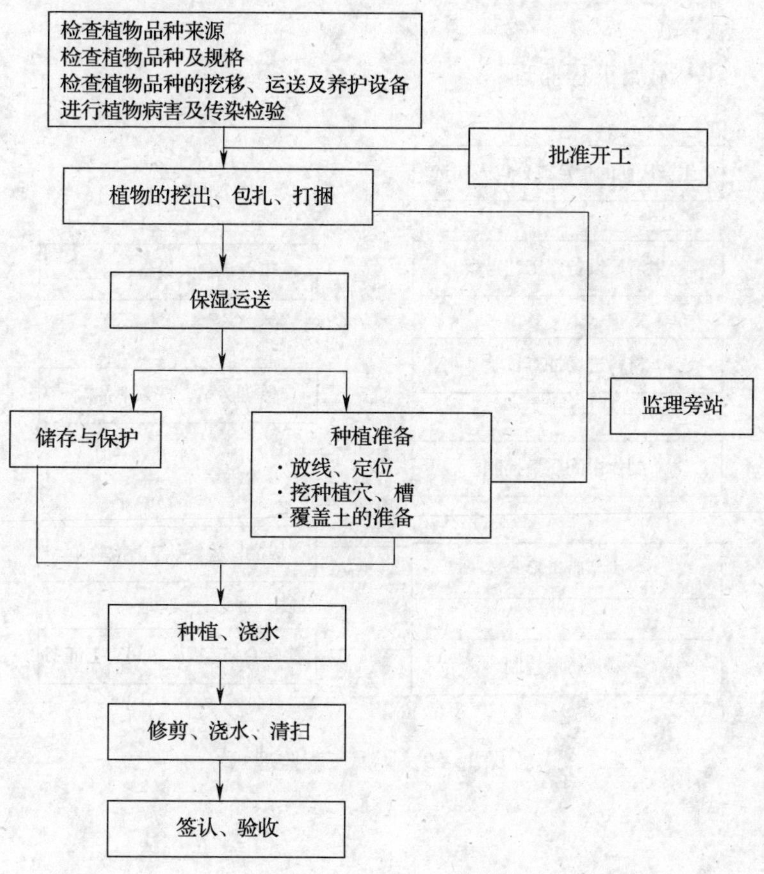

图15-58　种植乔木、灌木、攀藤植物和草皮监理

八、其他

1. 附属工程监理

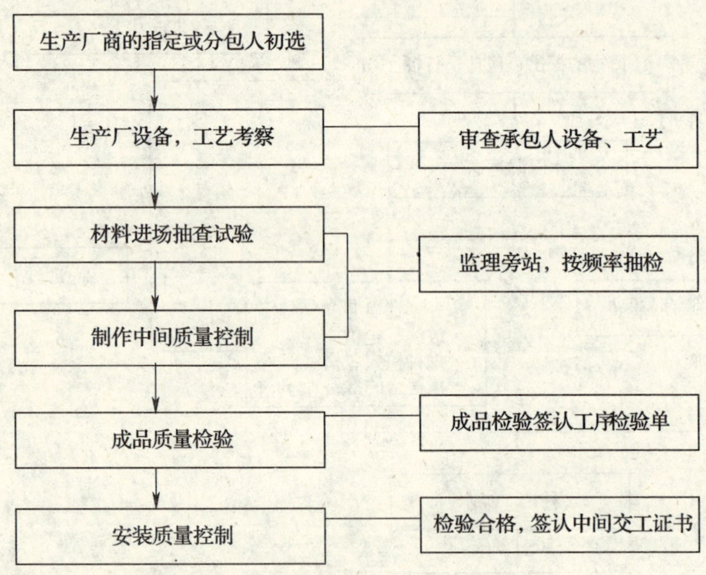

图 15-59　附属工程监理

2. 桥梁附属工程施工监理

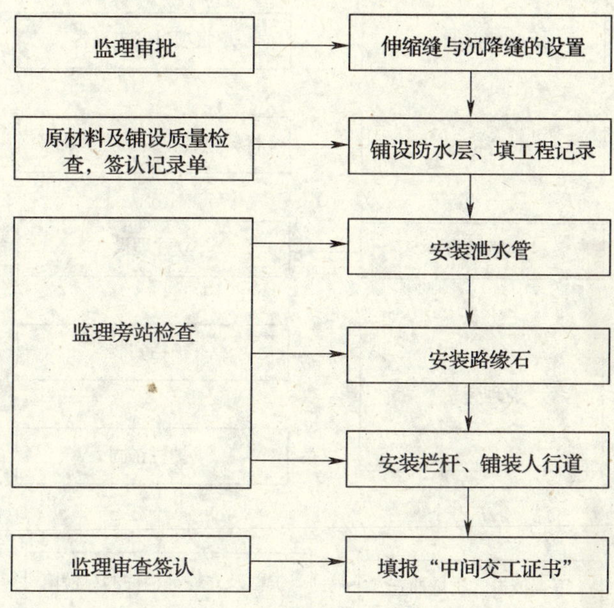

图 15-60 桥梁附属工程施工监理

3. 交通防护设施质量监理

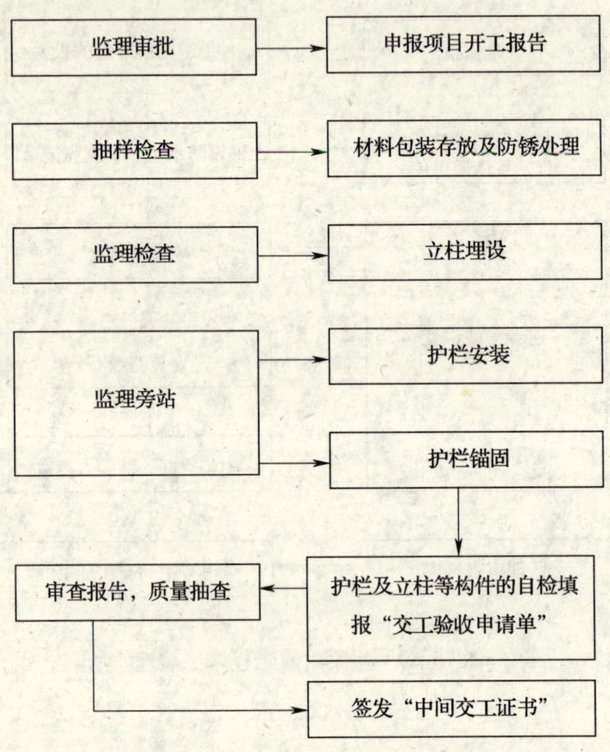

图 15-61　交通防护设施质量监理

4．喷锚喷混质量监理

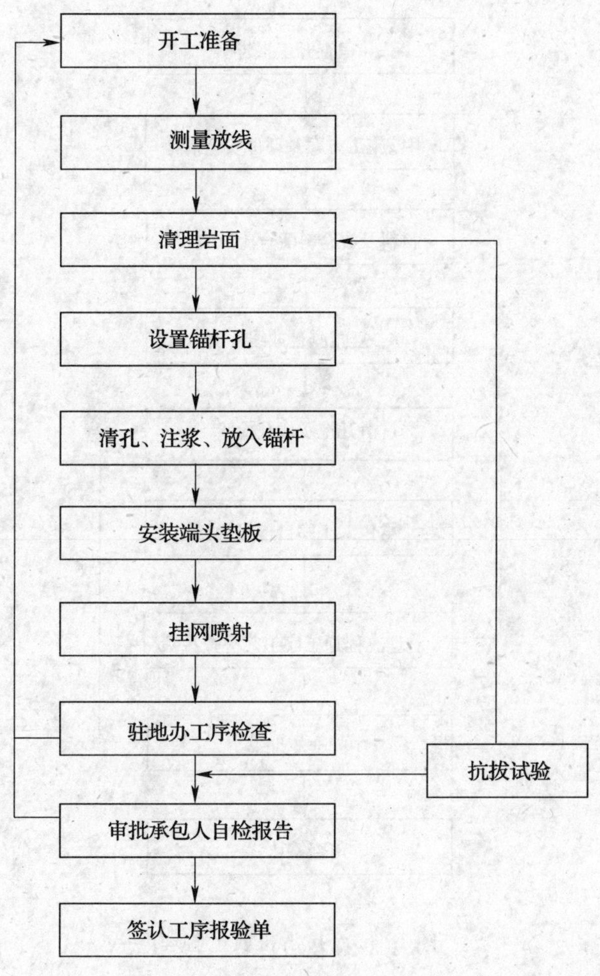

图 15-62　喷锚喷混质量监理

5．抗滑桩质量监理

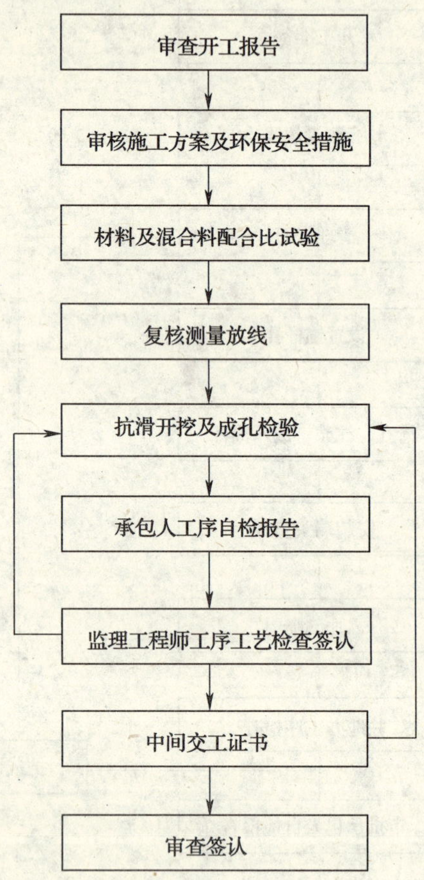

图 15-63　抗滑桩质量监理

6. 声屏障工程质量监理

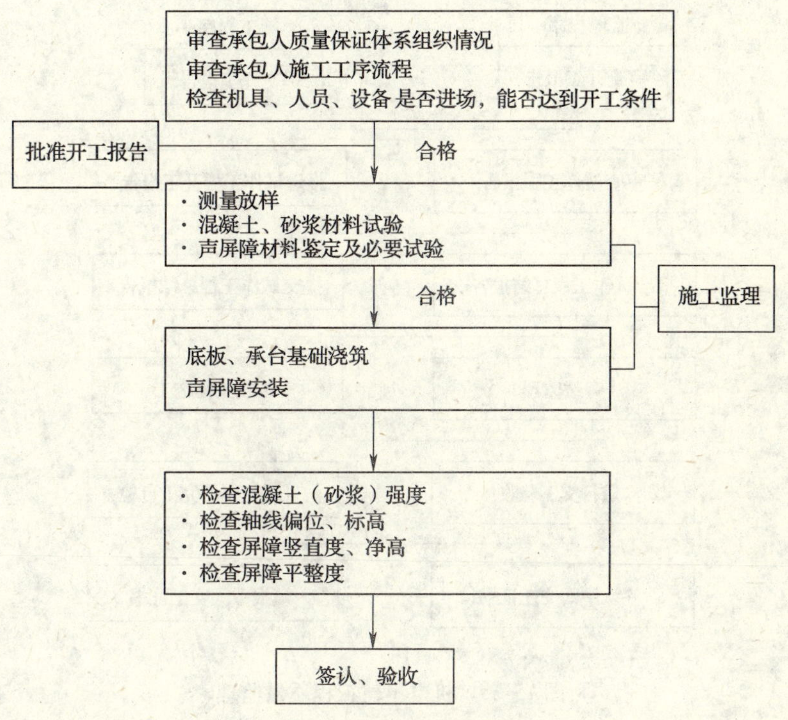

图 15-64　声屏障工程质量监理

7. 机电土建工程质量监理

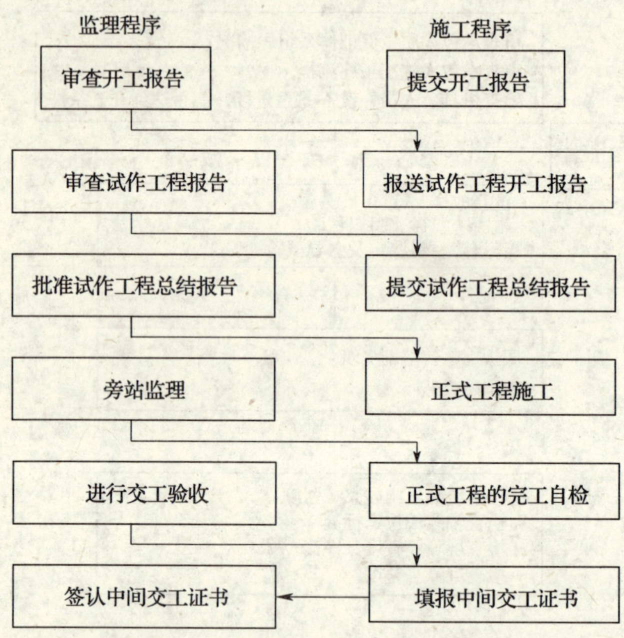

图 15-65　机电土建工程质量监理

参考文献

【1】中华人民共和国行业标准. 公路工程技术标准（JTG B01—2003）. 北京：人民交通出版社，2004.

【2】中华人民共和国行业标准. 公路工程施工监理规范（JTG G10—2006）. 北京：人民交通出版社，2005.

【3】中华人民共和国行业标准. 公路工程质量检验评定标准（JTG F80/1—2004）. 北京：人民交通出版社，2004.

【4】中华人民共和国行业标准. 公路路面基层施工技术规范（JTJ 034—2000）. 北京：人民交通出版社，2001.

【5】中华人民共和国行业标准. 公路沥青路面施工技术规范（JTG F40—2004）. 北京：人民交通出版社，2004. 11.

【6】中华人民共和国行业标准. 公路桥涵施工技术规范（JTJ 041—2000）. 北京：人民交通出版社，2000.

【7】中华人民共和国行业标准. 公路隧道施工技术规范（JTJ 042—94）. 北京：人民交通出版社，1994.

【8】梁全富，邵景干. 高速公路房建工程监理指南. 北京：中国建筑工业出版社，2005.

【9】朱爱民，孟祥荣. 公路工程监理. 北京：人民交通出版社，2007.

【10】李宇峙，袁剑波. FIDIC条款与公路工程施工监理. 北京：人民交通出版社，2001.

【11】唐杰军等. 公路施工监理. 北京：人民交通出版社，2006.

【12】刘德云. 公路工程施工监理质量控制技术手册. 北京：人民交通出版社，2006.

【13】李宇峙. 工程质量监理. 北京：人民交通出版社，1999.

【14】黄万才．公路工程施工监理基础．北京：人民交通出版社，2007．
【15】扬晓林，刘光枕．建设工程监理．北京：机械工业出版社，2004．
【16】冯忠居．特殊地区基础工程．北京：人民交通出版社，2008．
【17】戴明新．交通工程环境监理指南．北京：人民交通出版社，2005．
【18】李文儒，杨永顺．实用公路工程监理指南．北京：人民交通出版社，2001．
【19】孙大权．公路工程施工方法与实例．北京：人民交通出版社，2003．
【20】梁全富，邵景干．体外横向预应力加固简支空心板梁桥技术．北京：中国建筑工业出版社，2007．
【21】熊广忠．公路工程施工质量监理手册．北京：知识产权出版社，2003．
【22】刘三会．公路工程监理．北京：机械工业出版社，2005．
【23】殷治宁，程中则．公路施工监理．北京：人民交通出版社，2003．
【24】刘吉示．公路工程施工监理实务．北京：人民交通出版社，1999．
【25】熊广忠．公路施工质量监理实施细则．北京：人民交通出版社，2006．
【26】范培生．公路工程监理实用手册．北京：人民交通出版社，2003．